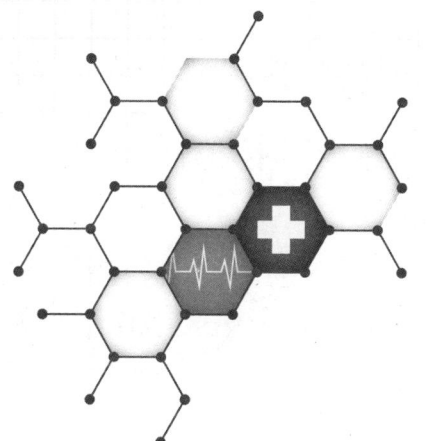

医院法律实务案例解析

Case Analysis of Hospital Legal Practice

邓 勇 / 编著

中国政法大学出版社

2018·北京

声　明　1. 版权所有，侵权必究。

　　　　2. 如有缺页、倒装问题，由出版社负责退换。

图书在版编目（CIP）数据

医院法律实务案例解析/邓勇编著.—北京：中国政法大学出版社，2018.2
ISBN 978-7-5620-8079-4

Ⅰ.①医… Ⅱ.①邓… Ⅲ.①医药卫生管理－法规－案例－中国 Ⅳ.①D922.165

中国版本图书馆CIP数据核字(2018)第020437号

出 版 者	中国政法大学出版社
地　　址	北京市海淀区西土城路25号
邮寄地址	北京100088 信箱8034分箱　邮编100088
网　　址	http://www.cuplpress.com（网络实名：中国政法大学出版社）
电　　话	010-58908437(编辑室) 58908334(邮购部)
承　　印	北京中科印刷有限公司
开　　本	880mm×1230mm　1/32
印　　张	14.125
字　　数	330千字
版　　次	2018年3月第1版
印　　次	2018年12月第2次印刷
定　　价	56.00元

邓勇博士简介

邓勇，湖南人，中共党员，中国政法大学法学博士，现任北京中医药大学法律系医药卫生法副教授，北京大成律师事务所医药投资并购顾问（参照合伙人律师管理）。主要从事宪法学与行政法学、医药卫生法学教学科研和实务工作。

作为"大学教师+执业律师"的"双师型"专业技术人员，邓勇专注于医药卫生等大健康领域的管理与法律，其执业领域包括但不限于医院PPP、特许经营、托管、投资并购、重组改制法务，药企收购、新三板上市、药品与医疗器械法务，互联网医疗法务，中医药产业投融资法务，大健康产业基金设立运营法务，涉医药行政复议、诉讼、政府法律顾问和重大民商事争议解决法务等。

邓勇现已公开出版专著2部，主编著作2部，参编著作6部。主持国家社科基金课题青年项目1项，北京市社科基金课题1项，参与国家社科基金项目和省部级课题十余项。在《新华文摘》《中国行政管理》《上海交通大学学报（哲学社会科学版）》《公法研究》《中国机构改革与管理》《中国医院管理》《中国卫生经济》《医学与社会》等权威和核心期刊发表CSSCI论文和中文/科技核心论文80余篇，在《人民日报》《人民法院报》《检察日报》《健康报》和《中国医药报》等国家级报刊发表法治评论100余篇，接受中央电视台、新华社、经济日报、法制日报和香港有线电视台等国家级媒体采访100余次。

2012年获得教育部首届"博士研究生国家奖学金"。2015年获得北京大成律师事务所投资并购部"最具专业能力奖"（大健康法务方向）。2016年被推荐为国家"万人计划"青年拔尖人才支持计划哲学社会科学、文化艺术领域候选人。2017年被全国高等中医药院校青年研究会评选为"第八届全国高等中医药院校优秀青年"。2017年被北京市法学会列入"首都法学法律高级人才库"。

现担任国家中医药管理局、国家中医药管理局机关服务局、北京市中医管理局、北京市鼓楼中医医院、财政部中国文化产业投资基金（有限合伙）、通辽市医院（新院区PPP项目）等数十家政府和企事业单位的常年或专项法律顾问。

主要学术与社会团体兼职有：全国公立医院院长职业化建设专家委员会医院法律实务分委员会委员、全国卫生产业企业管理协会医疗投资促进分会副秘书长、通辽市财政局政府和社会资本合作PPP中心专家库行业类法律专家、中国政法大学PPP研究中心委员、北京建筑大学PPP发展研究中心专家委员会委员、中国非公立医疗机构协会医院管理分会委员和中国医院协会医疗法制专业委员会委员等。

前 言 / PREFACE

2017年，随着中共中央组织部和国家卫生和计划生育委员会共同推进的《公立医院领导人员管理暂行办法》和一系列相关政策文件的出台，医院院长职业化培训的呼声越来越高，对医院管理人员进行相关法律法规培训的要求也被提上日程。

作者作为一名法律研究者，一直在从事与医院法律实务相关的研究，并多次作为主讲嘉宾被邀请进行医院院长职业化等相关的医疗法律培训讲座，诸如：2016年11月10日，应上海市卫计委党校邀请，为上海市百余名二级以上公立医院院长作《公立医院院长常见法律风险防范及规避对策探讨》报告；2017年4月7日，应江苏省镇江市卫计委邀请，为镇江市两百多名医疗卫生系统公职人员作《公立医院公职人员法律风险防范对策探讨》报告；2017年6月28日，受国家卫计委能力建设和继续教育中心指派，在河北省涞源县为河北省卫计委百余名公立医院院长讲授《新形势下公立医院公职人员常见法律风险及防控》；2017年7月7日，应平遥县中医院邀请，为平遥县医疗卫生系统百余名医护人员讲授《全面系统深入学习贯彻中医

药法 依法扶持促进中医药事业发展》；2017年7月16日，受国家卫计委能力建设和继续教育中心指派，在北京国际会议中心为全国150名公立医院（二级及以上）院长讲授《公立医院对外医疗合作模式解读及法律风控》。

同时，作者作为一名法律工作者，长期致力于医院法律实务工作，在为主要客户单位（国家中医药管理局、国家中医药管理局机关服务中心、北京市中医管理局、财政部中国文化产业投资基金［有限合伙］理事会、北京寿茂投资集团有限公司、北京市鼓楼中医医院、内蒙古通辽市医院等）提供法律服务的过程中，全面、深刻地了解医疗相关法律实务现状。总之，在从事法律实务和进行学术讲座的过程中，作者近距离接触大量的医院管理者，了解到了他们对于医院法律实务知识的需求，故而深刻地认识到医院法律实务这一研究方向的重要性。

另外，随着国家法律制度的发展进程和医院管理结构的改变，医院也常牵涉入各类的法律纠纷中，诸如较为常见的医院股权纠纷、医院知识产权纠纷、医院劳动争议纠纷等。但与此相对应的现实问题是，医院管理者、医务人员对解决上述纠纷的法律知识没有任何了解或储备，即便是医院专门聘用的法务人员，现实中也仅专注于解决医疗纠纷，对其他类纠纷的相关法律知识没有过多了解，从而导致医院在面对此类纠纷时处于被动。

由上述可见，从政策背景和医院的实际需求来看，医院院长及其他工作人员急需通过各种途径学习、掌握与医院相关的各项法律法规及裁判实务，这也是作者编写本书的重要动因。

那么，作者为何要选择案例分析与研究的方式来进行指导呢？因为法律以社会现实为基础，并为社会现实服务，在学习相关法律时，案例是最接近社会现实的学习资料和素材。另外，考虑到读者大多可能为不具备专业法律素养的人员，为避免抽象的法律规范、生涩的法律词汇使阅读效果大打折扣，采用通俗易懂的案例评析方式更为契合我们的目标读者。再者，因为大多纠纷中适用的法律规范都是具有普遍指导性的规范，并非直接针对医院相关纠纷，不具有特殊性；而采用选取医院相关案例的方式，会使得这类普遍指导性的规范更具有靶向性，更方便读者将其应用于实践当中。

因此，综合考量政策的引导、现实的需要及方式方法的恰当性等多种因素，最终促成了作者编写此本《医院法律实务案例解析》。

编写法律案例书籍，是一项非常有意义的工作。但是，编写出与已有同类书籍相比更具鲜明特色，既能满足法律学习、法律实践需要，又具有普法实用价值的案例书籍，是非常具有挑战性的。本书的编写，便是接受此种挑战的一个尝试。我们紧紧围绕现实生活中经常出现的法律纠纷，以裁判要旨、案情介绍、法律评析等为主要内容进行编写，以期达到通过对大量与医院相关的典型案例的分析、讨论和思考，为医院的管理者、医务人员、法务人员等提供专门的了解、学习医院法律实务的渠道，从而起到指导实际工作的目的。

本书中，针对医院相关案例分析与研究的总目标，在总体架构上包括医院院长受党纪处分案例、公立医院常见医疗纠纷案例、公立医院遭受行政处罚案例、医院所涉犯罪案例、医院股权纠纷案例、医院知识产权纠纷案例、公立医院劳动争议案例、医院医疗器械融资租赁纠纷案例、公立医院其他纠纷案例，涵盖了医院涉及法律实务的方方面面。其中公立医院劳动争议纠纷案例根据现实情况，又分为公立医院与医务人员的人事争议案例和公立医院与聘用制医务人员劳动争议案例；而公立医院所涉犯罪案例因案例量较大，故依据罪名的不同又分为公立医院贪污贿赂类犯罪案例、公立医院渎职类犯罪案例和公立医院侵犯财产类犯罪案例三部分。在公立医院其他纠纷案例中，则收录了案例量较少但具有指导意义的案例，该部分案例大多为各司法部门公布的典型案例、指导性案例、公布案例，相关主题包括医院公益诉讼、开通"120"急救电话、医院不正当竞争、欠缴医疗费用纠纷等。

在案例搜集上，本书主要以"威科先行法律信息库"和"中国裁判文书网"收录的真实的审判案例为依托，采用简述案情、提取法律焦点的方法进行编辑、总结，具有启发性、针对性，能够与医院法律实务的热点、难点及关键问题相结合。本书系统、全面地收录了医院各类型纠纷，深度分析涉及的法律问题，书中所选案例紧扣医院法律实务，本身具有示范性、指导性的特点，对于读者有很强的参考借鉴价值。另外，本书适合作为各院校法律相关专业的案例教材，也适合作为广大民众咨询日常医院法律纠纷事务的实用指导书，还适合作为医院、法律培训机构、法官和律师等法律从业者，以及其他法律爱好者进行法律实践和研究的参考书。

综合来看，本书具有以下四个特点。

第一，案例典型真实。本书的案例绝大多数均改编自各级司法机关公布的真实案例，经过精挑细选，去除冗余、留其精要，使各案例具有典型代表性和实用参考价值，能给读者带来直观有效的法律实践借鉴指导。

第二，讲解客观简洁。本书针对各案例的分析讲解，力求焦点明确、观点客观、语言简洁，充分体现现实与法律的结合。

第三，内容实时性强。本书特别注重案例与法律的时效性，尽量选取与现行有效的法律规定紧密结合的新近案例，以期获得更好的现实指导效果。

第四，紧扣实践。本书特别关注实践中医院可能出现、经常出现的法律问题或法律纠纷，希望能够帮助读者了解现实中法律的实际运用情况，为读者尤其是医院管理者、法务人员提供，假如我碰到了这样的法律问题，我可以怎么办、"今后我该如何防范类似的法律风险等"有益的启示。

由于本书编写的最重要目的在于提供对现实存在的医院法律问题防范和处理的指导，因此尽量保留了法院在判决相关问题时的说理和法院的裁判结果，对于书中的错漏之处，以及读者持不同观点之处，恳请读者予以批评指正。

邓 勇

2018年2月

目 录
CONTENTS

前　言 / 001

第一编　医院院长受党纪处分案例分析与研究

一、医院院长私设小金库、套取公共资源被撤职 / 003
　　——汝城县红十字会医院院长被撤职案

二、卫生院院长使用救护车办私事被撤职 / 005
　　——贵州某乡卫生院院长被撤职案

三、九人透析感染乙肝病毒，医院院长被撤职 / 007
　　——城阳区人民医院院长被撤职案

四、陕西6名幼儿接种过期疫苗，卫生院院长被撤职 / 009
　　——渭南市经开区龙背镇卫生院院长被撤职案

五、医院院长公款租车上下班被免职 / 011
　　——柘荣县精神病防治院院长被免职案

六、违反任职回避，卫生院院长被撤职 / 013
　　——乐东黎族自治县千家镇卫生院院长被撤职案

七、医务人员收取药品回扣，医院院长被免职 / 015
　　——广东省高州市人民医院院长被免职案
八、医院违反手术规范，院长被免职 / 017
　　——江西省乐平市第二人民医院院长被免职案
九、医院院长因医院管理混乱被免职 / 019
　　——中南大学湘雅二医院院长周胜华被免职案

第二编　公立医院常见医疗纠纷案例分析与研究

一、人民法院对医疗损害鉴定意见的审查 / 023
　　——安某等与某医院医疗损害赔偿纠纷案
二、保障患者知情权 / 026
　　——张丰春与泰安市中心医院医疗服务合同纠纷案
三、纠纷多元化解 / 028
　　——陈某与市北区某医院医患纠纷调解案
四、医疗侵权四要件 / 030
　　——黄梅、王少虎等与湖北省人民医院等医疗损害责任纠纷案
五、伦理道德与法律规则的影响 / 032
　　——杨勇会与舟山市妇幼保健院医疗服务合同纠纷案
六、过错责任原则的程度性适用 / 036
　　——高成玲与邳州市人民医院医疗损害责任纠纷案
七、侵权责任中因果关系的认定 / 038
　　——石磊、杨平与南京明基医院有限公司医疗损害赔偿纠纷案

八、侵害财产权责任 / 041
　　——北京京煤集团总医院与陈家春医疗服务合同纠纷案
九、保障患者知情权在医疗事故责任认定中的重要性 / 043
　　——田某、严某、严瑞荣、朱彩英与被告中国人民武装警察部队浙江省总队医院医疗损害责任纠纷案
十、医疗事故与医疗产品缺陷 / 045
　　——李某雨因注射过敏诉江西保利制药有限公司产品致身体伤害损害赔偿纠纷案
十一、医疗机构未尽应尽义务 / 047
　　——梁桃与应县和谐医院医疗事故纠纷案
十二、医疗事故侵权责任 / 049
　　——付美玲与齐齐哈尔医学院附属第三医院医疗事故纠纷案
十三、医疗损害赔偿计算标准 / 050
　　——吕艳荣与黑龙江省医院医疗事故纠纷案
十四、不认定为医疗事故时医疗过错责任认定 / 052
　　——林士弟、陈爱华与中国人民解放军第三二三医院医疗事故纠纷案
十五、乡村医生与卫生院责任分配 / 054
　　——原告张亚林诉被告张艳力、被告杨店子镇中心卫生院医疗事故纠纷案
十六、医疗事故赔偿的认定要件 / 056
　　——原告赵双喜、王红诉礼县宽川中心卫生院医疗事故纠纷案

十七、医疗赔偿责任范围 / 058

　　——丁家伟与胜利油田中心医院医疗事故纠纷案

十八、医疗事故认定及责任确定 / 060

　　——叶桃华与攸县人民医院医疗事故纠纷案

十九、人身权诉讼期限 / 062

　　——张金慧与邓州市中心医院医疗事故纠纷案

二十、因果关系在认定侵权责任中的地位 / 064

　　——胡馨尹与郭坤霞医疗事故纠纷案

第三编　公立医院遭受行政处罚案例分析与研究

一、使用不符合质量标准或者超出适用范围使用医疗器械 / 069

　　——肥西县人民医院被行政处罚案

二、未按规定审批规划建设行为 / 071

　　——安徽省环境保护厅关于太和县中医院行政处罚案

三、需配套的环保设施未验收主体工程即投入使用 / 072

　　——博罗县人民医院被行政处罚案

四、违反大气污染防治管理制度 / 074

　　——广西壮族自治区人民医院一分院被处罚案

五、上海韩镜医疗美容医院有限公司违法发布医疗广告案 / 075

六、上海都市妇科医院有限公司合同违法案 / 077

七、宁波市眼科医院排放废水超标案 / 079

八、衡阳市中医医院消防设施不合格行政处罚案 / 080

九、关于贵阳阳光医院乌江分院过期医疗器械和药品

　　行政处罚案 / 081

十、关于南京医科大学眼科医院有限公司虚假宣传的
行政处罚案 / 082

十一、文安友好医院非正规渠道购进药品案 / 084

十二、关于盘县人民医院医疗器械过期行政处罚案 / 085

十三、核辐射许可及上岗人员资质 / 087
——宝鸡市中医医院被责令改正违法行为案

十四、苍南县中医院违反放射防护设施"三同时"验收
制度案 / 089

十五、义乌市双林康复医院（筹）门诊部擅设户外广告设施行
政处罚案 / 090

第四编　医院所涉犯罪案例分析与研究

第一章　公立医院贪污贿赂类犯罪案例分析与研究 / 093

一、公立医院内设科室及主管人员因收受药械供应商回扣，构
成单位受贿罪 / 093

二、公立医院院长因利用职务便利谋取诸多不正当利益，构成
受贿罪 / 096

三、公立医院收费处工作人员侵吞医疗费用，构成贪污罪 / 098

四、公立医院负责人套取医院资金、收受好处费，构成贪污罪
和受贿罪 / 101

五、公立医院工作人员挪用医院住院收费处公款进行营利活
动，构成挪用公款罪 / 104

六、卫生院将公共卫生服务项目补助资金及业务收入私分给单
位职工，构成私分国有资产罪 / 107

七、公立医院公职人员套取医保基金分配给医院大部分员工，构成私分国有资产罪 / 110

八、县妇幼保健院院长违规发放津贴奖金，构成私分国有资产罪 / 113

第二章 公立医院渎职类犯罪案例分析与研究 / 116

一、医院院长严重不负责任签订合同被诈骗，构成签订、履行合同失职被骗罪 / 116

二、医保科办公室主任不认真履行职责，致使国家财产遭受重大损失，构成玩忽职守罪 / 118

三、疾控中心免疫规划科科长瞒报迟报疫情导致疫情蔓延扩散，构成传染病防治失职罪 / 120

第三章 公立医院侵犯财产类犯罪案例分析与研究 / 122

医院工作人员骗取医保基金，构成诈骗罪 / 122

第五编 医院股权纠纷案例分析与研究

一、股权转让中优先购买权的主体确定 / 127
——江苏省宿迁市中级人民法院判决陈如意与宿迁东方医院股权转让纠纷案

二、股权转让协议的可撤销事由 / 130
——安徽省宣城市中院判决龚再顺诉阚博等股权转让纠纷案

三、股权转让合同无效及投资款的返还 / 132
——湖南省衡东县法院判决陈志明与谢颖股权转让纠纷案和与衡东县残联康复中心仁德医院股权转让纠纷案

四、股权转让合同变更为借款合同 / 135
　　——江苏省泗阳县法院判决金鳞与泗阳仁慈医院股权转让纠纷案

五、出资设立公司情况下的股权确认纠纷 / 138
　　——某综合服务部与某医学工程公司、某康复医院公司股权确认纠纷案

六、股权转让情况下的股权确认纠纷 / 140
　　——江苏省泗阳县法院判决张永、冯电与泗阳同济医院股权转让纠纷案

七、股权转让款的确定 / 142
　　——广州市海珠区法院判决郑展成与广州盛康医院股权转让纠纷案

八、法定代表人相同的不同法人之间的股权转让合同效力 / 144
　　——上海市第一中级人民法院判决上海医霖投资管理咨询有限公司诉上海医霖医疗管理有限公司股权转让案

九、股权转让后出现的遗留债务清偿主体 / 147
　　——江苏省高院判决魏家国、徐乃雷等与江云汉等股权转让纠纷案，江苏省宿迁市中院判决魏家国与马大华民间借贷纠纷案，江苏省南通市中院判决姜俊铭与海门市国资委办公室等股权转让纠纷案

十、一股二卖合同的解除及违约责任 / 153
　　——广东省东莞市第一人民法院判决陈正顺与黄德明等股权转让纠纷案

十一、股权再转让交易不影响先前交易 / 156
　　——江苏省南京市中院判决李红珍与南京东瑞医院股权转让合同纠纷案

十二、股权转让引起的债权债务纠纷 / 159
　　——湖南省郴州市中院判决彭艳春与冯学明股权转让纠纷案

十三、未取得股权转化为隐名投资 / 162
　　——上海市嘉定区人民法院判决万某某与某医院投资管理有限公司股权转让纠纷案

十四、土地使用权出资应当及时变更登记 / 164
　　——天津市西青区人民法院判决天津杏林白十字医疗卫生材料用品有限公司与天津市杏林之光科技开发有限公司、天津中医药大学第一附属医院股权转让纠纷案

十五、股东出资纠纷与股东代表诉讼纠纷混同处理原则 / 166
　　——上海某医院与某集团公司股东出资纠纷与股东代表诉讼纠纷案

十六、股权转让无效事由 / 169
　　——刘耀丹诉岳阳广济医院有限公司、湖南省广济置业有限公司、聂岳华等、上海医诚医院投资管理有限公司股东资格确认、股东名册记载、股东出资、股权转让、公司盈余分配、损害股东利益责任纠纷案

第六编　医院知识产权纠纷案例分析与研究

一、超过试用期的软件不采取措施停止该软件的正常功能，属于默示许可 / 175

　　——上诉人磊若软件公司与被上诉人重庆华美整形美容医院有限公司著作权侵权纠纷案

二、非唯一对应的简称不享有在先权利 / 179

　　——评析苏忠合诉商标评审委员会、绍兴第二医院商标争议行政案

三、使用他人企业字号构成侵权的界定标准 / 183

　　——评西安安琪儿妇产医院与陈耀民、李红宣侵犯企业名称权纠纷案

四、使用他人网络宣传照构成侵犯著作权的界定标准 / 189

　　——童颜堂诉北京军区总医院侵犯著作权纠纷案

五、单位转让技术成果应对技术成果完成人进行奖励的金额标准 / 192

　　——吴志成与中国人民解放军南京政治学院、南京龙蟠医院技术成果完成人奖励权纠纷案

六、专业论文中引用他人发表作品应指明作者姓名、作品名称 / 194

　　——中国文字著作权协会诉杨某侵害著作权案

七、争议注册商标恶意抢注的标准认定 / 196

　　——同济大学与商标评审委员会商标争议行政纠纷上诉案

八、商标侵权案中赔偿数额的确定依据 / 199
　　——北京美中互利医院管理咨询有限公司与北碚和美家医院侵害商标权案

九、经国外公司授权的中国公司在中国境内享有授权作品的使用权和起诉权 / 202
　　——华盖创意（北京）图像技术有限公司与长沙百佳玛丽亚妇产医院有限公司侵害著作财产权纠纷案

十、微信发表文章侵权及赔偿数额之认定标准 / 204
　　——杭州快版科技有限公司拱墅分公司与黔南妇产医院侵害作品信息网络传播权纠纷案

十一、约定有支付专利使用费的合同应视为《专利许可合同》，当事人主张未使用专利，仍应按合同支付专利费用 / 206
　　——孟庆云与香河县气管炎哮喘医院专利合同纠纷案

十二、证明使用的专利侵权产品具有合法来源可不承担赔偿责任 / 208
　　——上海朗宝电子科技有限公司与盐城市第三人民医院、南京拓冠医疗器械有限公司侵害发明专利权纠纷案

十三、剽窃作品构成侵权的标准认定 / 210
　　——王勇与广州长安医院有限公司、广东天枝广告有限公司等著作权权属、侵权纠纷案

第七编　公立医院劳动争议案例分析与研究

第一章　公立医院与医务人员的人事争议案例评析 / 215
一、用工关系性质认定的问题 / 215
　　——广东省肇庆市中级人民法院审理廖玉燕、广东省封开县中医院人事争议案
二、未及时办理退休手续引发的纠纷 / 218
　　——河南省新乡市牧野区人民法院审理刘普选与新乡公立医院劳动争议案
三、医院因医务人员违反医院规定停发离退休人员补贴 / 220
　　——湖南省益阳市赫山区人民法院审理胡国良诉益阳市第一中医医院劳动争议纠纷案
四、因违反规定引发的追索劳动报酬纠纷 / 223
　　——陕西省乾县人民法院审理高力与乾县妇幼保健院追索劳动报酬纠纷案
五、因医院不发放绩效工资引发的纠纷 / 225
　　——内蒙古自治区通辽市中级人民法院审理内蒙古民族大学附属医院与林海峰劳动争议、人事争议纠纷案
六、因岗位调整引发的关于绩效工资的纠纷 / 227
　　——湖南省怀化市中级人民法院审理李敏与怀化市第一人民医院人事争议案
七、因加班费引发的纠纷 / 231
　　——福建省福州市中级人民法院审理徐滢与闽侯县医院人事争议案

八、因聘用合同中违约金效力引发的纠纷 / 234

——广东省佛山市中级人民法院审理佛山市第一人民医院与赖均鹏人事争议案

九、因聘用合同中违约条款和违约金问题引发的纠纷 / 237

——北京市昌平区人民法院审理相广财与北京市昌平区医院聘用合同争议案

十、因辞职问题引发的纠纷 / 240

——重庆市第二中级人民法院审理巫山县人民医院与李忠斌辞职争议上诉案

第二章 公立医院与聘用制医务人员劳动争议案例评析 / 243

一、因附条件聘任员工引发的纠纷 / 243

——湖南省新宁县人民法院审理黄玲与新宁县金石镇卫生院康复医院劳动合同纠纷案

二、因聘用时间不明引发的争议 / 246

——河北省石家庄市长安区人民法院审理石家庄市第一医院与焦义增、李俊京劳动争议案

三、因医务人员违约引发的劳动合同纠纷 / 249

——北京市第二中级人民法院审理韩威与北京市普仁医院劳动争议案

四、医院履行劳动合同不当导致员工被迫解除合同 / 251

——江苏省常州市中级人民法院审理常州丽华医院有限公司与杨玉清劳动合同纠纷案

五、医院不履行解除劳动合同关系相关手续引发的纠纷 / 253
　　——四川省郫县人民法院审理周福蓉与郫县中医医院劳动争议案

六、人事聘用关系解除医院不予办相关手续 / 255
　　——浙江省舟山市普陀区人民法院审理王某某与舟山某人民医院人事争议纠纷案

七、劳动关系解除因保险费用引发的纠纷 / 257
　　——河南省新乡市牧野区人民法院审理李雪红与新乡公立医院劳动争议纠纷案

八、医务人员侵犯患者隐私导致劳动合同解除 / 259
　　——河南省商丘市中级人民法院审理第一人民医院与陈辉解除劳动合同案

九、因医务人员违规解除劳动合同 / 262
　　——吉林省柳河县人民法院审理吉林省柳河医院与杨旭劳动争议案

十、因辞职效力引发的是否解除劳动合同及补发工资的纠纷 / 264
　　——广西壮族自治区柳州市中级人民法院审理周同珍与柳州市人民医院劳动争议案

十一、因辞职时间争议引发的纠纷 / 267
　　——广东省韶关市武江区人民法院审理金克龙与粤北人民医院人事争议纠纷案

十二、医院违法终止劳动合同关系 / 270
　　——重庆市江北区人民法院审理曹少芬与重庆市红十字会医院劳动合同纠纷案

十三、因医院间整合引发的是否存在劳动合同关系纠纷 / 273
　　——辽宁省大连市西岗区人民法院审理阎雪与大连医科大学附属第一医院劳动合同纠纷案

十四、未签订劳动合同但存在实际用工关系引发的纠纷 / 276
　　——陕西省咸阳市中级人民法院审理段志鸿与陕西第一毛纺织厂咸阳市方园医院劳动争议纠纷案

十五、因确认劳动关系引发的纠纷 / 278
　　——河南省新郑市人民法院审理新郑市第三人民医院与尹书亮劳动争议纠纷案

第八编　医院医疗器械融资租赁纠纷案例分析与研究

一、医疗设备融资租赁项目的主要法律风险及控制措施 / 287

二、著名医疗器械融资租赁公司及模式简介 / 290

三、山东省新华医疗器械厂与中国华融信托投资公司清算组融资租赁合同纠纷案 / 294

四、湖南省中源医疗器械销售有限公司与攸县皇图岭中心卫生院融资租赁合同纠纷案 / 298

五、融资租赁合同与一般租赁合同的区分 / 301
　　——济南市微至医疗器械有限公司与宁阳县中医院租赁合同纠纷案

六、合同无效的情形 / 304

——河北省枣强县人民医院诉远东国际租赁有限公司融资租赁合同纠纷案

七、融资租赁合同违约责任的承担 / 306

——仲利国际租赁有限公司与青岛颐鼎隆精密机械有限公司、青岛宏源达医疗器械有限公司融资租赁合同纠纷案

八、融资租赁合同违约责任的承担 / 308

——常德市武陵区兴鑫医疗器械有限公司与汉寿县普安医院融资租赁合同纠纷案

九、融资租赁合同违约责任的承担 / 310

——江苏金融租赁有限公司与衡山县第二人民医院融资租赁合同纠纷案

十、公司合并后债权债务的承担 / 312

——武汉秀和科技有限公司与京山县妇幼保健计划生育服务中心融资租赁合同纠纷

十一、融资租赁合同违约责任的承担 / 314

——华胜天成（中国）融资租赁有限公司与兴安盟蒙医院融资租赁合同纠纷案

十二、融资租赁合同违约责任的承担 / 316

——拉赫兰顿融资租赁（中国）有限公司与常德市肿瘤医院融资租赁合同纠纷案（案一），拉赫兰顿融资租赁（中国）有限公司与磐石博仁医院、艾辉融资租赁合同纠纷案（案二），拉赫兰顿融资租赁（中

国）有限公司与莒南县板泉中心卫生院、济南源生堂医疗器械有限公司融资租赁合同纠纷（案三）

第九编　公立医院其他纠纷案例分析与研究

一、医院公益诉讼案例 / 323
　　——白山市江源区卫生和计划生育局及江源区中医院行政附带民事公益诉讼案

二、医院申请执行案例 / 327
　　——北京某集团总医院申请执行陈某春医疗服务合同纠纷案

三、聚众扰乱医院秩序案例 / 330
　　——陈金泉等聚众扰乱社会秩序案

四、暴力伤医案例 / 332
　　——山东省莱钢医院陈建利暴力伤医案

五、医院寻衅滋事案例 / 334
　　——王敏寻衅滋事案（多次到医院滋事并殴打、辱骂、恐吓医务人员）

六、关于开通"120"急救电话纠纷案例 / 336
　　——溆浦县中医院诉溆浦县邮电局不履行法定职责案

七、医院不正当竞争案例 / 339
　　——宜昌市妇幼保健院不服宜昌市工商行政管理局行政处罚决定案

八、交通事故被侵权人欠缴医疗费用纠纷案例 / 342

——原告上海市某医院诉被告约某医疗服务合同纠纷一案

九、医院不合理用药致损赔偿纠纷案例 / 344

——张丰春与泰安市中心医院医疗服务合同纠纷案

十、医院擅自改变双方约定的医疗方案纠纷案例 / 347

——郑雪峰、陈国青诉江苏省人民医院医疗服务合同纠纷案

十一、医院接受捐赠相关信息公开案例 / 350

——夏欣诉中国医学科学院北京协和医院案

第十编 涉及公立医院发展、管理、改革的相关法律法规及政策文件汇编

附录一：医疗机构从业人员违纪违规问题调查处理暂行办法 / 355

附录二：最高人民法院关于审理非法行医刑事案件具体应用法律若干问题的解释（2016修正） / 364

附录三：最高人民法院、最高人民检察院关于办理药品、医疗器械注册申请材料造假刑事案件适用法律若干问题的解释 / 366

附录四：最高人民法院、最高人民检察院关于办理商业贿赂刑事案件适用法律若干问题的意见 / 369

附录五：卫生计生单位接受公益事业捐赠管理办法（试行） / 373

附录六：加强医疗卫生行风建设"九不准" / 384

附录七：上海市医药购销领域商业贿赂不良记录管理规定 / 387

附录八：国家卫生计生委关于深化"放管服"改革激发医疗领域投资活力的通知 / 397

附录九：国务院办公厅关于支持社会力量提供多层次多样化医疗服务的意见 / 400

附录十：公立医院领导人员管理暂行办法 /412

第一编
医院院长受党纪处分案例分析与研究

一、医院院长私设小金库、套取公共资源被撤职
——汝城县红十字会医院院长被撤职案[1]

(一) 案情

2013年至2016年,县红十字会医院每年春节都会按等级向医院干部职工发放红包,4年来共违规发放津补贴75 000元。为和业务主管部门搞好关系,袁向军安排下属通过虚开发票、伪造药品采购和调拨单据等方式,在2015年套取公款37 740元用于赞助县医保中心。2012年~2015年,县红十字会医院向院内住户共收取水电费23 673元。经集体商量后,袁向军决定将收取的水电费不入账,私设"小金库"用于以医院名义送丧事烛金、无正式发票的办公开支及送礼金给相关管理部门的工作人员。2014年3月~2015年12月,一名药品供应商将自己的轿车借给袁向军私人使用,此后袁向军在业务上多次关照他,使其在县红十字会医院的供药量年年递增。2013年5月,该供药商向袁向军提及自己资金周转困难,袁向军听后主动提出借钱,并通过转账的方式先后借给他25万元。事后,该供药商共还给袁向军34万元,多还的9万元则是利息。

2014年~2015年,医院通过伪造通知、签名册,虚增会议(培训学习)次数或天数等方式虚列培训餐费,共套取公款31 721元。2015年~2016年,医院通过伪造病人处方和签名等

---

[1] "红十字会医院院长上演套现'三步曲'被撤职",载凤凰网:http://hunan.ifeng.com/a/20161213/5225799_0.shtml,2016年12月13日。

方式，共套取新农合补偿资金 81 922 元。为把造假做得"天衣无缝"，袁向军竟打起了会计凭证的主意，2013 年~2015 年，医院共伪造会计凭证（非基药单据改为基药单据）近 200 万元，共销毁 2013 年~2014 年会计凭证（非基药单据）70 余万元。

（二）处分

汝城县纪委、县监察局给予其留党察看 2 年和撤职的处分。

（三）评析

党的十八大以来，干部作风在转、腐败现象在减、社会风气在变，然而袁向军作为单位"一把手"却不知"八项规定""六条禁令"和"四风建设"为何物，仍顶风违纪违规，肆无忌惮地在"小王国"里我行我素，随意骗取、使用公共资源，利用权力为自己和他人谋私利。党员干部职工一旦走出了规章制度的圈子，必将受到党纪法规的严惩。

二、卫生院院长使用救护车办私事被撤职
——贵州某乡卫生院院长被撤职案[1]

（一）案情

2015年2月16日，王坤强违规驾驶单位急救车回沿河县城过春节，2月22日将车开回后坪乡卫生院，并在单位报销了春节期间花费的280元燃油费用。此外，2013年12月中旬，王坤强违规驾驶单位急救车到沿河县城开会，并借机将车开到沙子镇办私事，在途经黄家洞路段时发生了交通事故，一直隐瞒未报。

（二）处分

2016年5月，沿河县监察局决定给予王坤强行政撤职处分，并收缴其违纪资金。

（三）评析

救护车是抢救危重病人的重要医疗设施。国家卫生计生委颁布的《院前医疗急救管理办法》自2014年2月1日起施行，该办法明确，急救中心（站）和急救网络医院不得将救护车用于非院前医疗急救服务。

经办案人员介绍，该卫生院并没有针对救护专用车辆的规范管理制度。据该乡卫生院相关工作人员反映，王坤强任该乡

---

[1] 秦锦、苏畅才："急救车当专车用沿河一乡卫生院院长被撤职"，载《中国纪检监察报》2016年12月10日，第2版。

卫生院院长后,长期将急救车作为自己的专车使用,到县城开会、送材料、拿预防药都是开着急救车去。车钥匙由他亲自保管,加油修车也是他自己负责。如果有急救需要出车,需找王坤强拿钥匙。在中央八项规定出台后,该院长仍然漠视纪律和规矩,将公用急救车辆专为自己私用,顶风违纪,性质恶劣。

三、九人透析感染乙肝病毒，医院院长被撤职
——城阳区人民医院院长被撤职案[1]

（一）案情

2月9日，山东省卫计委发布的一份文件的部分内容在网上流传，文件显示，山东某三甲医院发生一起血液透析室疑似乙肝病毒感染暴发事件。山东省卫计委在接受媒体采访时表示，涉事医院为青岛市城阳区人民医院。9日晚11时左右，青岛市城阳区人民政府新闻办公室发布了关于城阳区人民医院感事件处置情况的通报。通报称，2017年1月19日下午，城阳区卫计局接到城阳区人民医院报告，医院血液透析室发现9名患者感染乙肝病毒，区卫计局立即组织相关部门开展调查和处置工作，并逐级上报相关情况。经国家、省、市专家组现场调查，认定这是一起因该院血液透析室违反院感操作规程导致的严重医院感染事件。在国家、省、市卫计委及专家组的指导下，城阳区全力做好患者治疗工作。目前9名患者已按照专家组意见实施个体化治疗方案，病情稳定。

（二）处分

城阳区在全区范围内开展了专项检查整治，并对城阳区人民医院相关责任人作出严肃处理：免去院长的行政职务和党委

---

[1] 王婧祎："青岛市乙肝事件多人被免职 此前选择封锁消息"，载《新京报》2017年2月10日，第1版。

书记职务，免去分管副院长的行政职务和党委委员职务，免去院感染科和护理部主任职务，撤销透析室主任、护士长职务。对以上人员和其他相关责任人给予党纪处分。

（三）评析

目前，国内一些医院透析状况堪忧，医院因许多患者追求低价格从而降低了服务质量。另外，还存在部分医院将透析科室外包的情况，导致感染管理困难。近年来，已有多家媒体曝光过国内血液透析乱象。

四、陕西6名幼儿接种过期疫苗,卫生院院长被撤职
——渭南市经开区龙背镇卫生院院长被撤职案[1]

(一)案情

5月14日至17日,渭南市经开区龙背镇卫生院先后为6名幼儿接种了百白破疫苗,后有家长发现,接种的疫苗有效期为2015年5月12日,已经过期。其中一名幼儿接种后出现发热症状,经治疗后得到控制。

(二)处分

对此事件负有直接责任和管理责任的9名相关负责人受到了处理。接种医师冯联社行政记大过处分,并由卫生行政主管部门吊销其执业医师资格;龙背镇卫生院院长李长树被党内严重警告处分,撤销其院长职务,并调离龙背镇卫生院。

另外,对负有属地管理责任的龙背镇政府镇长雷科,由区纪工委进行诫勉谈话;给予分管医疗卫生工作负有领导责任的龙背副镇长石青军行政警告处分;给予业务主管部门负有领导责任的区社会事业局局长樊永信行政警告处分;分别给予社会事业局负责卫生工作负有管理责任的工作人员郝红莉、兰琛行政警告处分;对负有监管领导责任的区食品药品监督管理局副局长谷卓,由区纪工委进行诫勉谈话;给予业务监管部门负有

---

[1] 陈兴王:"陕西6名幼儿接种过期疫苗,涉事医生被吊销资格院长被撤职",载澎湃新闻 http://www.thepaper.cn/newsDetail_forward_1334036,最后访问日期:2015年5月22日。

监管责任的区食品药品稽查大队负责人刘西斌行政警告处分。

（三）评析

医院方当事人称该批给6名儿童注射的过期疫苗，是今年3月从上级疾控部门领取的，领到时有效期还剩2个多月。而基层卫生院条件有限，临期疫苗和新疫苗均放在同一个冰箱里。渭南市经开区自5月21日开始，在全区范围内开展为期2个月的疫苗接种用药安全集中大排查、大整顿活动。

但是，一段时期的排查整改并不能解决根本问题，加强疾病预防控制和卫生监督机构建设，健全区、镇、村三级疾控网络体系，配齐配强技术人员，完善各项规章制度，严格规范接种流程，强化医疗技术服务监管的有效方式、方法，才是保障广大群众就医安全之道。

五、医院院长公款租车上下班被免职
——柘荣县精神病防治院院长被免职案[1]

（一）案情

2015年9月，县纪委接到群众举报，反映县精神病防治院院长公车私用问题。为弄清事情真相，县纪委会同有关部门组成调查组，对该院财务情况进行初步核查。其间，调查组发现了一个疑点：2012年至2014年间，其账目上多次出现报销闽JG2632和闽JB6031两辆车的油费单据，共计2.75万元。

"车是租来的，用于单位下乡和出差。单位没有驾驶员，车我在开，租金和油费由单位出。"林祁面对调查人员询问老实交代，"上下班也开租来的车，平常将车停在家里。"随着调查的深入，一个"换汤不换药"、披着公款租车、私人使用"隐身衣"的违规用车问题浮出水面。原来，2012年9月，林祁将自己名下车牌为闽JG2632的车过户给朋友郑某，车号变更为闽JB6031。接着，他又以县精神病防治院工作需要为由与郑某签订租车协议，租期一年，租金1.8万元。租赁期满后，林祁并未停止使用该车辆，直至2014年，这辆车一直为该院公务和他个人使用，他仍在单位报销私人油费数千元。

（二）处分

经研究，决定免去林祁同志柘荣县精神病防治院院长职务。

---

[1] 陈金来、吴国荣、王李娟："公款租私车，'绕道'一样走不通"，载《中国纪检监察报》2016年2月27日，第1版。

此前,他因违规租用车辆和报销私人费用,已被县纪委给予党内严重警告处分,并被全县通报。

(三) 评析

企图以公款租私车来规避监管,"公车私用"穿上"隐身衣",是"四风"问题新变种,隐蔽性强、欺骗性大。林祁何尝不知公车私用违纪,但因为存在侥幸心理,琢磨"变通"想法,守不住纪律底线,最终没能逃脱应有的党纪处分。严守纪律不容"绕道走",一旦触碰纪律"红线",必然受到严处。

——柘荣县纪委　游卫民

六、违反任职回避，卫生院院长被撤职
——乐东黎族自治县千家镇卫生院院长被撤职案[1]

（一）案情

经查，2007年7月至2014年1月期间，孙定波明知其子孙发举（千家镇卫生院工作人员，2014年1月调离）不正常上班，却不履行正常的工作管理制度对其进行处理，违规为其发放工资共计12万多元，给国家财产造成重大损失。千家镇卫生院会计翁壮岩、出纳杨凤容明知孙发举不在医院正常上班，但从未向有关部门反映，在制表发工资时仍将孙发举列入应发工资人员名单中。

此外，2008年1月，孙定波在乐东县卫生局考察任命其侄子孙发魁为千家镇卫生院副院长时，没有提出任职回避，致使身为伯侄关系的孙定波和孙发魁在千家镇卫生院分别任院长和副院长，造成严重不良影响。

（二）处分

乐东黎族自治县千家镇卫生院院长、党支部书记孙定波失职渎职，被监察局给予留党察看一年和行政撤职处分；给予翁壮岩、杨凤容党内严重警告处分。

---

[1] 张谯星："乐东千家镇卫生院院长被撤职"，载《海南日报》2015年1月6日，第7版。

（三）评析

党的十八大以来，无论是中央巡视还是地方巡视，在巡视反馈时，"裙带关系""近亲繁殖"已不陌生。"裙带关系"败坏用人风气，"近亲繁殖"是劣币驱逐良币。防止裙带关系的关键在于防止权力自肥。这既要靠领导干部加强党性修养，牢记党和人民交给他的职位不是私人领地，不能任人唯亲；也要加强制度建设，以明规则驱逐潜规则，让有想法的人无空可钻。

七、医务人员收取药品回扣，医院院长被免职

——广东省高州市人民医院院长被免职案[1]

（一）案情

2013年1月11日和3月29日，央视《焦点访谈》先后两次播出高州市人民医院医生收受药品回扣等问题。经查，高州市人民医院医生收受药品回扣等问题基本属实，共有39名医务人员及5名药商涉案，医院382名医务人员主动上缴回扣款。此案中，共追缴违纪金额580多万元。

（二）处分

高州市人民医院院长、党委书记等6名工作失职的相关责任人被进行党纪政纪处分。其中，高州市人民医院院长、党委书记被处以党内严重警告、行政记大过处分，免去其院长、党委书记职务；给予分管药品采购等业务工作的高州市人民医院副院长、党委委员党内严重警告、行政记大过处分，免去其副院长、党委委员职务；给予高州市卫生局局长、党组书记，分管医政、药品招标管理工作的党组成员和医政股股长，以及高州市人民医院体检科主任相应的党纪政纪处分。

对该院呼吸内科一区主任等9名直接收受药品回扣的科室主任及涉案金额较大的医生，给予相应的党纪政纪处分，并由

---

[1] 李文才：" 广东高州人民医院院长因收受医药回扣被免职"，载 http://news.163.com/13/0403/09/8RHD05BR00011229.html，最后访问日期：2013年4月3日。

卫生行政部门作出相应的行政处罚。

(三) 评析

药品回扣是一系列复杂利益纠葛，是以药养医、过度用药、商业贿赂的集中体现，不是简单降价就能禁绝的。在医药不分家体制的彻底改革，医患沟通机制的真正建立和完善，同时保证患者和医生的基本权益，大幅提升医者的社会地位和经济地位的前提下，用严格的制度遏制医疗腐败才有可能奏效。

八、医院违反手术规范，院长被免职
——江西省乐平市第二人民医院院长被免职案[1]

（一）案情

江西乐平市一名六岁女孩小颖在乐平市第二人民医院做手术时被医生做错了位置，左腿的矫形手术后却发现右腿被开了刀，家长找医生拿病历时发现"左"腿已被改成"右"腿。经调查发现原始病历曾有改动。同时，为小颖主刀的张云荣教授到乐平市会诊并不止一次，却并没有在卫生部门办理相关手续。

（二）处分

针对上述问题，景德镇市卫生局对乐平市卫生局给予全市通报批评处理，责令乐平市卫生局注销乐平市第二人民医院外科诊疗科目，责令该院集中整顿1个月，全面查找医疗管理方面存在的漏洞，及时整改，杜绝安全隐患。同时，乐平市政府对乐平市卫生局有关领导和负责人已作出行政警告、行政记过、行政记大过处分，对乐平市第二人民医院院长、分管院长及相关医务人员作出了免职、撤职行政处分和暂停执业活动、解聘等处理，并督促乐平市第二人民医院依法依规、妥善处理后续工作，及相关赔偿事宜。

---

[1] "六岁女孩左腿手术右腿挨刀"，载《现代金报》2013年5月8日，第A17版。

(三) 评析

2010年卫生部颁布了《医院手术部(室)管理规范(试行)》,对手术过程中需要遵守的规范进行了较为详尽的规定,但一些医院硬件设施不完善、医务人员工作能力和风险防范意识薄弱,术中存在各种不规范操作,引发医患纠纷。

九、医院院长因医院管理混乱被免职
——中南大学湘雅二医院院长周胜华被免职案[1]

(一) 案情

据媒体报道,中南大学湘雅二医院院长周胜华于 2017 年初被免职,免职通知于 1 月 24 日在该院下发,这也是湘雅首例疑因"管理混乱"原因遭免职的院长。

(二) 处分

给予中南大学湘雅二医院院长周胜华以免职处分。

(三) 评析

周胜华被免职的消息被媒体曝光后,不少媒体就其免职理由提出质疑,认为免职背后的真正原因并非如此。据知情人士透露,内在原因可能如下:

其一,之前有相关人士爆料湘雅二院公开拒收长沙市医保患者,规定"长沙市医保患者,除危重病人外,只能提供门诊就医,暂不能办理入院就医"。据相关人士透露,这是医院的无奈之举,因为市医保长期拖欠湘雅医院巨额医保结算款,医保额度也早已超支,极大影响了医院的资金回笼,医院资金周转压力大大增加,导致医院难以为继,只能拒收医保病人。

其二,受央视曝光"回扣门"事件影响。2016 年底央视记

---

[1] "湘雅二院院长被免职 真相或许不是管理混乱?",载 http://www.g-medon.com/Item.aspx? id=49226,最后访问时间:2017 年 2 月 3 日。

者历时8个月调查了上海、湖南6家大型医院,揭开了医疗腐败的黑幕,引发全国轰动。据悉,被央视记者调查的6家大型医院中,湘雅二院疑似"榜上有名"。事件发生后,国家卫计委对此高度重视,立即要求湖南省卫生计生行政部门对此展开调查并及时向社会公布调查结果,对涉及的违规人员依法依规严肃处理。而被曝光的湘雅二院成为调查的重点。上级派来的督查组来到涉事医院,门诊部、药学部、信息部主任和相关院领导都被约谈,周胜华也在其中。

第二编
公立医院常见医疗纠纷案例分析与研究

一、人民法院对医疗损害鉴定意见的审查
——安某等与某医院医疗损害赔偿纠纷案

(一)裁判要旨

当事人对鉴定意见有异议或者人民法院认为鉴定人有必要出庭的,鉴定人应当出庭作证。经人民法院通知,鉴定人拒不出庭作证的,鉴定意见不得作为认定事实的根据;支付鉴定费用的当事人可以要求返还鉴定费用。

当事人可以申请人民法院通知有专门知识的人出庭,就鉴定人作出的鉴定意见或者专业问题提出意见。

(二)案情

2007年10月7日5时许,案外人苏某在北京市通州区梨园镇怡乐北街西口红绿灯处与安某发生纠纷、互殴,致安某受伤,后安某于同日6时4分到被告急诊科就诊,诊断为背部开放性外伤、手开放性外伤,被收入院;同日,被告对安某行手指清创肌腱吻合术、背部清创探查缝合术。次日凌晨,安某家属发现其呼吸停止,医生立即对其进行抢救,抢救持续42分钟后安某死亡。北京市公安局通州分局为其出具死因鉴定结论通知书:安某系因患心肌炎而导致急性心力衰竭而死亡;其背部组织刀砍伤有感染;不能排除安某背部软组织刀砍伤感染后继发心肌炎的可能。随后安某父母、妻儿认为被告的诊疗行为对安某非正常死亡负有责任,故向北京市通州区人民法院提起诉讼,要求被告赔偿其包括医疗费、护理费、被抚养人生活费、精神损

害抚慰金在内的各项损失共计100万余元。

(三) 裁判

1. 本案司法鉴定未能得出确定性鉴定结论，根据鉴定人的意见，鉴定意见书中认定"推断诊疗中存在诊疗缺陷"，"缺陷"系指诊疗行为存在情节轻微的不当之处，"推断"系指上述缺陷实际存在与否无法确定，故判断被告的诊疗行为与患者的死亡结果之间必然存在因果关系的推论不够客观、准确。

2. 鉴定人认为，除被告对安某的病程记录不详细之外，本案尚存其他非归因于被告的因素导致无法得出确定性鉴定结论。

3. 据鉴定人陈述，本案司法鉴定结论的考虑因素之一包括听证时四原告关于家属曾三次要求医生对安某进行诊查的陈述意见，但四原告未对此提供任何确实、有效的证据予以佐证。

4. 鉴定人陈述称，患者安某入院时系轻伤，属于二级护理，二级护理规范并不要求医院对患者进行时时监护。

5. 苏某故意伤害的刑事案件虽认定苏某对安某的伤害系轻伤害，但基于刑事案件无罪推定和民事案件损失填补的立法精神的差异，不能必然得出非此即彼（即安某的死亡后果非由苏某造成就必然由被告所导致）的结论。事实上，苏某的伤人行为是引起该损害后果的起因，且司法鉴定结论未能得出安某的死亡后果确系医院在诊疗过程中存在过错所致的肯定性结论，即无法排除包括安某个人身体原因在内的其他原因在安某死亡后果中的参与度。

综合上述的分析认定，对于四原告要求被告赔偿其医疗费、护理费、交通费、住院伙食补助费、被扶养人生活费、丧葬费、死亡赔偿金的诉讼请求，被告应承担与其"诊疗缺陷"相适应的赔偿责任，具体的责任比例由北京市通州区人民法院酌定为20%，据此判决被告赔偿原告各项损失共计15万余元，驳回了原告的其他诉讼请求。

（四）评析

1. 人民法院对医疗损害鉴定意见的审查。法律对于鉴定意见的规定主要着眼于审查其合法性，且较为宏观，具体适用困难。具体到本案中，鉴定机构出具的法医学鉴定意见书虽然要件齐备，但其最终结论并不十分明确。那么，法官应该如何进一步解读这份鉴定意见呢？此时，应当注重法官对鉴定人的具体询问。

2. 法院依据当事人的申请，通知鉴定人出庭接受质询。本案中，正是本次出庭，法官通过对鉴定人的询问，得以知晓"鉴定书"和"鉴定意见书"的区别，以及"缺陷"与"过错"的区别，以及"某种程度的因果联系"意味着何种责任程度。鉴定人出庭有助于人民法院对案件事实的认定。从另一个角度说，申请鉴定人出庭，也是当事人面对一份不利于自己的鉴定意见的一个十分必要的救济手段。

3. 关于专家辅助人制度。2012年修订的《民事诉讼法》将《最高人民法院关于民事诉讼证据的若干规定》的规定予以吸收，在第79条增加了"当事人可以申请人民法院通知有专门知识的人出庭，就鉴定人作出的鉴定意见或者专业问题提出意见"的规定，使专家辅助人制度得以在立法上确立。那么，在医疗纠纷民事诉讼中，"有专门知识的人"就可以发挥它的功能，即协助当事人就有关专门性问题提出意见或者对鉴定意见进行质证，回答审判人员和当事人的询问、与对方当事人申请的"有专门知识的人"进行对质等。与鉴定人出庭作证一样，这些活动都是围绕着对鉴定意见或者专业问题的意见展开的，均有助于法院审查鉴定意见，进而准确地认定案件事实。

（五）案号：（2008）通民初字第02954号

二、保障患者知情权
——张丰春与泰安市中心医院医疗服务合同纠纷案

（一）裁判要旨

医院应当根据原告的病情为原告提供合理、恰当的医疗服务。

（二）案情

原告张丰春因道路交通事故受伤在山东省泰安市中心医院住院治疗，入院伤情诊断为全身多处软组织伤，住院43天，住院期间花费医疗费16 747.64元、检查费4元，共计16 751.64元。原告出院后，以机动车交通事故责任为由将侵权人孔凡忠及中华联合保险泰安支公司诉至泰安市泰山区人民法院，要求赔偿其因交通事故所遭受的经济损失。在该案审理过程中，中华联合保险泰安支公司申请对原告住院期间的用药合理性进行审查，剔除与交通事故所致伤情无关的用药。法院认定原告受伤住院治疗过程中因使用奥扎格雷钠所花费的7250.40元为不合理用药，应在赔偿范围内予以扣除。因此，原告诉至法院，要求被告泰安市中心医院赔偿其因不合理用药所受到的经济损失。

（三）裁判

被告泰安市中心医院未根据原告的病情为原告提供合理、恰当的医疗服务，原告因被告在治疗过程中不合理用药行为所造成的损失，应当由被告予以赔偿。判决泰安市中心医院赔偿原告张丰春经济损失共计 7750.40 元。被告已按判决履行完毕。

（四）评析

医疗服务合同是调整医疗机构与患者之间权利义务关系的合同，我国现阶段医疗纠纷日益增加，不仅影响到患者及家属的心理，也加重了医务人员的心理压力，降低了医疗单位和医务人员在社会上的声誉及形象。在实践中确实存在部分医疗机构或医务人员为了追求经济利益，给患者开出价格较为昂贵或不必要的药物，加重了患者的经济负担。本案判令被告泰安市中心医院赔偿原告因不合理用药行为给原告造成的经济损失。本案提醒医疗机构在为患者提供服务的过程中，应秉承"救死扶伤、治病救人"的宗旨，本着必要、合理的原则，为患者提供恰当的治疗方案，加强与患者及患者家属之间的沟通，充分尊重患者的知情权，以构建和谐的医患关系。

（五）案号：（2014）泰山商初字第 30 号

三、纠纷多元化解
——陈某与市北区某医院医患纠纷调解案

(一) 案情

2015年2月中旬,陈某因病在表弟的陪同下到市北区某医院就诊,诊断后陈某要求医生为自己开具休息一个月的病假条。但医生认为陈某的病情并没有那么严重并表示拒绝,同时告知陈某只同意开具一周的假条。

双方为此发生争执,陈某和表弟一起对医生进行殴打,造成医生面部多处受伤。经鉴定,医生伤势构成轻微伤。在前期公安机关处理期间,医生对鉴定结果持有异议,认为自己的伤势已构成轻伤,并申请再次鉴定。为妥善化解矛盾纠纷,案件转入市北区"天平110医患调解中心",由市北法院、市北公安分局、市医调委三方进行联动调解。

(二) 裁判

调解结案。在调解现场,法官和市医调委工作人员与双方反复沟通,准确把握纠纷的症结核心,从化解双方的心结入手,耐心细致地进行说服劝导,与公安民警共同制订出解决纠纷的方案,最终促使双方达成和解,陈某同意赔偿医生医疗费、误工费和交通费共计8000元,并向医生道歉。

(三) 评析

出现医疗纠纷后,如医患双方沟通不到位,容易激化矛盾。

如通过诉讼方式解决，需经过立案、鉴定、审理、判决等法律程序，不仅耗费医患双方成本，增加诉累，也不利于医患双方的矛盾缓解，还可能使医患矛盾进一步激化。

针对市北辖区医疗机构众多、大型医院分布密集、医疗纠纷数量占全市近半数比重的特点，市北法院与市北公安分局、市医调委在联动联调机制的基础上，进一步优化整合，联合建立市北区"天平110医患调解中心"，法院、公安、医疗调解机构三方联动调解医疗纠纷，使法院可以在矛盾处于"萌芽"状态时及早介入，为医疗双方提供诉前法律咨询、诉前调解、司法确认，推动人民法院与医疗纠纷调解机构的优势互补，及时有效化解医疗纠纷，维护正常的医疗秩序，维持和谐医患关系。

四、医疗侵权四要件
——黄梅、王少虎等与湖北省人民医院等医疗损害责任纠纷案

（一）裁判要旨

构成医疗损害责任应当具备四个要件：医疗机构及其医务人员在诊疗活动中存在违法诊疗行为；患者受到损害；违法诊疗行为与患者损害之间具有因果关系；医疗机构及医务人员存在过错。

（二）案情

原告黄梅因"结婚5年未避孕未孕"于2012年8月5日入住被告湖北省人民医院治疗。诊断：原发不孕（单精子卵胞浆内注射-胚胎移植）。当日行经阴道超声引导下卵巢穿刺取卵术，获卵20个。采用浙江省人类精子库提供的供精行体外受精，8月8日冷冻胚胎9个。2012年11月5日行经超声显像引导下子宫内胚胎移植术，移植胚胎2个，移植30天（2012年12月5日）B超检查证实临床妊娠。从2013年2月21日开始，原告黄梅多次在被告汉川市妇幼保健院进行胎儿健康状况的检查，其中2013年2月21日的超声检查报告显示，胎儿的四肢显示无畸形。2013年7月19日，原告黄梅在被告汉川市妇幼保健院剖腹产下一男婴（即原告之子王子敬），经检查发现婴儿右手畸形。原告为维护其合法权益，诉请医院赔偿医疗费、精神损失费、残疾赔偿金、营养费、手术费等一系列费用。

(三) 裁判

根据湖北省医学会鉴定意见，医方诊疗行为与患者目前的损害后果之间无因果关系。因此法院认定被告湖北省人民医院及被告汉川市妇幼保健院对原告黄梅的受精及胎儿的检查不构成医疗损害责任侵权。被告湖北省人民医院及被告汉川市妇幼保健院不应当承担损害赔偿责任，本院对原告要求被告赔偿其损失的诉讼请求不予支持。

(四) 评析

《中华人民共和国侵权责任法》第54条规定："患者在诊疗活动中受到损害，医疗机构及医务人员有过错的，由医疗机构承担赔偿责任。"构成医疗侵权需要满足侵权责任的四个要件：存在违法行为，损害事实存在，违法行为与损害结果之间存在因果关系，行为人具有过错。本案中，审查因果关系是否存在是要点，因此在认定因果关系时应当经多方因素考察鉴定。

随着科学技术的发展，试管婴儿、器官移植等一系列新的诊疗方式进入人们的生活，从一定程度上改善了人类生存的条件，提高了人类生命质量。但任何技术都是存在风险的，在医疗风险充分告知且患者知情权得到保障的情况下，应当公平公正地对待医疗机构所属的角色，维护其正当权益。但是，医疗机构在诊疗活动中一定要注意规范行为，合理行医，对症施药，注意保存证据，以便在陷入医疗纠纷时能够自证清白。

(五) 案号：(2016) 鄂0106民初1787号

五、伦理道德与法律规则的影响
——杨勇会与舟山市妇幼保健院医疗服务合同纠纷案

（一）裁判要旨

要求继续履行医疗服务合同的主张能否成立，需要根据伦理道德、法律规则予以审查。

（二）案情

原告杨勇会与其丈夫周军于 2013 年 1 月 24 日登记结婚。婚后，双方未生育，亦未收养子女。杨勇会与周军因不孕到被告舟山市妇幼保健院诊疗，并于 2016 年 2 月 24 日签署《体外受精-胚胎移植（IVF-ET）知情同意书》，同意由被告为其施行"体外受精-胚胎移植"术。在此过程中，杨勇会与周军签署《取卵-胚胎移植手术知情同意书》《胚胎冷冻知情同意书》《全胚冷冻知情书》。《胚胎冷冻知情同意书》载明："'我们夫妇一方或双方均死亡而没有留下有关冷冻胚胎的处理遗嘱''我们允许生殖中心终止胚胎冷冻保存'；'终止冻存的胚胎'选择'胚胎在体外退化'"。2016 年 5 月 12 日凌晨 0 时 2 分许，浙岱渔 11307 号船失联，后经搜救发现该船已沉没，船员周军下落不明。2016 年 7 月，原告要求被告实施胚胎移植手术，但被告予以拒绝。故原告向法院提起诉讼。

（三）裁判

1. 伦理原则。主要涉及三项：

（1）被告继续为原告实施人类辅助生殖技术是否违反"医务人员必须严格贯彻国家人口和计划生育法律法规，不得对不符合国家人口和计划生育法规和条例规定的夫妇和单身妇女实施人类辅助生殖技术"这一社会公益原则。丈夫周军虽因海难事故下落不明，目前从法律上尚不能认定其死亡，故原告应系已婚妇女，而非单身妇女。即使周军死亡，原告作为丧偶妇女，要求以其夫妇通过实施人类辅助生殖技术获得的冷冻胚胎继续孕育子女，亦有别于该社会公益原则中所指称的单身妇女要求实施人类辅助生殖技术的情形。故法院认为，被告继续为原告实施人类辅助生殖技术不违反前述社会公益原则。

（2）被告继续为原告实施人类辅助生殖技术是否违反"如果有证据表明实施人类辅助生殖技术将会对后代产生严重的生理、心理和社会损害，医务人员有义务停止该技术的实施"这一保护后代原则。无证据证明原告缺乏抚养子女的能力。周军父母已表明态度，支持原告实施人类辅助生殖技术。而且，在本案中，目前并无证据证明存在医学上、亲权上或其它方面对后代不利的情形。故法院认为，被告继续为原告实施人类辅助生殖技术不违反前述保护后代原则。

（3）被告继续为原告实施人类辅助生殖技术是否违反"人类辅助生殖技术必须在夫妇双方自愿同意并签署书面知情同意书后方可实施"这一知情同意的原则。周军之前已签署《体外受精-胚胎移植（IVF-ET）知情同意书》《取卵-胚胎移植手术知情同意书》《胚胎冷冻知情同意书》《全胚冷冻知情书》，从中可知周军对于通过人类辅助生殖技术包括实施胚胎移植术生育子女，已表达了明确的意愿。因此，本案并不违反前述知情同意原则。

2. 法律规则。本案涉及两个问题：

(1)《胚胎冷冻知情同意书》第6条关于一方死亡胚胎的处置的约定。首先，周军目前从法律上讲尚不能认定死亡，夫妻一方死亡的情形并不存在，该第6条不适用。其次，实施人类辅助生殖技术，是不育夫妇行使生育权的一种形式，实施人类辅助生殖技术过程中获得的胚胎的处置权，应视为生育权的延伸，具有人身专属性。该第6条是被告拟定的格式条款，依照合同法的规定，当有两种以上解释时，应当作出不利于提供格式条款一方的解释。前文已经论述过，周军表达了以冷冻胚胎孕育子女的意愿，原告实施胚胎移植术不违反周军的意愿，故不能认定周军愿意放弃冷冻胚胎，那么，以放弃冷冻胚胎为前提的后续处置亦无从谈起。

(2) 原告要求实施胚胎移植术，是继续履行既有的医疗服务合同的请求，还是签订并履行新的医疗服务合同的请求。本案的医疗服务合同尚未履行完毕，在完成取卵、体外受精后，之所以没有立即实施胚胎移植，《全胚冷冻知情书》已经言明，是因取卵日子宫内膜回声欠均匀，取消促排卵周期胚胎移植，所有胚胎冷冻保存，待以后周期解冻后移植回子宫。故胚胎移植仅是因故暂缓，原告要求实施胚胎移植术，是继续履行既有的医疗服务合同的请求。故即使周军未作出新的意思表示，亦不必然对继续履行合同构成妨碍。

所以，判决如下：被告舟山市妇幼保健院于本判决生效之日起继续履行与原告杨勇会之间就体外受精-胚胎移植所签订的医疗服务合同，为原告杨勇会施行胚胎移植术。

(四) 评析

人类辅助生殖技术是治疗不育症的一种医疗手段。实施人类辅助生殖技术，使不孕不育夫妻得以借用现代生物技术通过人工授精或试管婴儿促成精卵结合来生育子女,这一技术在给不孕不育患者带来繁衍自己后代的希望的同时,也对与婚姻家庭有关的伦理道德、法律规则产生了冲击。因此,患者要求实施人类辅助生殖技术的主张能否支持,要综合以下两方面予以审慎评判:一方面,生育权是人的基本权利,帮助不孕夫妻实现生育愿望,在道德、法律许可范围内尽量保障其生育权,应是一个基本的考量标准;另一方面,实施人类辅助生殖技术须符合安全、有效、合理的原则,符合伦理道德、法律规则,保障个人、家庭以及后代的健康和利益,维护社会公益。

(五)案号:(2016)浙 0902 民初 3598 号

六、过错责任原则的程度性适用
——高成玲与邳州市人民医院医疗损害责任纠纷案

(一) 裁判要旨

过错责任原则包含以下含义：第一，它以行为人的过错作为责任的构成要件，行为人具有故意或者过失才可能承担侵权责任。第二，它以行为人的过错程度作为确定责任形式、责任范围的依据。在过错责任原则中，不仅要考虑行为人的过错，往往也会考虑受害人的过错或者第三人的过错。如果受害人或者第三人对损害的发生也存在过错的话，则要根据过错程度来分担损失，因此可能减轻甚至抵消行为人承担的责任。

(二) 案情

2012年7月24日，原告高某因下腹部包块，月经量增多入住被告市人民医院，经被告检查诊断为"子宫肌瘤"，于同年7月27日行子宫切除术。原告高某在该院住院治疗9天，于同年8月1日出院。术后，原告出现左下肢疼痛、无力、足下垂、行走不稳等症状，再次前往被告处复查就诊，期间，上述症状一直未缓解。2012年9月11日，原告入住徐州市医学院附属医院，经检查诊断为左侧胫神经、腓总神经损伤，在该院住院治疗6天，于同年9月17日出院，支付医疗费4425.14元；2012年9月21日，原告入住徐州市中心医院，经检查诊断为腓总神经损伤，在该院住院10天，于同年10月1日出院，支付医疗费10 149.51元；在此期间，原告在外院门诊治疗支付医疗费

4248.16元。至此，原告共计住院治疗16天，累计支付医疗费18 822.81元。为此引起本案诉争。

(三) 裁判

被告在麻醉过程中的不恰当处置和术后诊疗措施的不及时与原告目前的损害后果之间有一定的因果关系，因此，被告市人民医院的医疗行为具有一定的过错，应对原告目前的损害后果承担相适应的赔偿责任；而原告高某自身有腰椎间盘突出病史，且逐渐加重，其目前的状况与其脊髓生理的变化有关，原告实施椎管内麻醉后更易发生脊髓神经损害的并发症，故原告目前的状况与其自身因素有一定的因果关系，原告应对自身损害后果承担相应的责任。

(四) 评析

医务人员在诊疗活动中应当向患者说明病情和医疗措施。需要实施手术、特殊检查、特殊治疗的，医务人员应当及时向患者说明医疗风险、替代医疗方案等情况，并取得其书面同意；不宜向患者说明的，应当向患者的近亲属说明，并取得其书面同意。医务人员未尽到前款义务，造成患者损害的，医疗机构应当承担赔偿责任。患者在医院接受诊疗服务时，应对既往病史主动具体说明，方便医生对症下药，尽到自述告知义务，因患者未说明产生过错，医院不承担相应责任。

(五) 案号：(2014) 邳民初字第4836号

七、侵权责任中因果关系的认定
　　——石磊、杨平与南京明基医院有限公司医疗损害赔偿纠纷案

（一）裁判要旨

构成医疗损害责任应当具备四个要件：医疗机构及其医务人员在诊疗活动中存在违法诊疗行为；患者受到损害；违法诊疗行为与患者损害之间具有因果关系；医疗机构及医务人员存在过错。

（二）案情

2009年8月，石某某至明基医院体检。2009年9月10日，该院出具体检报告。在体检报告的肿瘤标志物栏内，甲胎蛋白的检测结果为阴性、癌胚抗原测定 CEA（以下简称 CEA 指标）的检测结果呈阳性。在总检结论中，明基医院的建议为胆囊息肉，建议定期（每半年左右）复查……此后，石某某并未对身体进行任何检查或复查。2011年8月31日，南京医科大学第二附属医院出具诊断证明书，确认石某某患肺癌。石某某因治疗肺癌支出医疗费 235 473 元。2012年2月22日，石某某向原审法院起诉，请求判令明基医院：向石某某赔礼道歉；赔偿已发生住院费 206 978.54 元，门诊费 28 390.96 元，挂号费 103 元，交通费 1050 元，合计 236 522.5 元；赔偿精神抚慰金 50 000 元。法院判决明基医院赔偿石某某精神抚慰金 50 000 元。宣判后，石某某与明基医院均不服该判决，提起上诉。本案争议的焦点为：

①明基医院为石某某进行体检的行为是否存在过失。②明基医院体检行为若存在过失，该过失行为与石某某患肺癌不能早期发现并治愈之间是否具有因果关系。③明基医院对本案所涉纠纷是否应承担赔偿责任及赔礼道歉。

（三）裁判

1. 明基医院为石某某进行体检的行为是否存在过失的问题。明基医院为石某某出具的健康体检报告中对 CEA 指标呈阳性在该体检报告总检结论中未作出专门提示，也未提示石某某就此做进一步检查。故明基医院的体检行为存在过失。

2. 石某某患肺癌不能早期发现并治愈与明基医院的上述过失行为之间是否具有因果关系的问题。专家介绍，石某某体检时 CEA 指标呈阳性，不能以此即推定其当时已患有肺癌。根据当前临床医学诊疗水平与经验及现有证据无法确定石某某患肺癌不能早期发现并治愈与明基医院的体检报告未就 CEA 指标阳性进行专门提示的过失行为之间具有因果关系。

3. 明基医院是否应承担赔偿责任及赔礼道歉的问题。因石某某患有肺癌不能早期发现并治愈与明基医院体检中的过失行为之间不具有因果关系，且石某某因治疗肺癌所支出的医疗费和交通费属于其治疗自身疾病所必须支出的费用，故明基医院不存在赔礼道歉的理由。

最高人民法院《关于审理人身损害赔偿案件适用法律若干问题的解释》第 18 条第 2 款规定："精神损害抚慰金的请求权，不得让与或者继承。但赔偿义务人已经以书面方式承诺给予金钱赔偿，或者赔偿权利人已经向人民法院起诉的除外。"本案中，石某某在二审审理期间死亡，但石某某已经向原审法院起诉，原审法院亦判决明基医院赔偿石某某精神抚慰金 5 万元，该 5 万元精神抚慰金可由石某某的继承人石磊与杨平继承。

（四）评析

石某某于 2011 年 8 月被发现患有肺癌，距 2009 年 8 月在明基医院体检时已近两年，根据当前临床医学诊疗水平与经验及现有证据无法确定石某某患肺癌不能早期发现并治愈与明基医院的体检报告未就 CEA 指标阳性进行专门提示的过失行为之间具有因果关系。医学指标与疾病发生之间的因果关系，应当按照现有技术水平和理论基础综合认定，不能超出科学所不能及的范围，放大二者之间的影响。认定因果关系时应当秉持谨慎、科学的态度。

（五）案号：（2012）宁民终字第 2101 号

八、侵害财产权责任
——北京京煤集团总医院与陈家春医疗服务合同纠纷案

（一）裁判要旨

侵占国家的、集体的财产或者他人财产的，应当返还财产，不能返还财产的，应当折价赔偿。受害人因此遭受其他重大损失的，侵害人应当赔偿损失。

（二）案情

被告陈家春因交通事故受伤进入原告北京京煤集团总医院住院治疗，自2012年3月25日起至同年7月18日，原告北京京煤集团总医院先后二十余次通知其出院，但被告陈家春拒绝出院，仍然占用原告北京京煤集团总医院骨科病房第34床。故京煤集团总医院诉请判令被告陈家春立即离开原告医院，将原告医院骨科病房34床腾退。

（三）裁判

被告陈家春于本判决生效之日起7日内将位于北京市门头沟区黑山大街18号的原告北京京煤集团总医院骨科病房34床腾退给原告北京京煤集团总医院。

（四）评析

本案中，被告陈家春的行为严重干扰了北京京煤集团总医院的正常医疗秩序，侵害了原告北京京煤集团总医院的合法权益，影响了其他公民公平地享受医疗服务的权利。被告的行为不仅侵害了医院的财产权，更对他人合法权利的行使造成了妨碍。平等地享受医疗服务是每一个公民的权利，维护医院财产权利，保障医疗秩序有条不紊既是医院的权利，也是医院的义务。

（五）案号：（2014）门民初字第 2429 号

九、保障患者知情权在医疗事故责任认定中的重要性
——田某、严某、严瑞荣、朱彩英与被告中国人民武装警察部队浙江省总队医院医疗损害责任纠纷案

（一）裁判要旨

医务人员在诊疗活动中应当向患者说明病情和医疗措施。需要实施手术、特殊检查、特殊治疗的，医务人员应当及时向患者说明医疗风险、替代医疗方案等情况，并取得其书面同意；不宜向患者说明的，应当向患者的近亲属说明，并取得其书面同意。医务人员未尽到前述义务，造成患者损害的，医疗机构应当承担赔偿责任。

（二）案情

原告田某系患者严永明之妻，严某系患者之女，严瑞荣、朱彩英系患者父母。2016年7月20日，患者严永明由家属陪同前往被告处就诊，被告门诊以"食管癌放化疗后、食管气管瘘、吸入性××"收治入消化内科，入院后予以抗感染、制酸止咳化痰、营养支持等治疗，对于食管气管瘘建议手术治疗，并于7月25日进行胃镜检查，但在检查过程中患者口鼻溢出液体、身体不适，检查完后患者再次气促、咳喘、咳出血痰、大汗淋漓、躁动不安、高烧不退，患者病情急速恶化后不得不于7月26日晚转入ICU，病情持续恶化，7月27日下午抢救无效死亡。原告认为被告在诊疗活动中既未能采取正确治疗方法，也未充分告知患者及家属相关治疗风险，导致患者最终死亡的损害后果，

被告作为专业医疗机构未能尽到应尽的诊疗义务，存在明显过错，且与患者的死亡后果具有因果关系，故诉请判令：被告赔偿原告各项损害计 1 276 597.71 元；本案诉讼费用由被告承担。庭审中，原告变更第一项诉讼请求为被告赔偿原告各项损失计 435 252.96 元。

（三）裁判

根据鉴定意见中被告过错程度，患者属于肿瘤晚期病人，预期后果极差，其死亡主要由自身疾病所致，本次诊疗医方手术、处置等未见违规，考虑到医方对患者的病情评估欠到位、未告知内镜下放置支架、鼻胆管相关风险及预后存在一定过错，应承担轻微责任。法院酌情确定被告承担其中 10% 的损失，计 132 398.72 元。原告构成伤残造成精神痛苦，法院确定由被告承担精神损害抚慰金 5000 元。

（四）评析

类似于本案中的晚期绝症患者入院接受治疗，医院必须充分告知家属治疗风险、效果和预期后果，保障家属的知情权，避免在事后发生纠纷，使医患关系更紧张。

（五）案号：（2016）浙 0402 民初 5722 号

十、医疗事故与医疗产品缺陷
——李某雨因注射过敏诉江西保利制药有限公司产品致身体伤害损害赔偿纠纷案

(一) 裁判要旨

因药品缺陷致患者人身受到损害,药品生产者不能证明存在法律规定的免责情形的,其在民法上应对患者造成的损害承担赔偿责任。药品生产者仅以取得生产许可证证明药品质量符合国家标准,并以此作为抗辩主张免除自身民法上责任的,人民法院不予支持。

(二) 案情

原告李某雨诉称:2006年3月28日,原告李某雨因发热咳嗽在市老龄委海滨路门诊所就诊,在静脉注射被告江西保利公司所生产的"鱼腥草"2~3分钟后,即出现烦躁不安、面色潮红、全身痒、呼吸困难、口唇青紫等反常现象,遂急送市第一人民医院抢救,14天后,一直处于昏迷状态的李某雨才苏醒。2006年4月30日,李某雨出院时颈软,不能支持其自主活动。故请求判令被告江西保利公司给付医疗费、鉴定费、精神损害赔偿金、交通费、护理费、住院伙食补助费、营养费、残疾赔偿金、残疾辅助器具费共计844 698.16元。

一审法院依据《产品质量法》的相关规定判定,本案被告江西保利公司作为经营性生产企业完全应当承担对李某雨的赔偿责任。宣判后,江西保利公司提出上诉,原审判决定性错误,违反法定程序,本案应为医疗纠纷,连云港市老龄委海滨路门诊所、连云港市第一人民医院、上海仁爱医院应当参加诉讼并承担责任。

(三)裁判

保利公司作为生产者应当承担证明自己产品没有缺陷的责任。保利公司不能证明,应当对李某雨的损害承担赔偿责任。保利公司上诉称,原审判决定性错误,违反法定程序,本案应为医疗纠纷,连云港市老龄委海滨路门诊所、连云港市第一人民医院、上海仁爱医院应当参加诉讼并承担责任,一审法院没有追加其参加诉讼违反法定程序。经审查,李某雨选择起诉保利公司承担产品质量赔偿,符合法律规定,是其诉权的选择。一审法院根据查明的案件事实,没有追加医疗机构,符合法律规定,因此上诉人该上诉理由不能成立。

(四)评析

本案因为医疗产品缺陷导致医疗事故的发生,作为受害人,有权选择对施药者或者对生产者提出赔偿要求,这是公民诉权选择权的行使,应当尊重。在同类案件中,辨析医疗产品缺陷对医疗事故发生的因果关系大小,是判定产品侵权和医疗侵权的重要依据。

(五)案号:(2010)连商终字第0578号

十一、医疗机构未尽应尽义务
——梁桃与应县和谐医院医疗事故纠纷案

（一）裁判要旨

医务人员实施特定的医疗行为违反应负的注意义务，医疗机构应当承担赔偿责任。

（二）案情

2014年9月17日，原告左胳膊因工作时被机械致伤，住入应县和谐医院就诊，诊断为：左腕切割伤，尺神经断裂。在此住院15天进行手术治疗。出院3个月后发现胳膊肌肉萎缩，手指活动不灵活，就到应县和谐医院复查，医院说让多锻炼。2014年腊月初，原告到太原显微手外科医院检查，诊断为尺动脉、尺神经陈旧性损伤，在此住院9天重新手术治疗，术后效果还是不佳。原告于2015年5月向朔州市医疗事故调解委员会申请未果。由于被告方医术不高，给原告造成终身残疾，被告应县和谐医院应承担全部赔偿责任。原告请求法院判令被告赔偿原告的住院伙食补助费、营养费、护理费、误工费、交通住宿费、交通费、残疾赔偿金、精神抚慰金等损失。

（三）裁判

应县和谐医院于本判决生效后10日内一次性赔偿原告各项费用354 947.1元。

（四）评析

原告因伤住入被告应县和谐医院就诊，被告应根据自己的医疗水平尽到相当的诊疗义务，医务人员实施特定的医疗行为违反了应负的注意义务，致原告左腕部外伤术后动脉、尺神经陈旧性损伤，使其左手小鱼际肌明显萎缩，左手功能下降，应承担赔偿责任。

（五）案号：（2015）应民初字第 1058 号

十二、医疗事故侵权责任
——付美玲与齐齐哈尔医学院附属第三医院医疗事故纠纷案

(一) 裁判要旨

患者在诊疗活动中受到损害,医疗机构及其医务人员有过错的,由医疗机构承担赔偿责任。

(二) 案情

付某某于2012年11月因牙列不齐到齐齐哈尔医学院附属第三医院口腔科就诊,至2013年11月,经多次矫正后,付某某下列牙唇倾加重,反覆盖明显。付某某就医支付治疗费用5000元。2013年12月付某某到哈尔滨医大二院进行矫正治疗,现仍在矫正治疗中。因齐齐哈尔医学院附属第三医院的过错,导致付某某形象受损,况且付某某每月不定期进行诊疗,导致付某某在多家单位工作期间因多次请假被辞退,无奈付某某无法再继续工作,由此造成的损失理应由齐齐哈尔医学院附属第三医院承担赔偿责任。

(三) 裁判

齐齐哈尔医学院附属第三医院在为付某某牙齿整形矫正的过程存在过错,参与度为75%,其应按法律规定给予相应的赔偿。

(四) 案号:(2015)齐民一终字第623号

十三、医疗损害赔偿计算标准
——吕艳荣与黑龙江省医院医疗事故纠纷案

(一)裁判要旨

患者在诊疗活动中受到损害,医疗机构及其医务人员有过错的,由医疗机构承担赔偿责任。应当根据法律规定的赔偿项目进行清算,但当事人自愿赔偿的情况除外。且应当以事故发生地居民年均生活费为标准计算。

(二)案情

吕艳荣因上腹部不适到省医院就诊,省医院于2000年2月27日以胰尾部囊性肿物收入住院治疗,于2月29日手术,术前诊断为胰尾部囊肿、嗜铬细胞瘤待除外。在手术过程中,医院未与其家属协商,擅自改变术式,将其空肠离断,又擅自将胰体和胰尾部及脾切除,大出血,造成其严重残疾、功能障碍、功能丧失。经医疗事故鉴定为四级医疗事故,故诉至法院,要求赔偿,因赔偿数额不如意,原告先后上诉、申请抗诉。

(三)裁判

法院判决医院赔偿原告医疗费、误工费、营养费、残疾赔偿金等各项费用。

(四)评析

1. 误工时间的计算。由医方根据伤残等级,按照医疗事故发生地居民年均生活费计算,自定残月起赔偿患方残疾生活补助费。

2. 伙食补助费的计算。住院伙食补助费，按照医疗事故发生地国家机关一般工作人员的出差伙食补助标准计算。

3. 营养费问题。法律规定仅限于必要的营养费。

4. 关于被扶养人人数的问题。被扶养人生活费，以死者生前或者残疾者丧失劳动能力前实际扶养且没有劳动能力的人为限。

（五）案号：（2015）黑监民再字第46号

十四、不认定为医疗事故时医疗过错责任认定
——林士弟、陈爱华与中国人民解放军第三二三医院医疗事故纠纷案

(一) 裁判要旨

公民的生命健康权受法律保护。行为人因过错侵害他人民事权益的,应当承担侵权责任。

(二) 案情

患者林建奇系林士弟、陈爱华之子,其腰腿有疾,2006年8月至9月间,中国人民解放军第三二三医院处李克坤医生应邀前往浙江省瑞安市第二医院进行脊柱病技术指导。期间林建奇因腰腿部不适到该院就诊,并于2006年10月10日上午在中国人民解放军第三二三医院接受前路腹外探查肿瘤切除术,死于手术过程中。故林士弟、陈爱华起诉至法院,要求中国人民解放军第三二三医院对其子林建奇的死亡作出赔偿。

(三) 裁判

该院虽然在术前进行各项辅助诊断,分析讨论,但对术中可能出现的复杂变化及措施认识不足,存在一定的医疗过错。故法院判决中国人民解放军第三二三医院适当赔偿林士弟、陈爱华15万元。

(四) 评析

中国人民解放军第三二三医院在为患者林建奇提供诊疗的

过程中，直接使用了经销商提供的脊柱固定植入器械，违反医院管理制度；该院虽然在术前进行各项辅助诊断，分析讨论，但对术中可能出现的复杂变化及措施认识不足，存在一定的医疗过错。上述过错与患者死亡无直接的因果关系。

医疗事故的认定需要医疗过失行为与损害结果之间具有因果关系，若无因果关系，不能认定为医疗事故，医院可不承担医疗事故责任。但是，医院在医疗诊治过程中应当遵守医院管理制度，不擅自为病人使用无必要的医疗器械，避免发生医疗纠纷。出于法理和情理的双重考虑，医院在诊治中存在医疗过错会相应承当一定的法律责任。

（五）案号：（2013）西民二终字第02291号

十五、乡村医生与卫生院责任分配
——原告张亚林诉被告张艳力、被告杨店子镇中心卫生院医疗事故纠纷案

(一) 裁判要旨

《河北省医疗事故处理办法实施细则》第20条规定,乡村医生造成的医疗事故,由事故者负担,故本次事故应由被告张艳力负担,被告迁安市杨店子镇张官营卫生院不负赔偿责任。

(二) 案情

2009年7月31日早8点,原告下班回到家中准备吃饭时,突然手不会使筷子,把筷子掉在了地上。后找被告张艳力给原告看病,被告张艳力来后对原告进行了检查,说是脑血管堵塞脑血栓,就给原告输液。原告输液后病情反而加重了,呈现昏厥状态,原告家里人急忙将其送往燕山医院抢救。经诊断为脑出血,而不是脑血栓,被告张艳力输反了药,导致病情严重。由于被告张艳力的误诊和用药错误,导致病情恶化,以致威胁生命,不得不开颅动手术,才保住了原告的性命,但却造成原告偏瘫。2010年4月15日,经唐山医学会医疗事故鉴定委员会鉴定,结论为:患者原发病为高血压脑出血,出诊医生诊断错误,所用药物为出血禁忌,高血压未处理,该医疗行为违反诊疗护理常规,该违规行为与患者人身损害后果之间存在一定的因果关系,属于二级乙等医疗事故,医方承担主要责任。原告诉请由被告承担侵权责任。被告张艳力系乡村医生,并非被告

杨店子镇张官营卫生院职工，其注册地点为杨店子镇上午村卫生室。

（三）裁判

被告张艳力赔偿原告张亚林经济损失 198 790.38 元，判决生效后 10 日内履行。驳回原告张亚林对被告迁安市杨店子镇张官营卫生院的诉讼请求。

（四）评析

根据地方规定，乡村医生造成医疗事故应当由乡村医生自己负责。乡村医生在执业过程中风险较大，应当谨慎行医，对于重症、无法判断的情况应当告知并督促患者去正规医院就医。另，国家应当出台统一的法律规定，对乡村医生的执业资格、应当承担的法律责任进行明确规定，以规范农村医疗行为。

（五）案号：（2011）安民初字第 2262 号

十六、医疗事故赔偿的认定要件
——原告赵双喜、王红诉礼县宽川中心卫生院医疗事故纠纷案

(一) 裁判要旨

医疗事故赔偿,应当考虑下列因素,确定具体赔偿数额:医疗事故等级;医疗过失行为在医疗事故损害后果中的责任程度;医疗事故损害后果与患者原有疾病状况之间的关系。不属于医疗事故的,医疗机构不承担赔偿责任。

(二) 案情

2009年11月30日上午8时20分,原告之子赵某(13岁)因高烧入住被告礼县宽川中心卫生院,被告给予降温等治疗,下午1时许原告之子死亡。

(三) 裁判

医疗事故的处理依据为医学会做出的医疗事故技术鉴定书,原告对陇南市医学会做出的鉴定结论有异议,但并未要求重新鉴定,实质是对自己权利的放弃,故法院对原告所诉请求不予支持,驳回原告赵双喜、王红的诉讼请求。

(四) 评析

医疗事故赔偿的认定要件必须符合以上三个要件,若不符合要件要求,不能认定为医疗事故,不得要求医院进行赔偿。

自然人在自己的能力范围之内无法对医疗事故提供证据证明的，应当寻求专业团队的帮助。

（五）案号：（2010）礼民初字第 20 号

十七、医疗赔偿责任范围
——丁家伟与胜利油田中心医院医疗事故纠纷案

(一) 裁判要旨

医疗事故,是指医疗机构及其医务人员在医疗活动中,违反医疗卫生管理法律、行政法规、部门规章和诊疗护理规范、常规,过失造成患者人身损害的事故。

(二) 案情

2003年12月7日,原告因身体发烧到被告处就诊,由于被告医疗的过失延误了原告病情的治疗。2004年12月15日,原告再次发病,经胜利油田中心医院诊断,原告心脏已发生严重病变。后原告先后赴山东省省立医院、北京儿童医院首都儿科研究所附属儿童医院、北京广安门医院、北京人民解放军309医院、武警北京市总队第二医院、中国中医研究医院广安门医院、北京大学第一医院、北京大学第二医院、北京协和医院、上海第二医科大学附属儿童医学中心、上海市浦东新区塘桥地段医院、中国中医研究院广安门医院、北京市朝阳区双龙医院治疗,花费巨大。原告认为胜利油田中心医院存在医疗过失,诉请其承担赔偿责任。

(三) 裁判

被告违反诊疗常规,出现漏诊,延误了原告疾病的诊断和治疗,该行为与原告心脏损害后果之间存在着一定的因果关系,被告对原告因此遭受的损失应承担相应的赔偿责任；原告本身存在着原发性疾病，对因自身疾病造成的损失，也应承担一定的责任。由被告赔偿原告医疗费、残疾赔偿金、交通费、鉴定费、精神抚慰金等若干。

(四) 评析

医生的诊疗行为对生命的存续举足轻重，在诊治过程中，医生应当秉持崇高医德，谨慎分析。但是，在处理医疗赔偿纠纷时，应当在院方的过错范围内对院方的责任进行精确合理地计算，不能过分扩大医院的责任范围。

(五) 案号：(2006) 河民初字第 58 号

十八、医疗事故认定及责任确定
——叶桃华与攸县人民医院医疗事故纠纷案

（一）裁判要旨

医疗事故赔偿，应当考虑下列因素，确定具体赔偿数额：医疗事故等级；医疗过失行为在医疗事故损害后果中的责任程度；医疗事故损害后果与患者原有疾病状况之间的关系。

（二）案情

原告于2011年11月28日不慎摔伤，经治疗后伤情得到好转。2013年3月8日，原告入住被告攸县人民医院治疗，经诊断为左股骨颈陈旧性骨折，并股骨头坏死。被告为原告行髋关节置换手术，术后伤情非但没有得到医治，反而加重，致左髋关节功能全部丧失，无法正常行走，全靠轮椅代步，损伤残程度经鉴定为五级伤残。现原告向法院起诉，请求判令被告赔偿原告医疗费、残疾赔偿金、鉴定费、误工工资、护理工资、住院伙食费、交通费等各项损失共计431 833.16元。本案争议焦点是：原告叶桃华在接受医疗服务中，被告的医疗行为是否有造成人身损害的后果，该损害后果与被告的医疗行为有无因果关系；原告的损失如何确定。

（三）裁判

原告的各项损失经核定为366 125.5元，其中前期费用186 125.5元，按比例分摊，由被告攸县人民医院承担40%的赔偿责任，即 74 450.2 元，后期翻修治疗费 170 000 元和精神抚慰金 10 000 元由被告全额负担。故被告攸县人民医院应赔偿原告各项损失共计 254 450.2 元。

（四）评析

医疗机构仅根据自己的过错程度承当相应的赔偿责任。因此，在认定医疗损害赔偿范围时，应当灵活认定赔偿范围和赔偿比例。

（五）案号：（2013）攸法民一初字第 1460 号

十九、人身权诉讼期限
——张金慧与邓州市中心医院医疗事故纠纷案

（一）裁判要旨

诉讼时效期间从知道或者应当知道权利被侵害时起计算。但是，从权利被侵害之日起超过20年的，人民法院不予保护。有特殊情况的，人民法院可以延长诉讼时效期间。

（二）案情

原告张金慧于1994年在被告处生产期间输血，2013年5月体检时发现自己感染丙肝，现要求被告支付损害赔偿金150 000元，并承担本案诉讼费用。

（三）裁判

公民享有健康权，在其身体遭受侵害时，有依法获得赔偿的权利。原告张金慧1994年4月在被告邓州市中心医院治疗期间，输入供血者冀志风血液，被告方仅做了血型配对，并未检验冀志风血液是否健康，是否有丙型肝炎抗体，故该输血行为本身存在风险。2013年5月，原告发现自己患上丙肝，认为系该次输血引起。而被告无证据证明该次输血与原告患丙肝无因果关系，无证据证明供血者血液健康，不含有丙肝病毒；亦无证据证明原告在手术前或手术后因其他原因感染过丙肝病毒，故被告方对原告损失应当承担责任。

（四）评析

由于诉讼时效从被害人知道或应当知道权利受到损害之日起计算，医院对于其过失医疗行为导致的损害在较长潜伏期后发生的，亦应当承担医疗事故责任。

（五）案号：（2014）邓法民初字第818号

二十、因果关系在认定侵权责任中的地位
——胡馨尹与郭坤霞医疗事故纠纷案

（一）裁判要旨

行为人因过错侵害他人民事权益，应当承担侵权责任。

（二）案情

胡馨尹诉称，被告在街心花园老一中家属房开设一家私人诊所，为腰腿疼痛的患者进行针灸治疗。原告于2015年4月12日因腿部不舒服，在被告开设的私人诊所就诊后，被告对原告的腿部进行针灸治疗，原告进行针灸治疗回家后，感觉腿部疼痛加剧，原告向被告反映情况后，被告继续对原告腿部进行针灸治疗，造成原告的腿部剧烈疼痛和无力，行走不便，致使原告的生活和工作受到了严重的影响。后原告向卫生监督部门和公安机关报案后，经查实，被告系无证行医。原告诉至法院，请求判令被告偿付原告医药费、交通费、误工费、残疾赔偿金、后续治疗费共计50 000.00元（最终数额以评估鉴定为准）。

（三）裁判

人身损害赔偿纠纷需具备以下要件：侵权行为是否存在；主张的受侵权行为损害的权益是否存在；行为人主观方面是否有过错；被告行为和原告权益损害之间是否具有因果关系。根据法庭调查举证和贵州医科大学法医司法鉴定中心作出的《关于仁怀市人民法院委托贵州医科大学法医司法鉴定中心对胡馨

尹医疗过错鉴定不予受理的说明》，对本案中原告胡馨尹右下肢神经功能损害和被告的针灸行为是否存在因果关系无法证明，且原告在规定时间内亦未重新申请鉴定，故被告实施针灸行为是否导致原告神经功能损害无法证明。驳回原告胡馨尹的诉讼请求。

（四）评析

《中华人民共和国侵权责任法》第 54 条规定："患者在诊疗活动中受到损害，医疗机构及医务人员有过错的，由医疗机构承担赔偿责任。"构成医疗侵权需要满足侵权责任的四个要件：存在违法行为，损害事实存在，违法行为与损害结果之间存在因果关系，行为人具有过错。当因果关系无法证明时，原告应当承担举证不能的不利后果。因果关系对于认定医疗侵权具有关键作用。

（五）案号：（2015）仁民初字第 1677 号

第三编

公立医院遭受行政处罚案例分析与研究

一、使用不符合质量标准或者超出适用范围使用医疗器械
——肥西县人民医院被行政处罚案

（一）裁判要旨

使用单位使用不符合质量标准或者超出适用范围使用医疗器械的，由药监部门责令改正，给予警告，并处违法所得1倍以上3倍以下罚款，但最高不超过3万元。

（二）案情

肥西县人民医院于2013年6月14日从安徽**医疗器械有限公司购进1500支标示扬州**医药科技有限公司生产的一次性使用吸痰管［批号：20130509、规格型号：4.0mm（Fr12）×500mm］。2013年11月19日，安徽省食品药品检验所抽取上述批次的一次性使用吸痰管40支，用于国家医疗器械监督抽验。经陕西省医疗器械检测中心检验，上述批次的一次性使用吸痰管所检项目不符合YY0339-2009《呼吸道用吸引导管》及YZB/苏0688-2011《一次性使用吸痰管》的标准要求（检验报告书编号：GJ2013DG0067）。至省局执法人员检查时，上述批次的一次性使用吸痰管已使用完毕。

（三）裁判

1. 责令改正，给予警告；
2. 处以罚款2482元。

(四) 评析

医疗器械质量安全是医疗行为安全的重要前提,医院在购进医疗器械时应当严格把控,医疗器械必须符合国家标准。

(五) 案号:(肥西)市监罚字〔2014〕65号

二、未按规定审批规划建设行为
——安徽省环境保护厅关于太和县中医院行政处罚案

（一）裁判要旨

建设单位未依法提交建设项目环境影响评价文件或者环境影响评价文件未经批准，擅自开工建设的，由负有环境保护监督管理职责的部门责令停止建设，处以罚款，并可以责令恢复原状。

（二）案情

经环保局检查，发现太和县中医院存在以下环境违法行为：使用加速器、DSA Ⅱ类射线装置建设项目的环境影响评价报告表未经批准，擅自建设。

（三）裁判

罚款10 0000元整。

（四）案号：皖环罚法字〔2015〕3号

三、需配套的环保设施未验收主体工程即投入使用
——博罗县人民医院被行政处罚案

(一) 裁判要旨

建设项目需要配套建设的环境保护设施未建成、未经验收或者经验收不合格,主体工程正式投入生产或者使用的,由审批该建设项目环境影响报告书、环境影响报告表或者环境影响登记表的环境保护行政主管部门责令停止生产或者使用,并可以处 10 万元以下的罚款。

(二) 案情

博罗县人民医院的项目经环保审批后,需配套的环保设施未经验收,主体工程擅自投入生产(经营)。

(三) 裁判

责令博罗县人民医院在 1 个月内办理建设项目竣工环保验收申请手续,并处 10 万元罚款。

(四) 评析

建设项目竣工后,建设单位应当向审批该建设项目环境影响报告书、环境影响报告表或者环境影响登记表的环境保护行政主管部门,申请该建设项目需要配套建设的环境保护设施竣工验收。

环境保护设施竣工验收,应当与主体工程竣工验收同时进行。需要进行试生产的建设项目,建设单位应当自建设项目投

入试生产之日起 3 个月内，向审批该建设项目环境影响报告书、环境影响报告表或者环境影响登记表的环境保护行政主管部门，申请该建设项目需要配套建设的环境保护设施竣工验收。

（五）**案号**：博环罚字〔2015〕524 号

四、违反大气污染防治管理制度
——广西壮族自治区人民医院一分院被处罚案

(一) 裁判要旨

排污单位不正常使用大气污染物处理设施,或者未经环境保护行政主管部门批准,擅自拆除、闲置大气污染物处理设施的,环境保护行政主管部门或者本法第4条第2款规定的监督管理部门可以根据不同情节,责令停止违法行为,限期改正,给予警告或者处以 50 000 元以下罚款。

(二) 案情

南宁市环境保护局经现场检查,发现广西壮族自治区人民医院一分院未加强对薪柴锅炉的环保管理,不正常使用锅炉烟气水膜除尘设施,锅炉烟气未经处理直接排放。该环境违法行为于 2014 年 1 月 21 日被南宁市环境保护局当场处罚过。

(三) 裁判

罚款人民币 5 万元整。

(四) 评析

排污单位排放大气污染物的种类、数量、浓度有重大改变的,应当及时申报;其大气污染物处理设施必须保持正常使用,拆除或者闲置大气污染物处理设施的,必须事先报经所在地的县级以上地方人民政府环境保护行政主管部门批准。

(五) 案号:南环当罚字〔2014〕3 号

五、上海韩镜医疗美容医院有限公司违法发布医疗广告案

（一）裁判要旨

《广告法》第58条："有下列行为之一的，由工商行政管理部门责令停止发布广告，责令广告主在相应范围内消除影响，处广告费用一倍以上三倍以下的罚款，广告费用无法计算或者明显偏低的，处十万元以上二十万元以下的罚款；情节严重的，处广告费用三倍以上五倍以下的罚款，广告费用无法计算或者明显偏低的，处二十万元以上一百万元以下的罚款，可以吊销营业执照，并由广告审查机关撤销广告审查批准文件、一年内不受理其广告审查申请……（十四）违反本法第46条规定，未经审查发布广告的。"

（二）案情

在2015年5月3日至6月13日期间，上海韩镜医疗美容医院有限公司在未取得《医疗广告审查证明》的情况下，委托上海月波有限公司发布医疗广告，广告内容以韩文的形式为上海韩镜医疗美容医院有限公司宣传医生的介绍以及整形优惠活动，并支付广告费2000元。上海月波广告有限公司分别在2015年5月3日EDUNEWS第14版、2015年5月10日EDUNEWS第14版、2015年5月17日CITYNEWS第14版、2015年5月24日EDUNEWS第14版、2015年5月31日CITYNEWS第14版，2015年6月7日RICHNEWS第14版上违法发布上述广告。

(三)裁判

对上海韩镜医疗美容医院有限公司罚款(人民币)3000元整。

(四)评析

发布医疗、药品、医疗器械、农药、兽药和保健食品广告,以及法律、行政法规规定应当进行审查的其他广告,应当在发布前由有关部门(以下称广告审查机关)对广告内容进行审查;未经审查,不得发布。

(五)案号:闵市监案处字〔2015〕第 1202015100560 号

六、上海都市妇科医院有限公司合同违法案

（一）裁判要旨

经营者与消费者采用格式条款订立合同的，经营者不得在格式条款中加重消费者下列责任：违约金或者损害赔偿金超过法定数额或者合理数额；承担应当由格式条款提供方承担的经营风险责任；其他依照法律法规不应由消费者承担的责任。

（二）案情

当事人上海都市妇科医院有限公司（以下简称：都市医院）自其医院2011年设立射频治疗子宫瘤及宫血项目之时制作了《射频治疗子宫瘤及宫血同意书》，用于手术前明确医患的权利及义务。该合同样本中存在加重消费者责任的文字说明，具体内容为"作为医生应尽量避免发生以上情况，一旦出现意外情况，我们会及时处理，但你也应承担一定的风险和责任，如同意治疗，请签字"。

（三）裁判

罚款（人民币）9100元。

（四）评析

医院作为经营者同样应当注意，不得在格式条款中规定消费者承担应当由格式条款提供方承担的经营风险责任。同时，使用格式条款订立合同时，医院应当对患者穷尽解释提醒义务，

确保患者及其家属的知情权。而且,在纠纷中对格式条款的解释应当采用不利于格式条款提供方的解释。

(五) 案号: 虹市监案处字〔2014〕第 090201410700 号

七、宁波市眼科医院排放废水超标案

（一）裁判要旨

有下列行为之一的，由环境保护行政主管部门责令限期改正，并可处一万元以上十万元以下罚款：（一）排放污染物超过规定排放标准的；（二）通过排污口以外的途径排放污染物的；（三）不通过排放管道无规则排放大气污染物的；（四）违反水污染物处理规范，稀释排放水污染物的。有前述（一）、（二）、（三）项行为情节严重的，同时可以责令停产整治。

（二）案情

宁波市环境监测中心于2015年5月6日对位于宁波市江东区民安路855号的宁波市眼科医院排放口的废水进行采样监测，发现该单位排放的废水中的粪大肠菌群超过规定排放标准。

（三）裁判

1. 责令单位限期改正；
2. 处以人民币5万元罚款。

（四）评析

排污单位排放大气污染物的种类、数量、浓度有重大改变的，应当及时申报；其大气污染物处理设施必须保持正常使用，拆除或者闲置大气污染物处理设施的，必须事先报经所在地的县级以上地方人民政府环境保护行政主管部门批准。

（五）案号：甬环东罚字（2015）2号

八、衡阳市中医医院消防设施不合格行政处罚案

(一) 裁判要旨

机关、团体、企业、事业等单位应当履行下列消防安全职责:按照国家标准、行业标准配置消防设施、器材,设置消防安全标志,并定期组织检验、维修,确保完好有效。

(二) 案情

现查明衡阳市中医医院消防设施配置不符合标准,消防设施、器材、消防安全标志未保持完好有效,违反法律规定。

(三) 裁判

罚款人民币 5000 元。

(四) 案号:衡公消行决字〔2009〕第 0055 号

九、关于贵阳阳光医院乌江分院过期医疗器械和药品行政处罚案

（一）裁判要旨

禁止生产、销售劣药。药品成分的含量不符合国家药品标准的，为劣药。超过有效期的药品，按劣药论处。

医疗器械经营企业、使用单位不得经营、使用未依法注册、无合格证明文件以及过期、失效、淘汰的医疗器械。

（二）案情

贵阳阳光医院乌江分院于2007年12月成立，设有专门区域存放过期药品和过期医疗器械，但是由于该院管理药房的药剂师年龄较大，未按规定清理过期药品和过期医疗器械，也没有设置过期产品警示标志，导致超过有效期的药品和医疗器械与未过期的药品和医疗器械混放在药房的货架上。

（三）裁判

1. 没收违法销售的过期药品；
2. 没收违法使用的过期医疗器械；
3. 罚款人民币 20 155.97 元。

（四）案号：遵县市监乌行处字〔2016〕30号

十、关于南京医科大学眼科医院有限公司虚假宣传的行政处罚案

（一）裁判要旨

经营者不得利用广告或者其他方法，对商品的质量、制作成分、性能、用途、生产者、有效期限、产地等作引人误解的虚假宣传。

医疗广告的表现形式不得含有的情形：涉及医疗技术、诊疗方法、疾病名称、药物；利用患者、卫生技术人员、医学教育科研机构及人员以及其他社会社团、组织的名义、形象作证明的。

（二）案情

南京医科大学眼科医院涉嫌在其官方网站发布违法医疗广告。经查，当事人在没有取得《医疗广告审查证明》的情况下，以"特色专科"的形式在其官方网站以患者查颖珂外企白领、王真摄影师、史潇潇舞蹈演员、孔斌大二学生以及蒋沁、姚进、薛劲松、曹国凡、王新娥、王匀、汤崇凯、徐新萌等八位专家名义进行宣传；同时还以"近视激光、高度近视、白内障专科、青光眼专科、眼底病专科、角膜病专科、斜弱视小儿眼科、眼表泪道专科"的治疗方法进行宣传。现查实，当事人在其官方网站上的患者查颖珂外企白领、王真摄影师、史潇潇舞蹈演员、孔斌大二学生宣传资料及图像均是其购进设备图像截屏下来后放在其官方网站上进行宣传，不是经该院诊疗过的患者；同时，

当事人也无法提供"近视激光、高度近视、白内障专科、青光眼专科、眼底病专科、角膜病专科、斜弱视小儿眼科、眼表泪道科"的临床报告。

(三) 裁判

1. 责令停止违法行为,消除影响;
2. 罚款 4 万元,上缴国库。

(四) 案号: 鼓市监案〔2016〕00048 号

十一、文安友好医院非正规渠道购进药品案

(一) 裁判要旨

药品生产企业、药品经营企业、医疗机构必须从具有药品生产、经营资格的企业购进药品;但是,购进没有实施批准文号管理的中药材除外。

(二) 案情

非正规渠道购进药品。

(三) 裁判

没收违法所得;罚款3000元人民币。

(四) 案号:(文食药)行罚决〔2017〕9007

十二、关于盘县人民医院医疗器械过期行政处罚案

（一）裁判要旨

有下列情形之一的，由县级以上人民政府食品药品监督管理部门责令改正，没收违法生产、经营或者使用的医疗器械；违法生产、经营或者使用的医疗器械货值金额不足 1 万元的，并处 2 万元以上 5 万元以下罚款；货值金额 1 万元以上的，并处货值金额 5 倍以上 10 倍以下罚款；情节严重的，责令停产停业，直至由原发证部门吊销医疗器械注册证、医疗器械生产许可证、医疗器械经营许可证……

（二）案情

2015 年 10 月 16 日，盘县市场监督管理局城南分局在开展医疗器械日常监督检查时，发现位于盘县城关镇解放南路的当事人盘县人民医院检验科临检室使用的医疗器械超过了有效期。

（三）裁判

没收违法使用的过期医疗器械；处以罚款人民币 55 850 元整。

（四）评析

医疗器械经营企业、使用单位不得经营、使用未依法注册、无合格证明文件以及过期、失效、淘汰的医疗器械。医院药房应当雇用具有专业知识的药剂师，及时对药品、器械进行检查、

整理，淘汰其中的过期产品，谨防其流入处方。

（五）**案号**：盘市监械罚字〔2015〕第 0049 号

十三、核辐射许可及上岗人员资质
——宝鸡市中医医院被责令改正违法行为案

(一) 裁判要旨

许可证有效期为 5 年。有效期届满，需要延续的，持证单位应当于许可证有效期届满 30 日前，向原发证机关提出延续申请。

生产、销售、使用放射性同位素与射线装置的单位，应当按照环境保护部审定的辐射安全培训和考试大纲，对直接从事生产、销售、使用活动的操作人员以及辐射防护负责人进行辐射安全培训，并进行考核；考核不合格的，不得上岗。

(二) 案情

宝鸡市环保局在对宝鸡市中医院核技术应用项目辐射安全工作进行执法检查时，发现存在以下违法行为：

1. 辐射安全许可证有效期届满，未依法办理延续手续；
2. 辐射工作人员（52 名）未依法参加辐射安全和防护知识教育培训。

(三) 裁判

1. 自收到本决定书之日起停止核技术应用项目的使用；
2. 自收到本决定书之日起 3 个月内完成辐射安全许可证的延续及工作；
3. 自收到本决定书之日起 2 个月内完成辐射工作人员辐射

安全和防护知识教育培训工作,并将以上改正情况书面报告我厅。

(四)案号:陕环改字〔2014〕048号

十四、苍南县中医院违反放射防护设施"三同时"验收制度案

(一) 裁判要旨

未建造放射性污染防治设施、放射防护设施,或者防治防护设施未经验收合格,主体工程即投入生产或者使用的,由审批环境影响评价文件的环境保护行政主管部门责令停止违法行为,限期改正,并处5万元以上20万元以下罚款。

(二) 案情

苍南县中医院于2016年5月开始将放射科从原医院综合楼一楼北侧搬迁至新建的医技楼中,并于2016年6月开始在新建医技楼进行放射作业。新建医技楼和放射性污染防治设施未经环保部门审批和验收擅自投入使用。

(三) 裁判

1. 责令停止违法行为;
2. 罚款人民币5万元。

(四) 评析

新建、改建、扩建放射工作场所的放射防护设施,应当与主体工程同时设计、同时施工、同时投入使用。放射防护设施应当与主体工程同时验收;验收合格的,主体工程方可投入生产或者使用。

(五) 案号:温环罚字〔2016〕18号

十五、义乌市双林康复医院（筹）门诊部擅设户外广告设施行政处罚案

（一）裁判要旨

户外广告设施以及非广告的招牌、电子显示牌、灯箱、画廊、条幅、旗帜、充气装置、实物造型等户外设施（以下统称户外设施），应当按照依法批准的要求设置，符合城市容貌标准。

户外设施的设置单位应当负责设施的日常维护和保养，保持其整洁、完好；图案、文字、灯光显示不全或者污浊、腐蚀、陈旧的，应当及时修复。

（二）案情

义乌市双林康复医院门诊部擅设户外广告设施。

（三）裁判

罚款人民币5000元整。

（四）案号：义执法行罚字〔2016〕第04824号

第四编
医院所涉犯罪案例分析与研究

第一章　公立医院贪污贿赂类犯罪案例分析与研究

一、公立医院内设科室及主管人员因收受药械供应商回扣，构成单位受贿罪

（一）案情简介

被告人程某某系重庆市永川区人民医院（以下简称人民医院）眼科主任，对眼科的医疗和行政管理工作负责。2012年下半年，在人民医院眼科使用重庆汉坤医疗用品责任公司（以下简称汉坤公司）提供的人工晶体的过程中，被告人程某某与汉坤公司业务员廖某某商定，由汉坤公司根据人民医院眼科使用的人工晶体数量支付回扣。2012年至2015年期间，被告人程某某代表人民医院眼科，先后3次收取汉坤公司廖某某等人给予的回扣共计123 000元，并将其中20 000元回扣分发给科室相关医生，剩余103 000元存于其私人账户。2015年4月，被告人程某某得知廖某某被查处后，将上述收受的回扣款全部上缴至永川纪委廉政账户。

（二）裁判结果

被告单位重庆市永川区人民医院眼科犯单位受贿罪，判处罚金100 000元；被告人程某某犯单位受贿罪，免予刑事处罚；对被告单位重庆市永川区人民医院眼科已退回的违法所得123 000元，予以没收、上缴国库。

（三）案例评析

1. 公立医院内设机构可以成为单位受贿罪的主体。国家机关、国有公司、企业、事业单位、人民团体，索取、非法收受他人财物，为他人谋取利益，情节严重，或者在经济往来中，在账外暗中收受各种名义的回扣、手续费的，成立单位受贿罪。本罪的犯罪主体为特殊主体，包括：国家机关、国有公司、企业、事业单位、人民团体。集体经济组织、中外合资企业、中外合作企业、外商独资企业和私营企业，不能成为单位受贿罪的主体。犯罪客观方面表现为索取、非法收受他人财物，为他人谋取利益，情节严重的行为。

本案中，重庆市永川区人民医院的内部科室——眼科为了单位利益，在与医疗用品供应商的经济往来中，违反规定收受回扣款123 000元，情节严重。医院的内设机构看似不属于法律规定的特殊主体，但根据最高人民检察院法律政策研究室《关于国有单位的内设机构能够构成单位受贿罪主体问题的答复》，"国有单位的内设机构利用其行使职权的便利，索取、非法收受他人财物并归该内设机构所有或支配，为他人谋取利益，情节严重的，依照刑法第三百八十七条的规定以单位受贿罪追究刑事责任。上述内设机构在经济往来中，在账外暗中收受各种名义的回扣、手续费的，以受贿论。"因此，重庆市永川区人民医院眼科作为国有单位的内设机构，其行为亦构成单位受贿罪。

2. 公立医院有关主管人员亦可成立单位受贿罪。被告人程某某作为重庆市永川区人民医院眼科主任，决定和安排收受回扣，并在单位内部发放，是单位受贿犯罪中直接负责的主管人员，虽不属于法律规定的单位受贿罪的主体，但依据刑法，其亦可与单位构成共同犯罪，成立单位受贿罪，应负刑事责任。本案中因程某某系该院眼科专业白内障超声乳代人工晶体植入术的唯一技术专家、学术技术带头人，为永川地区眼病患者的康复作出了积极贡献，而对其免予刑事处罚。

3. 犯罪后可从轻减轻处罚的情节。本案中，被告人程某某到案后如实供述自己的罪行，对被告单位重庆市永川区人民医院眼科及被告人程某某应认定为坦白，可以从轻处罚。被告单位重庆市永川区人民医院眼科、被告人程某某退出全部违法所得，可酌情从轻处罚。被告人程某某在案发前已全部退赃，可以酌情从轻处罚。

依据我国刑法，犯罪后自动投案，向公安、司法机关或其他有关机关如实供述自己的罪行的行为为自首，可以从轻或减轻处罚，犯罪较轻的可以免除处罚。本案中，被告人程某某是在其医院领导得知其他区县医院因收回扣款被查处后向其询问有无收受回扣款的事情后，才告知收了一点，其并未主动将其收受回扣款的事实全部如实陈述，其后也未主动向相关部门投案并如实供述，直至在检察机关掌握其犯罪事实，并依法将其传唤至检察机关办案区后才供述其收受回扣款的全部事实，因此被告人程某某到案不具有主动性，不应认定为自首。综合被告人程某某的犯罪事实、性质、情节、社会危害程度及悔罪表现，对程某某免予刑事处罚。

（四）案号：（2015）永法刑初字第 00577 号

二、公立医院院长因利用职务便利谋取诸多不正当利益，构成受贿罪

（一）案情简介

被告人韩煌系铜陵市某医院（以下简称"人民医院"）党委书记、院长，在任职期间，利用职务上的便利，在医院基础建设工程招标施工、医疗器械、药品、医用耗材的采购与付款、物业服务等后勤管理及人事变动、职称评定、职务提拔等方面，为他人谋取利益，先后以收受购物卡、现金、服务费用减免等多种形式收受他人财物共计224.081 2万元。此外，2010年至2012年，韩煌在担任人民医院院长期间，经院长办公会议决定，将以"科研费"等名义收取的药品供应商回扣款共计85.564 6万元纳入本应注销的原食堂账目中用以单位相关支出。

（二）裁判结果

被告单位铜陵市某医院犯单位受贿罪，判处罚金人民币25万元。被告人韩煌犯单位受贿罪，判处有期徒刑10个月；犯受贿罪判处有期徒刑4年零2个月，并处罚金人民币50万元。决定执行有期徒刑4年零6个月，并处罚金人民币50万元。追缴被告单位铜陵市某医院违法所得855 646元，上缴国库。扣押在案的赃款2 000 812元依法予以没收，上缴国库。

（三）案例评析

1. 《刑法》对受贿罪的规定。受贿罪是指国家工作人员利

用职务上的便利，索取他人财物，或者非法收受他人财物，为他人谋取利益的行为。本案中，韩煌利用职务便利，收受他人财物 220 万余元，为他人谋取非法利益，其行为构成受贿罪。

值得注意的是，在受贿罪中，受贿数额仅是构成受贿罪的重要条件，而不是必要条件。现行《刑法》第 385 条对受贿罪的构成要件作了明确规定，根据罪刑法定原则，只要国家工作人员利用职务上的便利，实施了"索取他人财物，或者非法收受他人财物，为他人谋取利益"的行为，即构成受贿罪，至于该国家工作人员索取他人财物或者非法收受他人财物要达到多少数额，现行《刑法》第 385 条并没有做具体要求，可见国家严厉打击受贿罪的决心，这就要求公立医院工作人员时刻谨记"勿以贿小而受之"。

2. 公立医院领导犯受贿罪多数罪并罚。本案中，不仅对韩煌判处受贿罪，因其系医院院长且将收取的回扣用于医院支出，与单位共同构成单位受贿罪，因此最终依法对其数罪并罚。从本案中可以看出，公立医院院长因其"位高权重"，所涉犯罪的风险更高，并且数罪并罚对其的处罚力度也更大，足以见得公立医院领导受贿后果的严重性。

（四）案号：（2016）皖 0705 刑初 234 号

三、公立医院收费处工作人员侵吞医疗费用，构成贪污罪

（一）案情简介

淮北市中医医院系淮北市卫计委举办的以提供医疗与护理保健服务、预防保健、疾病诊断治疗、医学科研教学等为主的差额补贴国有事业单位。门诊收费处负责办理门诊病院的挂号、交费工作，按照规定收、退费，并在工作结束后清理所收现金，日清月结。被告人于咏梅系淮北市中医医院门诊收费处组长，具体负责门诊收、退费，定期将收费情况制作报表连同收费款项核对后交至该院财物部门。2013年12月至2016年8月，被告人于咏梅在淮北市中医医院门诊收费处工作期间，利用其负责经办病人向淮北市中医医院交纳医疗费用的职务便利，多次通过套打、补打发票、缴纳小额费用套取大额诊疗费、退费的方式侵吞淮北市中医医院医疗费用，并定期将无法体现其侵吞款项的报表与款项交至财务部门。经核对，于咏梅负责收费期间，共计截留医疗费用236 622.6元。2016年9月21日，于咏梅将上述侵吞款项退还给淮北市中医医院。

（二）裁判结果

被告人于咏梅犯贪污罪，判处有期徒刑一年九个月，并处罚金人民币15万元。

(三) 案例评析

1. 公立医院收费处工作人员侵吞公共财产构成贪污罪而非职务侵占罪。根据我国《刑法》，公司、企业或者其他单位的人员，利用职务上的便利，将本单位财物非法占为己有，数额较大的，构成职务侵占罪。而国家工作人员利用职务上的便利，侵吞、窃取、骗取或者以其他手段非法占有公共财物的，是贪污罪。可以看出，职务侵占罪与贪污罪的重要区别是犯罪主体的身份——是否为国家工作人员。依据《刑法》第93条，国家工作人员的范围是指国家机关中从事公务的人员。国有公司、企业、事业单位、人民团体中从事公务的人员和国家机关、国有公司、企业、事业单位委派到非国有公司、企业、事业单位、社会团体从事公务的人员，以及其他依照法律从事公务的人员，以国家工作人员论。本案中，被告人于咏梅系淮北市中医医院门诊收费处组长，属于在国有事业单位中从事公务的工作人员，应当以国家工作人员论，符合贪污罪犯罪主体的身份条件。另一方面，根据《刑法》第271条规定，公司、企业或者其他单位的人员，利用职务上的便利，将本单位财物非法占为己有，构成职务侵占罪。国有公司、企业或者其他国有单位中从事公务的人员和国有公司、企业或者其他国有单位委派到非国有公司、企业以及其他单位从事公务的人员有前款行为的，依照本法第382条（贪污罪）的规定定罪处罚。因此，应对于咏梅判处贪污罪。

2. 区分职务侵占罪与贪污罪的意义。依据我国《刑法》，职务侵占罪被规定在"侵犯财产罪"一章，很明显，职务侵占罪侵犯的客体是公司、企业或者其他单位的财产所有权，属于财产类犯罪。而贪污罪被规定在第八章"贪污贿赂罪"，其侵犯的客体不仅包括公共财物的所有权，还包括国家机关、国有企事业单位的正常活动以及职务的廉洁性，并且主要是职务的廉洁性。由此可见，公立医院工作人员犯贪污罪，将不仅面临刑事方面的处罚，往往也会承担党纪责任，其后果不言自明。

（四）案号：（2017）皖 0603 刑初 99 号

四、公立医院负责人套取医院资金、收受好处费，构成贪污罪和受贿罪

（一）案情简介

2010年至2015年，被告人赵欣松在任唐山市第九医院负责人、院长期间，为维护与相关业务单位的关系，在逢年过节时，由医院部分科室负责人从财务支取现金。事后，被告人赵欣松授意财务副科长李某2虚开各类发票，其签字后报销平账，共套取第九医院资金135万余元，其中19.5万元被告人赵欣松用于其个人支出。

2014年8月8日，被告人赵欣松违反国家卫生部门的相关规定，与河北兴久医疗器械有限公司签订核磁项目租赁合同。合同约定设备与基建装修由兴久公司出资，检测收入20%归第九医院，80%归兴久公司，期限10年。该项目于2015年4月正式运营，截至同年12月，总收入为424万余元，其中返还兴久公司317万余元。兴久公司负责人高某军为顺利结账，每月按检测收入的5%给被告人赵欣松作为好处费。2015年5月至12月间，被告人赵欣松收高某军好处费8次，合计179 000元。

（二）裁判结果

被告人赵欣松犯贪污罪，判处有期徒刑2年6个月，并处罚金人民币10万元；犯受贿罪，判处有期徒刑2年4个月，并处罚金人民币10万元。数罪并罚，合并执行有期徒刑4年，并处罚金人民币20万元。

(三) 案例评析

1. 公立医院领导人员犯罪风险更高，工作更需谨慎。本案中，被告人赵欣松身为国家工作人员，利用职务之便，非法占有公共财物达到 19.5 万元，属于数额较大，其行为已构成贪污罪；另外，其利用医疗器械租赁合同之履行非法收受他人财物，为他人谋取利益，数额较大，其行为亦构成受贿罪。可见，公立医院领导人员在工作过程中，常常面临着来自自身欲望和外部诱惑的双重考验，触犯职务犯罪的风险更高。

2. 公立医院领导人员职务犯罪多发的外部原因。总结起来，公立医院领导人员职务犯罪多发的外部原因主要有以下两点：一方面，医疗从业人员的认知偏差致使"回扣风"愈演愈烈。医疗行业的恶性竞争导致流通环节"潜规则"盛行。据统计，我国药械生产企业产能严重过剩，再加上数目众多的进口品牌，相互之间竞争激烈，在产品销售上对医疗机构具有很大的依赖性，形成了典型的买方市场。在这样的背景下，涉案医务人员多认为他们收的是药械销售商的钱，既不损害患者的利益，也不损害国家的利益，收也是这个价格，不收也是这个价格，不收白不收；甚至有个别医院的领导也把收取回扣视为一种正常现象，认为这种情况普遍存在，法不责众，不算犯罪。

另一方面，医生的"技术垄断"造成内部监督管理弱化。由于药品医疗器械较强的专业性，高学历、高职称的业务骨干（涵盖院长、副院长、科室主任、副主任）作为专家和负责人，最了解各种药械的需求，真正掌握药械的处方权和使用权，对本单位、本科室的药品、器械使用、评价和推荐起着关键作用，因此便成了药械供应商行贿的"主攻"对象。

3. 公立医院降低职务犯罪风险的具体对策。针对上述诱发公立医院陷入犯罪深渊的原因，公立医院领导在培养自身更加坚定的清廉信仰和顽强的自律意识的同时，可以针对地采取以下对策以降低职务犯罪风险。

一是医院管理方面，要着力健全权利监督长效体系。比如针对药品、医疗器械采购、基建工程发包等容易出现问题的环节和关键人员，制定切实可行又可具体操作的防范制度，形成相互监督、相互制约的良性工作机制。医院纪委可以借助外脑，帮助医院制定各项监管制度。对重大决策、盈利亏损、个人分配等事项实行医务公开，建立药品、医疗器械采购档案，对每次公开招标的原始资料、报价单、采购合同等资料登记造册、归档备查，切实加强对关键环节和重点岗位人员的监督。

二是探索"医药分开"管理体制。以中央深化县级公立医院综合改革试点为契机，破除以药补医，理顺医疗服务价格，推动建立科学补偿机制，规范药品器械采购供应，建立统一的基本药物采购平台，减少环节、透明运行，全面推进医药收支两条线管理，健全医院内部绩效考评体系，彻底破除以药养医的工作体制。同时严禁给医务人员设定创收指标，医务人员薪酬不得与药品、耗材、医学检查等业务收入挂钩。

三是加大对医疗卫生领域商业贿赂的打击力度，探索建立医疗卫生领域廉政准入机制。对有行贿记录的医药代理及时录入行贿犯罪档案，通过完善行贿档案查询制度，最大限度地增加医药代表的违法成本和风险，努力从源头上遏制医疗系统职务犯罪的发生。

（四）案号：（2017）冀 02 刑终 499 号

五、公立医院工作人员挪用医院住院收费处公款进行营利活动，构成挪用公款罪

（一）案情简介

2007年，被告人林伟佳在揭阳市人民医院工作时与担任揭阳市人民医院财务科住院收费处解款员的被告人李新民相识。2013年2月，林伟佳与李新民合谋挪用李新民经手的应解缴银行的揭阳市人民医院住院收费处公款。此后至2015年3月17日，李新民多次挪用揭阳市人民医院公款借给林伟佳周转，林伟佳立下45张借条给李新民，金额共人民币517万元，林伟佳还送了3部iPAD平板电脑、1部苹果牌6代手机、1部苹果牌5代手机给李新民。2015年1月5日至3月31日间，李新民用林伟佳提供给的中国民生银行银行卡，先后刷卡7次归还揭阳市人民医院共51万元。2015年4月3日，经揭阳市人民医院清查，李新民未还公款的实际数额为4 701 210.23元。2015年4月3日，李新民在揭阳市人民医院工作人员陪同下主动到揭阳市人民检察院投案，并如实供述其挪用公款事实。2015年4月4日，林伟佳被抓获归案。林伟佳被抓获后退回涉案款项470万元，该款已发还揭阳市人民医院。

（二）裁判结果

被告人李新民犯挪用公款罪，判处有期徒刑5年。被告人林伟佳犯挪用公款罪，判处有期徒刑6年。扣押在案的被告人李新民非法所得物品iPAD平板电脑3部、苹果牌6代手机1

部、苹果牌5代手机1部予以没收，上缴国库。

（三）案例评析

1. 挪用公款罪的认定。依据我国《刑法》第384条，挪用公款罪，是指国家工作人员，利用职务上的便利，挪用公款归个人使用，进行非法活动的，或者挪用公款数额较大、进行营利活动的，或者挪用公款数额较大、超过3个月未还的行为。本案中，被告人李新民无视国家法律，身为国有事业单位工作人员，利用职务上的便利，挪用公款给他人进行营利活动，情节严重；被告人林伟佳与被告人李新民合谋挪用公款进行营利活动，两人的行为均已构成挪用公款罪。

2. 关于挪用公款罪的表现形式及量刑。根据最高人民法院发布的《关于审理挪用公款案件具体应用法律若干问题的解释》，挪用公款罪表现形式多样，不同表现形式量刑情节也有差异。①挪用正在生息或者需要支付利息的公款归个人使用，数额较大，超过三个月但在案发前全部归还本金的，可以从轻处罚或者免除处罚。给国家、集体造成的利息损失应予追缴。挪用公款数额巨大，超过三个月，案发前全部归还的，可以酌情从轻处罚。②挪用公款数额较大，归个人进行营利活动的，在案发前部分或者全部归还本息的，可以从轻处罚；情节轻微的，可以免除处罚。挪用公款存入银行、用于集资、购买股票、国债等，属于挪用公款进行营利活动。所获取的利息、收益等违法所得，应当追缴，但不计入挪用公款的数额。③挪用公款归个人使用，进行赌博、走私等非法活动的，构成挪用公款罪，不受数额较大和挪用时间的限制。以上规定的第二、三点触碰的可能性较大，尤其应引起公立医院工作人员的高度重视。

3. 本案给公立医院工作人员的启示。挪用公款进行营利和非法活动，实践中在公立医院工作人员中少有发生，值得注意的是，挪用公款数额较大、超过 3 个月未还的依然成立挪用公款罪。并且挪用公款归个人使用，包括挪用者本人使用或者给他人使用。挪用公款给私有公司、私有企业使用的，均属于挪用公款归个人使用。结合本案也可以看出，挪用公款"大门"一旦打开，企图及时还清多有困难。因此，公立医院工作人员触碰法律底线的可能性较高，公立医院工作人员能做的只能是增强合法行事意识，严格遵守法律法规，洁身自好，不为金钱所诱惑，奉公职守，坚决不触碰法律。

（四）案号：（2016）粤 52 刑终 5 号

六、卫生院将公共卫生服务项目补助资金及业务收入私分给单位职工，构成私分国有资产罪

（一）案情简介

玉龙县巨甸镇中心卫生院是由政府投资举办的乡镇医疗卫生机构，单位性质是一类公益性事业单位，根据《事业单位国有资产管理办法》的规定，其医疗卫生收入（业务收入）及上级部门拨付的各项专项补助资金系国有资产。2011年至2015年3月期间，玉龙县巨甸镇中心卫生院经院务会及院领导班子等会议研究决定，伪造加班事实，虚列支出，多报未实际加班工资后，向全院职工发放"法定节假日加班工资"及"年度小时加班工资"共计1 543 207元，其中：用巨甸镇中心卫生院医疗业务收入从"医疗卫生支出"和"药品支出"中列支1 418 474元，用玉龙县卫生局下拨的"公共卫生服务项目"补助资金支付124 733元。经云南公正司法鉴定中心鉴定，2011年至2015年3月期间，玉龙县巨甸镇中心卫生院用于发放加班工资和补助款项的收入来源主要是财政补助收入、医疗收入（含提供救护车服务等的收入）。玉龙县巨甸镇中心卫生院系玉龙县卫生局运用国家财政资金出资创办的，并由国家财政全额负担在职在编人员工资，其办公设施等均系国家财政拨款所形成，其医疗收入是按照国家规定运用国家财政拨款所形成的资财在提供医疗卫生服务过程中所取得。巨甸镇中心卫生院在业务收入中发放给职工的1 418 474元资金中，按照丽财社（2012）19号文件的关于"基层卫生院可以从收支结余中提取20%职工福利基金、

30%职工奖励基金、50%事业基金"的规定,可以从上述 1 418 474 元中总共提取 709 237 元的职工福利基金和奖励基金,扣除该部分,三名被告人陈正银、和玉珍、舒秀琼私分国有资产的总数额为 833 970 元(709 237 元+124 733 元)。三被告人到案后如实供述了自己的犯罪事实,依法可以从轻处罚。案发后三被告人及巨甸镇中心卫生院职工积极退回绝大部分案款,可以酌定从轻处罚。

(二)裁判结果

被告人陈正银犯私分国有资产罪,免予刑事处罚。被告人和玉珍犯私分国有资产罪,免予刑事处罚。被告人舒秀琼犯私分国有资产罪,免予刑事处罚。陈正银、和玉珍、舒秀琼及巨甸镇中心卫生院职工退缴的涉案款人民币 1 360 590 元,确定为犯罪金额的 833 970 元依法予以没收;其余的 526 620 元依法退还玉龙县巨甸镇中心卫生院。

(三)案例评析

1. 私分国有资产罪的认定。私分国有资产罪,是指国家机关、国有公司、企业、事业单位、人民团体,违反国家规定,以单位名义将国有资产集体私分给个人,数额较大的行为。依据我国《刑法》第 396 条的规定,构成私分国有资产罪,数额较大的,对单位直接负责的主管人员和其他直接责任人员,处 3 年以下有期徒刑或者拘役,并处或者单处罚金;数额巨大的,处 3 年以上 7 年以下有期徒刑,并处罚金。

本案中巨甸镇中心卫生院将公共卫生服务项目补助资金及业务收入中的人民币 833 970 元,以"法定节假日加班工资"、"年度小时加班工资"的名义私分给单位职工的行为,违反了《事业单位国有资产管理办法》《基本公共卫生服务项目补助资金管理办法》和《云南省财政厅、云南省卫生计生委关于印发云南省基本公共卫生服务项目补助资金管理与核算办法》的有关规定,数额较大。时任巨甸镇中心卫生院院长的被告人陈正银作为单位法定代表人、院务会成员,直接策划、指挥了私分国有资产事宜,为直接负责的主管人员;时任巨甸镇中心卫生院副院长兼办公室主任、院务会成员的被告人和玉珍及时任巨甸镇中心卫院财务科长兼会计、院务会成员的被告人舒秀琼参与策划并具体实施了私分国有资产相关事宜,其二人为直接责任人员;三名被告人的行为均已构成私分国有资产罪。因三名被告人到案后如实供述了自己的犯罪事实,依法可以从轻处罚。案发后三名被告人及巨甸镇中心卫生院职工积极退回绝大部分案款,可以酌情从轻处罚,故本案最终对三被告人免予刑事处罚。

2. 公立医院工作人员应学法知法守法,保护国有资产。违反国家规定是私分国有资产罪的前提条件。根据《刑法》第96条之规定,本罪中的违反国家规定应是指违反全国人民代表大会及其常务委员会制定的法律和决定,国务院制定的行政法规、规定的行政措施、发布的决定和命令中有关国有资产管理使用和保护方面的各项规定。这就要求广大公立医院的工作人员在潜心致力于医疗事业的同时也应积极关注国家最新法律政策,增强合法合规工作的意识,保护国有资产不受非法侵犯。

(四) 案号:(2017)云 07 刑终 16 号

七、公立医院公职人员套取医保基金分配给医院大部分员工，构成私分国有资产罪

（一）案情简介

被告人姚凤竹在担任嵩明县杨林镇卫生院院长期间，于 2012 年引进了中医非药物治疗项目，并将该项目交由内儿科负责，同时将其纳入杨林镇卫生院的绩效考核范围。2013 年 4 月至 2014 年 8 月 22 日期间，在被告人王云的默许和鼓励下，被告人羌兴华及内儿科其他医护人员为提高业务量获取更多的绩效考核奖金，在诊疗过程中通过虚开、多开少贴、不停医嘱等方式虚报穴位贴治疗 80 031 个，套取国家医保资金人民币 680 263.5 元。姚凤竹在明知内儿科存在虚报穴位贴治疗套取医保资金的情况下对内儿科医护人员套取医保资金的行为放任不管并仍按照杨林镇卫生院的绩效考核方案对上述款项进行分配。其中划归到内儿科人民币 340 131.75 元，后被内儿科以奖金、奖励性津贴、补贴等方式发放给科室的医护人员，王云分得 8 440.23 元，羌兴华分得 12 728.75 元，剩余的人民币 340 131.75 元划归卫生院院方用于院方发放奖金。在 2013 年至 2014 年期间，姚凤竹分别按内儿科最高奖金的 1.8 倍和 1.6 倍领取奖金。

（二）裁判结果

被告人姚凤竹犯私分国有资产罪，判处有期徒刑 1 年零 6 个月，并处罚金人民币 4 万元；犯受贿罪，判处有期徒刑 1 年，并处罚金人民币 10 万元；决定执行有期徒刑 2 年，并处罚金人

民币 14 万元。被告人王云犯私分国有资产罪，判处有期徒刑 1 年 6 个月，并处罚金人民币 4 万元；被告人羌兴华犯私分国有资产罪，判处有期徒刑 9 个月，缓刑 1 年，并处罚金人民币 2 万元。

（三）案例评析

全国人民代表大会常务委员会《关于〈中华人民共和国刑法〉第二百六十六条的解释》规定，以欺诈、伪造证明材料或者其他手段骗取养老、医疗、工伤、失业、生育等社会保险金或者其他社会保障待遇的，属于《刑法》第 266 条规定的诈骗公私财物的行为。这里主要是指是个人不符合享受社会保险待遇的条件，以欺诈、伪造证明材料或者其他手段骗取社会保险待遇。养老、医疗、工伤、失业、生育等社会保险金或者其他社会保障待遇的最终享有者只能是个人，个人通过以上行为骗取社会保险金或者其他社会保障待遇，应以《刑法》第 266 条规定的诈骗公私财物的行为进行评价。实践中，医院套取医保基金的行为，亦有用诈骗罪、贪污罪、私分国有资产罪等罪名评价的，如民营医院套取医保基金构成诈骗罪，而嵩明县杨林镇卫生院属于嵩明县卫生局所属公益事业单位。医疗保险是公益性事业，故公立医院套取医保基金可能构成贪污罪或私分国有资产罪，区别就在于套取的医保基金是少数几人分还是全部人或大部分人分，是具有一定的隐秘性还是公开性，是集体意志还是少数人意志等。本案中，杨林镇卫生院科室绩效考核方案、嵩明县杨林镇卫生院绩效工资分配方案具有公开性，是集体意志的体现，通过虚开、多开、少贴穴位贴套取的医保基金，大部分医院员工都已分到过，故应以私分国有资产罪对医院的行为进行评价。而私分国有资产罪属于单位犯罪，经集体研究决定或者由负责人决定后实施犯罪行为是构成本罪的根本特征，根据法律规定只能处罚私分国有资产的直接负责主管人员和其它的直接责任人员。医保基金属于专项基金，套取国家专项资金，以单位的名义将国有资产集体私分给个人，数额较大，犯罪事实清楚，证据确实充分的，应当以私分国有资产罪追究其刑事责任。

（四）案号：（2016）云 01 刑终 591 号

八、县妇幼保健院院长违规发放津贴奖金，构成私分国有资产罪

（一）案情简介

乐业县妇幼保健院是县公共医疗卫生事业单位，经费来源由县财政全额拨款，该单位医务人员提供医疗服务所获得的收益全部上缴县财政非税专户。根据相关政策规定，从2009年10月1日起，乐业县妇幼保健院实施绩效工资，实施绩效工资后，不得在核定的绩效工资总量和确定的补贴标准外自行发放任何津贴、补贴或奖金，不得突破核定的绩效工资总量，不得违反规定的程序和办法进行分配。被告人杨宗胜于2010年1月15日起任乐业县妇幼保健院院长。2011年11月1日，被告人杨宗胜召集本单位的领导班子开会讨论，确定妇幼保健院"新绩效工资分配方案"，即将县财政部门回拨的部分业务经费以"在编人员加班补助""自聘人员奖励绩效""集体福利""中层领导补贴""中秋"慰问补助、"八一"补助等名义私分给职工。其中，2011年至2014年四年间共发放金额1 758 160元给单位全体职工。被告人杨宗胜共分得并领取43 448元。在审理期间，被告人杨宗胜主动退回非法所得人民币43 448元。

（二）裁判结果

被告人杨宗胜犯私分国有资产罪，判处有期徒刑3年，缓刑4年，并处罚金20 000元；对被告人杨宗胜所退缴的涉案款项人民币43 448元依法没收，上缴国库。

(三) 案例评析

1. 被告人违规发放津贴奖金，构成私分国有资产罪。乐业县人民政府在 2011 年、2015 年发布的《乐业县公共卫生与基础医疗卫生事业单位绩效工资实施办法》《乐业县县级公立医院收支结余奖励性绩效工资分配工作方案》两个地方性文件都是根据《中共中央、国务院关于深化医药卫生体制改革的意见》制定，没有误解该《意见》的精神，因为该《意见》并没有具体明确规定各地的实施办法，只是宏观地、抽象地作出方向性的规定。乐业县人民政府于 2011 年根据人力资源和社会保障部、财政部、卫生部、广西壮族自治区人民政府、百色市人民政府的相关文件精神制定的《乐业县公共卫生与基础医疗卫生事业单位绩效工资实施办法》是合法有效的，其第 5 条第 8 项明确规定："实施绩效工资后，公共卫生与基础医疗卫生事业单位不得在核定的绩效工资总量和确定的补助标准外自行发放任何津贴补贴或奖金，不得突破核定的绩效工资总量，不得违反规定的程序和办法进行分配。"因此，本案乐业县妇幼保健院属于违规发放津贴、奖金。而《乐业县县级公立医院收支结余奖励性绩效工资分配工作方案》是 2015 年 5 月实施的，不适用于本案。而且，该方案虽然规定允许发放奖励性绩效工资，但也明确规定绩效工资收入应当与医疗服务技术水平、质量、数量、成本控制、病人满意度等考核结果挂钩，并不能像本案以"集体福利""中层领导补贴""八一活动补助""中秋慰问"等形式发放。

本案中，乐业县妇幼保健院于 2011 年 11 月至 2014 年 10 月按照班子会议讨论的"新绩效工资分配方案"将财政回拨给该院的部分业务经费以"加班费""自聘人员奖励绩效""集体福利""中层领导补贴""八一活动补助""中秋慰问"等名义发放的资金均属于国有资产中的流动资产。被告人杨宗胜身为国家事业单位直接负责的主管人员，违反国家规定，以单位名义将国有资产集体私分给个人，对私分国有资产起着主导性作用，属于私分国有资产的直接责任人员。被告人杨宗胜擅自将上缴到县财政非税专户后财政局回拨的业务经费以单位领导集体班子决策将国有资产私分给职工人民币1 758 160元，其行为已触犯《刑法》第396条第1款之规定，构成私分国有资产罪。

2. 公立医院领导制定医院政策制度应充分考察各级法律政策文件。本案中，妇幼保健院院长违规制定绩效工资分配方案，触犯法律规定的行为启示公立医院的领导人员在制定医院内部的各项政策制度时，应增强法律意识，聘请专业的法律顾问把控法律风险；做到充分考察中央和所在地方已经颁布的、具有效力的各级政策文件的相关规定，确保医院政策制度的合法性。

（四）案号：（2016）桂10刑终305号

第二章 公立医院渎职类犯罪案例分析与研究

一、医院院长严重不负责任签订合同被诈骗，构成签订、履行合同失职被骗罪

（一）案情简介

被告人可某于 2009 年 5 月，在担任北京市普仁医院代院长期间，未经医院院长办公会研究讨论，未对合同借款方、担保方的经营状况、偿还能力进行核查，未对合同相关条款进行认真审核，即代表北京市普仁医院与北京益华智博文化有限公司签订贷款协议，由普仁医院借款 1000 万元人民币给北京益华智博文化有限公司用于项目实施资金，并与中国建设银行股份有限公司北京城市建设开发专业支行签订委托贷款合同，委托建设银行发放贷款，致使该笔资金被诈骗且未能追回。

（二）裁判结果

被告人可某犯签订、履行合同失职被骗罪，判处有期徒刑 3 年，缓刑 4 年。

（三）案例评析

1. 签订、履行合同失职被骗罪的认定。签订、履行合同失职被骗罪，是指国有公司、企业、事业单位直接负责的主管人员，在签订、履行合同过程中，因严重不负责任而被诈骗，致

使国家利益遭受重大损失的行为。本案中,被告人可某作为北京市普仁医院的代院长,在签订、履行合同过程中,未严格执行单位的有关规定,未核实对方当事人工商注册情况、贷款用途、偿还能力及担保单位的工商注册、担保能力等情况,即擅自代表医院签订、履行合同,致使国家利益遭受损失,属于严重不负责任,被诈骗后致使国家利益遭受特别重大损失,其行为破坏了社会主义市场经济秩序,侵犯了国有事业单位的正常经营活动,已构成签订、履行合同失职被骗罪。

2. 公立医院对外签订合同需谨慎。公立医院在日常运营中要对外签订大量经济合同,公立医院的工作人员在签订、履行经济合同的过程中如果严重不负责任,未向主管单位或有关单位了解,盲目同无资金或无货源的另一方进行购销活动;或不了解对方情况,擅自将本单位资金借出受骗,甚至有的违反外贸法规规定,未经咨询,不调查客户信誉情况,盲目与外商成交或擅自作经济担保,很有可能被诈骗造成重大经济损失。因此,公立医院对外签订合同时,一定要做好充分的了解和调查,并邀请专业的法律人士对合同的签订进行把关,以降低被诈骗的风险。

另外,对于本罪,区分罪与非罪的关键在于行为人签订、履行合同失职被骗是否使国家利益遭受了重大损失,如果在签订、履行合同时虽然被骗,但发现后及时采取措施,避免了可能造成的损失,则不构成犯罪。这启示公立医院有关工作人员应做好事前、事中、事后的全程防控,尽量将风险及损失降低至最小。

(四)案号:(2014)东刑初字第 00142 号

二、医保科办公室主任不认真履行职责，致使国家财产遭受重大损失，构成玩忽职守罪

（一）案情简介

被告人聂海洪在任长春市双阳区中医院医保科办公室主任期间，在主管城乡特困居民医疗救助工作中，不认真履行城乡医疗救助金发放凭证的审批职责，擅自将审批名章交给刘某某保管，致使本单位工作人员刘某某利用职务之便制作假的城乡救助金发放凭证贪污公款人民币432万余元并不能归还，使公共财产遭受重大损失。案发后，被告人聂海洪于2016年1月18日投案自首。二审期间，聂海洪主动赔偿双阳区中医院人民币30万元，挽回其玩忽职守行为造成的部分经济损失。双阳区中医院已出具谅解书对聂海洪的行为表示谅解。

（二）裁判结果

被告人聂海洪犯玩忽职守罪，判处有期徒刑三年，缓刑三年。

（三）案例评析

1. 医院工作人员也可构成玩忽职守罪的主体。依据我国《刑法》第397条，构成滥用职权罪的主体只能是国家机关工作人员，但依据《关于〈中华人民共和国刑法〉第九章渎职罪主体适用问题的解释》，"在依照法律、法规规定行使国家行政管理职权的组织中从事公务的人员，或者在受国家机关委托代表

国家机关行使职权的组织中从事公务的人员，或者虽未列入国家机关人员编制但在国家机关中从事公务的人员，在代表国家机关行使职权时，有渎职行为，构成犯罪的，依照刑法关于渎职罪的规定追究刑事责任"。玩忽职守罪的本质特征是对公务的亵渎，而从事公务活动需要具备一定的身份资格。这种资格不应仅限于具有国家机关编制和干部身份，还应当包括其他具有与公共管理活动相关联的资格身份。因此，在实践中，本罪的主体范围不仅包括国家机关工作人员，还包括在"法律授权""委托授权""岗位授权"行使国家行政管理职权的组织中从事公务的人员。具有了上述身份资格的人员，在从事公务活动的过程中，触犯法律规定，符合玩忽职守罪的构成要件，都可以追究其刑事责任。本案中，被告人聂海洪作为长春市双阳区中医院医保科办公室主任，根据上述《解释》，对国家工作人员的职务犯罪实行"身份说"兼"公务说"，可以认定其也属于渎职罪的主体范围，因此，聂海洪于工作期间不认真履行职责，致使国家财产遭受重大损失，其行为构成玩忽职守罪。

2. 关于缓刑的适用条件。依据《刑法》第72条，对于被判处拘役、三年以下有期徒刑的犯罪分子，同时符合下列条件的，可以宣告缓刑：①犯罪情节较轻；②有悔罪表现；③没有再犯罪的危险；④宣告缓刑对所居住社区没有重大不良影响。本案中，聂海洪认罪悔罪，没有再犯罪的危险，其所在社区出具落实帮教措施证明，同意对聂海洪落实帮教措施，可以认定聂海洪符合缓刑适用条件，故对被告人聂海洪可适用缓刑。

（四）案号：（2017）吉01刑终30号

三、疾控中心免疫规划科科长瞒报迟报疫情导致疫情蔓延扩散，构成传染病防治失职罪

（一）案情简介

依据麻疹暴发定义，巴马县甲篆乡甲篆村金边屯在10天内发生2例，已达到麻疹暴发的标准。但从2013年3月15日至4月14日，医疗机构发现的每一例麻疹病例均按巴马县疾控中心等单位的要求，不进行网络直报，而是报告给被告人周某某，后周某某汇报给李某，并进行流行病学个案调查和采样，先后共采样27份，采样标本均存放中心冻库，没有及时送检。被告人周某某等人还指使该医院儿科医生先后将十多份麻疹病历更改为"肺炎""支气管炎"等。广西壮族自治区疾病预防控制中心于2013年5月3日发布的多份通报，都指出巴马疫情暴发原因之一是瞒报迟报疫情，错过最佳处置时机，导致疫情蔓延扩散。

（二）裁判结果

被告人周某某犯传染病防治失职罪，免予刑事处罚。

（三）案例评析

1. 传染病防治失职罪的认定及本案的量刑。依据我国《刑法》，从事传染病防治的政府卫生行政部门的工作人员严重不负责任、导致传染病传播或者流行，情节严重的行为构成传染病防治失职罪。本案中，被告人周某某身为依法从事传染病防治

的国家工作人员，在履行传染病防治职责过程中，严重不负责任，对麻疹疫情瞒报迟报，使上级有关部门没有及时掌握疫情动态，致使麻疹疫情错过最佳防控时机，导致传染病麻疹传播和流行，造成528人感染麻疹病和1人医治无效死亡的严重后果，情节严重，其行为已触犯刑律，构成传染病防治失职罪。

根据专家的分析及自治区卫生厅的通报，造成巴马县麻疹疫情暴发的原因有多种。据此，被告人周某某的瞒报迟报行为与造成麻疹疫情暴发的后果虽有刑法上的因果关系，但属一果多因，被告人的责任较轻。麻疹疫情扑灭后，被告人于2013年8月15日在接受河池市人民检察院对事件的调查时主动交代其全部犯罪事实。2014年1月20日，巴马县人民检察院对被告人涉嫌犯罪立案侦查，被告人的上述行为属自首，依法可以从轻或者减轻处罚。综上，被告人的犯罪情节轻微，可以免予刑事处罚。

2. 违法行为受到党纪处分的同时不影响刑事责任的追究。被告人的行为符合传染病防治失职罪的构成要件，其虽因为工作失职受到党纪严重警告处分，但这并不影响对其的刑事处罚。因此，公立医院工作人员违反法律规定，多数情况面临刑事责任与党纪处分的双重制裁，后果严重，提示公立医院的工作人员应时刻警惕行为的合法性，确保行为不违反党纪国法。

3. 公立医院应重视传染病防治工作的及时准确上报。传染病防治失职罪的犯罪主体虽为政府卫生行政部门的工作人员，但此类传染病防治失职、渎职的案件极有可能发生在公立医院的工作人员身上，其后果是将面临党纪处分和其他刑事责任的追究，因此此类案件也值得公立医院的广大医务人员高度重视。

（四）案号：（2014）巴刑初字第64号

第三章 公立医院侵犯财产类犯罪案例分析与研究

医院工作人员骗取医保基金,构成诈骗罪

(一)案情简介

2011年,被告人范莉和被告人徐利经营太极中医院(民营医院)期间,在履行医保合同过程中,授意该院医生,通过制作虚假病历及处方等方式,骗取医保基金879万余元。范莉为应对审计部门检查,指使被告人徐彦制作虚假的采购入库单进行平账。2011年,被告人范莉和被告人徐利在托管经营和平医院(全民所有制单位)期间,在履行医保合同过程中,授意该院医生,通过大量编造虚假病历、虚列医疗检查项目等方式上报市医保中心,骗取医保基金。2012年,范莉虚构患有心脏病的事实,伪造相关材料取得特殊疾病患者身份,先后套取医保基金15 208.91元。

(二)裁判结果

被告人范莉犯诈骗罪,判处有期徒刑15年,并处没收个人财产50万元;被告人徐利犯诈骗罪,判处有期徒刑3年,缓刑3年,并处罚金3万元;被告人徐彦犯诈骗罪,免予刑事处罚;被告人贾志国无罪。责令被告人范莉、徐利对违法所得予以退赔。

（三）案例评析

1. 通过虚假手段骗取医疗保险基金据为己有的，可构成诈骗罪。诈骗罪是指以非法占有为目的，用虚构事实或者隐瞒真相的方法，骗取数额较大的公私财物的行为。根据全国人大常委会《关于对〈中华人民共和国刑法〉第二百六十六条的解释》，以欺诈、伪造证明材料或者其他手段骗取养老、医疗、工伤、失业、生育等社会保险金或者其他社会保障待遇的，属于《刑法》第 266 条规定的诈骗公私财物的行为。本案中，被告人范莉、徐利在经营医院期间，以非法占有为目的，授意他人，通过虚假手段骗取医疗保险基金并据为己有，数额特别巨大，其行为均构成诈骗罪。被告人徐彦受他人指使参与造假的行为，亦构成诈骗罪。

2. 公立医院对外合作需谨慎。随着国家对社会资本办医的支持力度不断增强，公立医院将广泛开展与民营医院的医疗合作，本案中涉及的民营医院托管公立医院即是一种典型的公立医院对外合作的形式。值得公立医院的工作人员注意的是，民营医院及其领导人员的资质良莠不齐，由此也增加了合作期间的各种风险隐患，本案中的民营医院工作人员套取医保基金构成诈骗罪即是典型案例。因此，公立医院一定要谨慎选择社会资本，同时也要加强对社会资本办医的有效监管，以维护公立医院的合法权益，保障公立医院良性持久运营。

（四）案号：（2015）冀刑二终字第 101 号

第五编

医院股权纠纷案例分析与研究

一、股权转让中优先购买权的主体确定
——江苏省宿迁市中级人民法院判决陈如意与宿迁东方医院股权转让纠纷案

（一）裁判要旨

股东向外转让股权，同等条件下，其他股东享有优先购买权。但这个权利的享有者必须为公司股东，不具有此身份不能享有此权利。

（二）案情

2014年9月16日，被告王建、周长江为甲方将东方医院60%股权转让给乙方和润合医院，东方医院为见证方。各方当事人对于"916协议"签署之前，东方医院的股东为王建、周长江和上海东方医院集团这一事实并无争议。2009年7月18日、2013年10月25日和2013年10月31日中扬医院进行了三次股权转让，经过一系列转让，中扬医院的股东为陈如意和王建。而本案原告陈如意诉请，"916协议"中部分条款无效，并诉请确认自己的优先购买权。本案的争议焦点正是该协议是否侵犯陈如意优先购买权。

（三）裁判

原审法院和二审法院都对事实认定为，东方医院股东为王建、周长江和上海东方医院集团，陈如意不是东方医院股东，对于医院股权的转让不能行使优先购买权。对于原告的上诉理

由——"916协议"转让了王建中扬医院的股权,法院经过审理认定协议只是对这一股权进行了陈述,并未转让中扬医院的股权。遂判决:驳回原告陈如意的诉讼请求。江苏省高级人民法院也以相同理由驳回了原告的再审请求。

(四)评析

1. 民营医院作为民办非企业法人,关于优先购买权无具体法律规定,股权转让应参照《公司法》的有关规定:经股东同意的股权对外转让,同等条件下,股东有优先购买权。这一权利的行使主体仅限于股东,非股东不能行使此权利。

本案中,原告不是股权转让协议中法人东方医院的股东,对于股权的转让不能行使优先购买权,也不存在被告侵犯其优先购买权的情况。

2. 股权转让协议中对于转让的目标股权必须有详细的说明和确定,才会减少不必要的法律纠纷。同一民事主体可能身兼不同法人或其他组织的股东,股权转让合作中,主体相同交易客体不必然相同。因此股权转让纠纷的权利义务内容由股权转让协议来确定,转让的目标股权是确定及有限的,协议中提及的其他相关客体不会因为被列举就改变了原有的权利主体。

本案中,被告之一王建既享有东方医院的股权,也享有原告同样拥有股权的中扬医院的股权,但是本案争议的协议中转让的股权是东方医院的股权,对于中扬医院的股权只是陈述和列举,并未对中扬医院的股权进行转让。原告对二者进行了混淆,产生错误认识,主张了并不存在的优先购买权,导致了诉求不能被法院支持。

(五)法律风险及规避

优先购买权仅限于股东身份,对于主张自己此权利受损的当事人来说，首先应当明确其是否具有股东身份，而后才有必要寻找其他的抗辩事由。

股权转让协议对转让的股权应当最大化的清楚具体陈述，对于不属于本次交易的股权，应当明确其列入合同的目的，只是陈述和列明与转让的目标股权相互区分，或者对于不是必须列入的非转让股权可以不予列入合同，避免不必要的法律纠纷。看似不相关的若干股权，因为持有人相同，可能会在不被明显察觉的合同中被转让，因此对于法人或其他组织的股东来说，对于其他股东的任何一次股权转让都要关注，防止自己的股权被其他股东无权转让。

（六）案号：（2015）宿中商终字第 00458 号

（2016）苏民申 5187 号

二、股权转让协议的可撤销事由
——安徽省宣城市中院判决龚再顺诉阚博等股权转让纠纷案

(一) 裁判要旨

可撤销合同的撤销事由包括欺诈,但要有充足理由证明存在欺诈、欺骗。公告性文件可以认定为当事人知道或者应当知道,担保性质合同意味着投资风险的降低。

(二) 案情

2012年11月28日,被告阚博作为甲方与原告龚再顺作为乙方、被告谢文春作为丙方签订一份股份转让协议,将被告泾县惠康医院10%股份以200万元转让给龚再顺。谢文春、惠康医院与龚再顺分别签订协议、担保书,谢文春愿意承担原告投资医院风险的连带责任,泾县惠康医院同意在龚再顺投资后的6个月内若仍不能正常经营,愿意承担退回龚再顺投资款的连带责任。原告诉请撤销上述股权转让协议,要求阚博立即返款投资款,谢文春、医院对此承担连带责任。本案的争议焦点为:龚再顺与阚博、谢文春签订的股份转让协议是否存在可撤销的法定事由。

(三) 裁判

安徽宣城中院对证据事实认定为,股权转让协议合法有效,不能被撤销。原告诉称被告隐瞒医院经营状况事实、欺诈胁迫其签订股权转让协议。因惠康医院在协议签订前就丧失了事业单位法人资格，法院查明废止公告于协议签订前已经公布，而且协议签订时附随签订的担保协议可证明签订股权转让协议时原告已经知道医院的经营状况，以此理由请求撤销协议并请求阚博返还投资款不能被法院支持。原告与谢文春签订的协议并未约定谢文春返还投资款的责任，因此不能要求谢对返款承担连带责任。原告与医院的担保协议中明确约定医院在投资6个月后不能正常经营，医院有返款的连带责任。因此法院判决惠康医院将200万投资款返还给原告龚再顺，驳回原告其他诉求。

（四）评析

可撤销合同的法定事由包括，因重大误解订立，订立合同时显失公平，以欺诈、胁迫手段或者乘人之危使对方意思表示失真订立等三种情形。

本案中，原告以被告采用欺诈手段为由请求撤销股权转让协议。理由是原告在签订协议时不知道医院已经不能正常经营，丧失事业单位法人资格，但是这个废止公告在签协议前7个月已经公告，而且签订股权转让协议附随签订了两个担保性质的合同，应认定为原告已经知道实际经营情况，不能够以此理由撤销合同。

（五）法律风险及规避

参与股权转让的交易中，应该对转让单位经营状况、股东状况等进行调查分析，不能仅依靠转让方提供的资料初步了解，而应该进入实际的经营场所等调研，才能保证自己受让的股权有真正的经济价值。

（六）案号：（2016）皖18民初4号

三、股权转让合同无效及投资款的返还
——湖南省衡东县法院判决陈志明与谢颖股权转让纠纷案和与衡东县残联康复中心仁德医院股权转让纠纷案

（一）裁判要旨

违反公司章程的股权转让合同无效，股权转让主体份额不明确导致后续股权转让合同内容不明确，进而合同无效。

（二）案情

2014年10月25日，原告陈志明与被告谢颖签订《开办医院合作协议书》，约定原告出资200万购买衡东县残联康复中心仁德医院60%股份，口头约定转让股东刘凤平、刘银平的55%股份和被告5%的股份。后续原告、被告签订三次股权转让协议，2015年1月21日，第三份协议约定被告将自己45%的股份以135万元转让给原告。在医院经营管理期间，被告方认可原告投入医院经营资金三笔共计801 461.37元。原告诉请法院判令被告履行衡东县仁德医院股权转让协议和承担经济损失50万元。案件焦点是第三份协议的效力问题。

在第一个案件衡东县法院判决陈志明与谢颖的股权转让合同无效后，原告陈志明诉请法院要求被告仁德医院应当立即返还原告投资款801 461.37元。

（三）裁判

法院认定，原被告双方第三份股权转让协议书违反了法律

规定，双方明知《开办医院合作协议书》的存在，这一协议书可以认定为医院的章程，第三份协议没有通知其他两位股东，违背了章程规定，应认定为无效。因此驳回原告的诉讼请求。

第二个案件中，法院认为第一个判决系生效法律文书，具有既判力，原告与谢颖的股权转让协议无效，要求被告仁德医院返还投资款应该得到法院支持。

（四）评析

1. 法律对于有限责任公司股权内部转让没有强制性规定，是自由且无须通知其他股东的。但是公司章程对其另有规定的，从其规定。

本案中，《开办医院合作协议书》经法院认定可以作为医院的公司章程，因为这份协议是开办医院最初的约定，是全体股东签订的第一个书面协议，对于公司内部股权转让有所限制。因此原被告在第一个案件中的第三份股权转让协议违反了公司章程，法院认定为无效。

2. 股东退出法人机构，所投资的款项应当予以返还。法定代表人或者公司其他工作人员的行为由法人承担责任。

第二个案件中，法院已经认定陈志明和谢颖的股权转让协议无效，谢颖认可原告的投资款项数额，仁德医院应当返还原告的投资款项。

（五）法律风险与规避

通常认定合同的效力是看合同是否违反合同法、公司法等法律法规规定。投资人在股权转让中可能会忽视公司章程的规定。公司法规定了公司章程可以对股权转让进行限制和细化规定，虽然在学理上对于公司章程对限制股权转让协议效力的影响有争议，但是实务中法院可以认定违反公司章程的合同无效。

因此，股权转让合同不仅不能违反法律规定，而且当事人要详细了解公司章程的规定，特别是关于股权转让的规定，保证合同的稳定有效性，减少投资损失。

（六）案号：（2015）东民二初字第 61 号

（2015）东民二初字第 325 号

四、股权转让合同变更为借款合同
——江苏省泗阳县法院判决金鳞与泗阳仁慈医院股权转让纠纷案

(一) 裁判要旨

股权转让协议所形成的股权转让之债变更为借款合同之债,是原被告双方真实意思表示,合法有效。

(二) 案情

2012年1月4日原告金麟与被告泗阳仁慈医院签订股权转让协议,金麟及案外人邢宗良、陈卫中、田荣、夏海波、印少华将自己拥有的所有股权一次性全部转让给仁慈医院,约定了股权转让款额、付款方式、付款时间、违约金。2012年2月9日被告支付原告金麟股权转让金40万元。2013年2月26日,经泗阳县卫生局协调,原告金麟与被告泗阳仁慈医院订立协议书一份,性质是对之前股权转让协议的变更,内容包括不再追究之前约定的违约金,股款转让款和利息合计77.875万元转为泗阳仁慈医院借款,按月息1.5%计本息,新协议约定的违约金为10万元。原告进行合理催告后,被告仍未履行合同,于是起诉请求法院判决被告立即支付原告77.875万元及利息(自2013年2月26日起按月息1.5%计算至还清款项之日止)、违约金10万元,并由被告承担本案诉讼费用。本案的争议焦点是股权协议的效力和变更股权协议的新协议的效力。

（三）裁判

法院认为泗阳仁慈医院系民营股份制医院，属于民办非企业法人，股权转让通常都是经当地卫生主管部门审批后报登记管理机关即民政部门备案，本案变更合同的协议是在泗阳县卫生局的调解下成立的，不违反民办非企业单位登记管理的相关法律法规规定，应当认定为有效。新协议将原股权转让协议所形成的股权转让之债变更为借款合同之债，是原被告双方真实意思表示，亦不违反有关法律、法规规定，该协议应为有效。判决被告泗阳仁慈医院于本判决发生法律效力之日起10日内支付原告金麟77.875元及利息。

（四）评析

一般情况下，公司的股份只能由股东持有，公司不能持有自己的股份，特定情况下才允许公司回收股份。但是民营医院作为民办非企业法人，对于其股权转让，目前尚无明确统一的法律规范，通常都是经当地卫生主管部门审批后报登记管理机关即民政部门备案。

本案中，金麟等四位股东将个人所有的股权转让给仁慈医院，如果本案机械地套用《公司法》关于股权转让的有关规定来认定民办非企业法人的股权转让效力，显然不妥。协议不违反《公司法》的强制性规定，且没有证据证明仁慈医院的公司章程不允许股东向医院转让股权，因此股权转让协议合法有效。

在合同履行过程中，合同双方基于真实意思表示，可以对合同的主体、客体、内容等进行变更，双方的权利义务以变更后的合同为准。

本案中，双方将股权转让之债转换为借贷之债，双方基于真实意思表示，合同合法有效。

（五）法律风险与规避

1. 民营医院的股权转让没有具体的法律规定和限制，一般情况下，如果不违反《合同法》《公司法》强制性规定，不违反公司章程，本着交易的稳定性，法院会认可协议的效力。

2. 在合同履行过程中，应根据实际情况的变化，分析交易相对方的经济状况等，适时略微变更合同的履行方式，将损失降低到最小。

（六）案号：（2015）泗商初字第 00969 号

五、出资设立公司情况下的股权确认纠纷

——某综合服务部与某医学工程公司、某康复医院公司股权确认纠纷案

(一) 裁判要旨

工商登记显示的股东对外具有公示效力,就公司内部而言,应以各股东签订的合同确定股东资格,确定各自权利义务。

(二) 案情

2007年1月26日,原告与被告某医学工程公司签订合同约定双方合作开办上海某康复医院公司,其中原告占44%股权,被告某医学工程公司占56%股权。截至2008年1月,原告向被告某医学工程公司共支付出资款3 187 138元。后被告某医学工程公司到工商部门注册登记了某康复医院公司,但某康复医院公司的工商登记材料显示该公司为一人有限责任公司,股东为被告某医学工程公司一家。原告认为在其完全履行出资义务的情况下,被告某医学工程公司未将其登记为某康复医院公司股东,该行为已严重损害原告合法权益。为维护自身权利,原告诉至法院。

(三) 裁判

原告与被告某医学工程公司签订的合作合同书合法有效,受法律保护,原告某综合服务部享有被告某康复医院公司44%的股权。

(四）评析

工商登记显示的股东对外具有公示效力，就公司内部而言，应以各股东签订的合同确定股东资格。

原告与被告某医学工程公司签订的合作合同合法有效，受法律保护。目前某康复医院公司工商登记显示的股东只有被告某医学工程公司一家，对外具有公示效力，但对原、被告内部而言，应以合同约定确定各自权利义务。姑且不论造成如上登记的原因如何，责任在谁，仅从原、被告设立某康复医院公司的真实意思而言，该登记不符合合同本意，在无法律禁止性规定的情况下，原告已足额履行出资义务，其要求按合同约定确认其享有某康复医院公司44%的股权的诉求应依法得到支持。

（五）法律风险和规避

工商机关的股权登记是外部形式，可以对抗善意第三人，实际股权应按照股东协议来确定，因此不影响实际股东的股权，股权权益以实际缴付的出资额来确定。

（六）案号：（2009）宝民二（商）初字第1603号

六、股权转让情况下的股权确认纠纷
——江苏省泗阳县法院判决张永、冯电与泗阳同济医院股权转让纠纷案

(一)裁判要旨

股权转让协议约定转让的份额和转让价款,与实际股东缴付的价款不同,按比例计算股东的股权份额。

(二)案情

2013年2月15日,张永等六原告与第三人倪学礼协商一致,将医院的"所有权、经营权连同医院现有的所有医疗设备和器材"共作价320万元,将320万元平均分为10股,6原告分别受让其中10%的股份,对应股权转让价款确认为32万元。协议签订后,6原告实际支付给第三人倪学礼股权转让价款分别为:李玲235 000元、石玉飞235 000元、魏星235 000元、冯电235 000元、张永235 000元、张其兵225 000元,后第三人倪学礼分别退还6原告股权转让金40 000元,6原告予以认可。原告起诉被告泗阳同济医院请求法院判令,被告、第三人履行股权转让协议第6条第2项,确认六原告享有被告泗阳同济医院股权份额分别为7.34375%,被告及第三人为原告办理股权变更登记,被告、第三人承担本案诉讼费、保全费。

(三)裁判

法院认定2013年2月15日签订的"泗阳同济医院转让协

议"不违反民办非企业单位登记管理的相关法律法规规定，合同应为有效。同济医院并非股权转让协议的双方，没有要求医院承担责任的依据。关于协议第6条第2款，客观条件受限，原告已经不能回到医院经营管理。根据实际6原告支付的股权转让价款，与协议规定的价款，按比例可以得出，6原告对被告泗阳同济医院实际出资比例为：张永占6.09375%、石玉飞占6.09375%、魏星占6.09375%、李玲占6.09375%、冯电占6.09375%、张其兵占5.78125%。遂判决，确认六原告的股权份额，驳回原告其他诉讼请求。

（四）评析

1. 股权转让后，登记手续并未办理，原股东仍参与之后的股权转让交易，以实际的股权主体为准，并不影响后续股权转让的效力。

2. 在股东全额缴付股权转让款的情况下，按实际缴付款额确定出资比例。

本案中，协议中约定6原告每人缴付32万元，各自获得医院10%的股份，实际情况6原告未足额出资，因此按照实际出资额确定股权比例。

（五）法律风险和规避

工商机关的股权登记是外部形式，可以对抗善意第三人，实际股权应按照股东名册来确定，因此办理工商登记不影响实际股权的转让效力。股权份额以实际缴付的出资额来确定，因此在不能按约定足额出资时，可以有限出资，先确定股东身份。

（六）案号：（2015）泗商初字第00442号

七、股权转让款的确定
——广州市海珠区法院判决郑展成与广州盛康医院股权转让纠纷案

（一）裁判要旨
股权转让额以实际转让支付的为准，根据公平、等价有偿原则，可能与股权转协议中签订的款额有所不同。

（二）案情
2006年10月10日，原告郑展成与被告何维敬等四人共同订立了广州市康民医院经营合作协议书，原告及被告四人为康民医院的所有股东。2007年11月17日，股东召开股东会，同意原告退股，其股本265万元按3年分次以现金形式还清。协议签订后，原告履行了相关财务、文件的移交义务，被告一直没有支付退股款额。原告进行合理催告后起诉要求4被告黄秀云、黄丕创、徐金莲、何维敬向原告偿还265万元及违约金，违约金共计257 050元，本案诉讼费由4被告共同承担。本案焦点是：4被告应向原告支付的股权转让款数额问题。

（三）判决
法院认定，原告与4被告签订的《广州康民医院股东协议》《退股协议书》真实有效，原告将其在广州康民医院的股份转让给4被告，4被告按原告的股份出资额向原告支付转让对价。由于4被告为连带债务，时效一人中断即全体中断，原告催告被告后，整体债务诉讼时效重新计算，因此没有超过诉讼时效。退股协议记载原告出资额为 265 万元，但根据其它的股权转让协议，可以认定四被告是按原告取得第三人医院的费用为 288 万元，且误认为原告实际支付的股本金数额为 265 万元而同意向原告支付股权转让款 265 万元的。根据另外两份《广州康民医院转让合同》以及原股东的证言，可以认定，原告是以 188 万元而不是 288 万元的对价受让广州康民医院。且 4 被告共同认可的原告出资额为 190 万元，大于原受让款额，因此确定股权转让款为 190 万元。遂判决：扣减已支付的 30 万元，4 被告向原告支付股权转让款 160 万元，驳回原告其他诉讼请求。

（四）评析

本案中，原告利用各种之前的股权交易合同，使被告相信股权转让额为原告所宣称的数额，而在法院调查过程中，根据被告提供的内容相同仅转让金数额不同的两份合同，和之前的原转让股权的股东的证言，即使双方已经订立股权转让合同，法院还是确定了真正的股权转让价款。

（五）法律风险与规避

股权转让额一般以股权转让协议为准，但在实践中，股东为了转让价款尽可能的高，可能会采用"障眼法"，将整个法人或组织的转让款算为自己的股权价值，此类合同看起来合理，但实际上会使不了解实情的股东遭受经济损失。因此在股权投资时，尽可能详尽地调查转让股权的股东，通过调查其股权受让时的转让方，可能会得到最正确的其受让股东所支付的股权转让款额。

（六）案号：（2013）穗海法民二初字第 2043 号

八、法定代表人相同的不同法人之间的股权转让合同效力

——上海市第一中级人民法院判决上海医霖投资管理咨询有限公司诉上海医霖医疗管理有限公司股权转让案

(一) 裁判要旨

关联企业之间的股权转让款额的支付；法定代表人相同，不影响法人之间股权的转让合同效力。

(二) 案情

原告医霖医疗与第三人医仁公司分别自 2006 年 7 月、2009 年 1 月起通过受让股权的方式成为凤凰医院股东，持股比例分别为 30%、70%。2010 年 11 月 24 日，医霖医疗与被告医霖投资签订《股权转让协议》，原告将医院 30% 股权以 1320 万元转让给被告，同日，医仁公司与被告签订《股权转让协议》，约定医仁公司将其在凤凰医院 70% 的股权以 3080 万元转让给被告。2013 年 11 月 8 日，医霖医疗、医霖投资双方签订《合同解除协议》，被告未履行股权转让协议，原告要求解除原转让合同，被告返还股权并支付违约金 396 万元。同日，医仁公司也与被告解除合同，要求返还股权并支付违约金 924 万元。2014 年 1 月 21 日，医仁公司与原告签订《债权转让合同》，将对被告的债权一并转让给原告，并通知了被告。医霖投资未履行合同义务，原告医霖医疗诉请法院判决确认医霖投资名下凤凰医院的股权属医霖医疗所有。本案焦点为：医霖投资名下凤凰医院 100% 的

股权是否属于医霖医疗所有。

二审上诉人医霖投资以应追加法定代表人林某和海外某公司为由提起上诉,请求撤销原判,依法改判驳回医霖医疗的诉讼请求。

再审申请人医霖投资以林某损害案外人海外某公司的利益,林某一系列交易行为系自己与自己交易的无效代理行为为由申请再审。

(三)裁判

原审法院认定两次股权转让协议和合同解除协议均合法有效,不违反法律强制性规定。被告医霖投资认可曾受让医院股权且未支付对价,其抗辩理由——这些交易系相关交易,无需支付对价——没有有力证据支持。其抗辩法定代表人已经将医院股权转让给第三方,可能损害其利益。关于此点,其可寻求其他法律救济,与本案无关。遂判决:医霖投资名下凤凰医院100%的股权属医霖医疗所有。一审案件受理费261 800元,由医霖投资负担。

二审法院认为原审法院认定事实正确,签订股权转让协议、解除协议和债权转让协议后,医院股权全部归医霖医疗所有。上诉人认为林某当时系医霖投资、医霖医疗、凤凰医院的法定代表人,但法律对该情形下的股权转让并不禁止,上诉人对于案外人之间的交易没有提供有力证据,且此争议不是本案的审理内容。因此判决驳回上诉,维持原判。

再审法院认为,医霖医疗、医霖投资的法定代表人同为林某,但林某作为医霖投资法定代表人代表公司对外订立合同,并不违反医霖公司章程的规定,也不违反《合同法》的相关规定。医霖投资提交的有关海外某公司股权并购的证据材料,不属于本案股权转让纠纷案件的审理范围,二审法院不予采纳,案外人海外某公司不是本案股权转让纠纷的必要当事人，二审法院对其参与诉讼的要求未予采纳，都符合法律规定。遂裁定驳回医霖投资的再审申请。

（四）评析

《合同法》《公司法》对于不同法人之间拥有共同的法定代表人没有限制性规定，此类法人之间的合同不必然无效。

本案中，林某为医霖医疗、医霖投资和凤凰医院的法定代表人，案件涉及的协议仅为股权的相互转让，并不含有违法性质，因此最终股权的确定以各协议内容来确定。

（五）法律风险及规避

实际商事活动中，存在着同一股东为整合资产，对相关股权进行转让和收购的行为。这种交易看似没有实际经济款项的流动，但是其签订的合同是合法有效的，可能并不支付股权转让的款额，但是股权的主体可能发生了根本性的变化，所以并不能以合同实际目的来抗辩合同的效力。

（六）案号：（2015）沪一中民四（商）终字第537号

九、股权转让后出现的遗留债务清偿主体

——江苏省高院判决魏家国、徐乃雷等与江云汉等股权转让纠纷案，江苏省宿迁市中院判决魏家国与马大华民间借贷纠纷案，江苏省南通市中院判决姜俊铭与海门市国资委办公室等股权转让纠纷案

（一）裁判要旨

股权转让后，对于转让前的遗留债务性质、清偿主体的确定，应该具体分析，不是简单以时间节点来判断。

（二）案一——江苏省高院判决魏家国、徐乃雷等与江云汉等股权转让纠纷案

1. 案情

（1）原审。2011年1月14日，被告江云汉、张亮作为甲方，原告徐乃雷、魏家国、陶士贵作为乙方，订立《股份转让协议》一份，甲方自愿将庄圩医院61%的股份以124万元整转让给乙方，双方自股权交接后，甲方承担的庄圩医院的债权债务等相关责任转由乙方承担（未附往来明细表）。2011年1月25日，以马大华作为甲方，徐乃雷作为乙方，订立《股权转让协议》一份，甲方将医院39%的股权转让给乙方，负有债权债务明细表。马大华出具条据：一切债权债务以移交表为准，如再发生新债务一切由马大华承担。后庄圩医院法定代表人变更为魏家国，医院现由魏家国实际经营。魏家国在经营庄圩医院期间，在医院应付款明细所列债务外，清偿了股份转让前已经

产生和必然产生的部分债务，故诉至江苏省泗洪县人民法院，请求判令江云汉、张亮、马大华连带支付魏家国、徐乃雷、陶士贵移交表之外的债务及费用1 890 001.4元及自起诉之日起至付款之日止的银行同期贷款利息，并承担本案的诉讼费用。本案焦点是：股权转让后，之前的债务由原股东承担，还是受让人承担，以及承担的具体数额。

（2）二审。江云汉、张亮、马大华不服一审判决，向江苏省宿迁市中级人民法院提起上诉。

（3）再审。再审人申请江云汉、张亮、马大华以江云汉、张亮不是债务承担人，三人承担连带责任没有依据为由等申请再审。

2. 案一裁判

原审法院认定转让合同有效。第一份协议未附带明细表，江云汉、张亮提供不出另外的债务明细。所以，应当认定马大华签字的第二份协议中所列债务及应付款清单就是江云汉、张亮股份转让协议中规定的债务明细，因此对于这些债务，江云汉、张亮、马大华应承担连带责任。

股权转让后，因出现以前的其他债务，导致受让方的收益相对于订立合同时的约定必然相应减少，转让方应对此承担违约赔偿责任。但赔偿损失必须已实际发生，债务已经清偿、未清偿未有损失不能要求赔偿。对于新债务，如果受让人在订立合同时已经知道存在但未记录在约定的债务明细里，则不能要求赔偿。马大华承诺中的"新债务"，是指转让前已经产生或必然产生，而未列入转让协议和应付款清单中的债务。

根据双方提供的明细材料等证据，根据上述确定债务的原则，遂判决：江云汉、张亮、马大华于判决生效后10日内连带偿付魏家国、徐乃雷、陶士贵股份转让新增债务损失576 535.15

元及利息。

二审法院判决驳回上诉,维持原判决。

再审法院认定两份转让协议相关联,明细表可能共同使用,实质是三申请人整体将庄圩医院股权转让给三被申请人,出现转让协议未约定的新债务必然导致受让方的损失,故股权转让前的债务应由转让方共同承担。申请理由中马大华代持魏家国股权与本案不属于同一法律关系,不影响本案的审理。申请人提供的证据形成时间在一审诉讼前,不属于再审理由中的"新的证据"。遂裁定:驳回江云汉、张亮、马大华的再审申请。

(三) 案二——江苏省宿迁市中院判决魏家国与马大华民间借贷纠纷案

1. 案情

(1) 原审。原告魏家国诉称,2010年2月1日,被告马大华因资金周转向魏加国借现金11 246元。后魏家国多次催要未果。现请求法院判决马大华归还借款11 246元及利息,并承担诉讼费。

(2) 二审。上诉人马大华称不存在借款事实,称借条系庄圩医院医生方毅替庄圩医院垫付相关款项后,主持医院工作的马大华向方毅出具,后庄圩医院归还了方毅的垫付款并将该借条收回入账,庄圩医院股东将股权转让给魏家国后,相关账册被魏家国持有,魏家国从医院账册上取下涉案借条并主张该借条系与马大华个人之间的借款关系。马大华等于魏家国签订医院股权转让协议时,相关债权债务关系明确,并不包含本案所涉及借条。

2. 案二裁判

原审法院认定本案马大华借魏家国11 246元事实清楚,证据确凿充分,故马大华应向魏家国偿还上述款项。原告主张利息符合法律规定，应予支持。遂判决：马大华于判决生效后十日内偿还魏家国款 11 246 元及利息（利息自起诉之日起至还清之日止，按中国人民银行同期同类贷款基准利率计算）。案件受理费 41 元（已减半收取），由被告马大华负担。

二审法院认定上诉人与被上诉人之间不存在借贷关系。在之前的另一案件（泗阳县人民法院［2013］泗商民初字第 0107 号）中，魏家国等股东主张该借条是庄圩医院股权转让过程中遗漏的债务，但在本案中，魏家国又主张是与马大华个人之间的借贷关系，魏家国并未对其前后主张的不同作出合理解释，应认定马大华与魏家国之间并不存在借贷关系。遂判决：撤销原判，驳回魏家国的诉讼请求。

（四）案三——江苏省南通市中院判决姜俊铭与海门市国资委办公室等股权转让纠纷案

1. 案情

（1）一审。2011 年 11 月，政府收购了货隆医院，并与医院原股东（原告姜俊铭系医院三股东之一）签订了股权转让协议，接受了原医院的债务，却未及时支付款项。因原债务中原告为担保人，债权人仍向原告索要本金及利息。政府支付的收购款中不包括利息，原告诉称要求股权激励转让协议的合同相对方、合同约定的义务履行主体及主管部门即三被告共同向本人支付自己已垫付的利息 233 565 元。协议中规定资产评估中未经审计确认的，包括或有债务，由原告和医院的其他原股东处理并承担责任。本案焦点为：案涉利息部分的债务是否为或有债务，姜俊铭主张利息损失 233 565 元是否有依据。

（2）二审。原告不服一审判决，以原审判决将案涉债务定性为不确定的或有债务错误等为由，请求撤销原判，依法改判支持本人诉讼请求。

2. 案三裁判

原审法院认定协议订立时的或有债务由原股东承担，原来的借款等在评估日后还的可能性大，且数额不确定，未在资产评估中确定，是医院的或有债务，该债务应由姜俊铭等医院的原股东承担。遂判决：驳回姜俊铭的诉讼请求。

二审法院认定案涉利息部分的债务非或有债务，案涉借款利息虽然数额不确定，但相关借款本金及利息计算标准在审核报告中已有明确。虽然案涉利息部分非或有债务，但姜俊铭主张利息损失 233 565 元并无依据，综合货隆医院的承诺、审核报告、股权转让协议书的内容，这一利息并不包括在政府应支付的转让款中，其主张三被上诉人支付利息损失无事实和法律依据，不予支持。遂判决：驳回上诉，维持原判决。

（五）评析

本篇前两个案例相关联，股权纠纷案为后来借贷纠纷案的审理提供了依据。前一股权纠纷案与后股权纠纷案中所涉及的案件争议焦点是类似的，即股权转让后产生不在约定中的新的原债务怎么确定偿还主体。两个案件的判决结果也是一样的。对于在股权转让书中明确表明的债务，由转让人承担，受让人垫付的可以要求转让人赔偿。对于在签订股权转让协议时，受让人已经知道但未记录在转让协议中的债务，由受让人承担，不能要求转让人赔偿。对于转让前已经产生或必然产生，而未列入转让协议和应付款清单中的债务，由转让人承担。

本篇中，魏家国一案对于必然产生未记录的债权，受让股东清偿后可以向原股东马大华等请求赔偿，因为这降低了受让人受让股权的经济价值。在股权转让后，对于协议中已明确写明的利息，姜俊铭不能要求受让人再进行偿还，因为其不属于股权转让款的部分。

(六) 法律风险及规避

股权转让伴随债权债务的转让，这其中有债务明细表等文件对原股权进行说明，应对此深入研究分析。股份对应的是资产，是否存在债务，以及债务是多少，股份转让时有确定说明。股份对应的资产数，是所转让股份质量的一个重要内容。股份转让后，出现了以前的其他债务，应当认定转让股份不符合约定的质量。订立合同是为了取得收益，因出现以前的其他债务，受让方的收益相对于订立合同时的约定必然相应减少。其他债务无论是由单位直接清偿，还是由受让方以单位名义清偿，都属于受让方合同收益减少，转让方应当对受让方承担违约赔偿责任。

因此在股权转让中对于债务应当详尽地列明。对于在股权转让协议中没有列明，但受让股权后已经出现或必然出现的债务，受让人应当向转让人请求赔偿损失。

(七) 案号：(2015) 苏审二商申字第 00506 号

(2014) 宿中民终字第 01356 号

十、一股二卖合同的解除及违约责任
——广东省东莞市第一人民法院判决陈正顺与黄德明等股权转让纠纷案

（一）裁判要旨

股权的二次买卖合同合法有效，善意受让人取得股权。原股东对第一受让人承担违约责任，该受让人可请求赔偿。

（二）案情

2008年9月6日，原告陈正顺、被告黄德明签订《玛丽亚妇产医院出资份额转让协议书》，约定被告将医院1.4%的股权以50万元转让给原告，同时约定如被告未按约定向原告支付分红款项，原告有权解除协议，被告需退还股款并承担违约金500万元。黄德明于2010年5月10日将5%的股权转让给詹宇明，于2013年10月16日将余下5%的股权转让给许文兴，致使原股权转让协议无法履行。2013年7月份玛丽亚医院的总分红450万元，被告未支付相应比例分红给原告。原告诉至法院，请求法院依法判令：解除原告、被告黄德明于2008年9月6日签订的《玛丽亚妇产医院出资份额转让协议书》；被告黄德明返还原告股权转让价款50万元；被告黄德明支付原告违约金100万元；被告黄德明支付原告玛丽亚医院2013年应得分红9万元；被告许文兴、玛丽亚医院对前述判项向原告承担连带责任，并由三被告承担本案的诉讼费用。

(三) 裁判

法院认定原告与被告黄德明签订的《玛丽亚妇产医院出资份额转让协议书》是双方的真实意思表示，没有违反法律法规的规定，该合同合法有效。而被告现已不是医院股东，不能履行协议，合同可以解除。医院声称2013年未分配红利，原告也未能举证证明玛丽亚医院在2013年度有红利，原告应承担举证不能的责任。协议约定被告未向原告给付红利，原告可请求违约金赔偿。本案中原告未被确定股东身份，不能请求红利，因此违约金请求依据不充分。遂判决：确认原告陈正顺与被告黄德明于2008年9月6日签订的《玛丽亚妇产医院出资份额转让协议书》已经解除，被告黄德明应于本判决发生法律效力之日起7日内向原告陈正顺返还股权转让款50万元，驳回原告陈正顺的其他诉讼请求。

(四) 评析

股权的两次或多次转让，协议一般情况下是合法有效的。善意不知情的第三人可以取得股权，受损失的受让人可以请求转让人承担赔偿责任。

本案案情简单，被告将股权二次转让，致使与原告的股权转让协议客观不能履行，被告应当承担违约责任，返还原转让款项。但该转让合同具有相对性，原告不能向第三人包括新的受让人或者医院请求损害赔偿。

(五) 法律风险与规避

股权转让中最常见的法律风险之一便是股权的多次转让，给投资者的建议是受让股权后应尽快办理工商登记。外部登记可以对抗第三人,原股东再次转让股权的可能受到限制,能够降低投资风险。

(六)案号:(2014)东一法民二初字第 408 号

十一、股权再转让交易不影响先前交易

——江苏省南京市中院判决李红珍与南京东瑞医院股权转让合同纠纷案

(一) 裁判要旨

分散股东的股权转让价格,与此随之而来的医药机构并购股权收购价格差别很大,不能以显失公平为由请求撤销原股权转让合同。

(二) 案情

1. 一审。原告李红珍在东瑞医院中出资额为 71 365 元,占出资总额的 1.22%。2009 年 11 月 11 日,原告与东瑞医院签订《协议书》约定,东瑞医院以 210 377.93 元的价格回购本人的全部出资。签订协议前,医院与北京天健华夏医疗投资有限公司(简称天健公司)谈妥出资收购事宜,收购价格是与原告转让价格的几倍。自 2007 年 7 月之后,东瑞医院没有发放给原告出资补贴及分红。原告请求法院判令,撤销其与东瑞医院之间于 2009 年 11 月 11 日签署的协议书,判令东瑞医院按照其他出资人与天健公司之间协议的价格补足回购款(暂按 503 060.67 元计算),判令东瑞医院向本人支付 2007 年 7 月至 2009 年分红及出资补贴合计 40 380 元,判令东瑞医院承担本案的全部诉讼费用。本案争议的焦点为:李红珍要求撤销其与东瑞医院之间于 2009 年 11 月 11 日签署的协议书有无法律依据,东瑞医院是否应给付李红珍 2007 年 7 月至 2009 年 11 月的出资补贴款。

2. 二审。一审法院判决后，李红珍不服，提起上诉称，原审法院认定事实错误，法律适用不当。东瑞医院与李红珍签订的转让协议显失公平，且存在欺诈行为，应当撤销。请求二审法院查明事实，依法撤销原判，改判支持上诉人的诉讼请求，并由被上诉人承担诉讼费用。

(三) 裁判

原审法院于2010年10月11日作出（2010）栖商初字第37号一审判决，李红珍对该判决不服，上诉于南京市中级人民法院。南京市中级人民法院于2011年7月15日作出（2011）宁商终字第155号民事裁定：撤销南京市栖霞区人民法院（2010）栖商初字第37号民事判决，发回南京市栖霞区人民法院重审。

重审法院认定李红珍与东瑞医院签订的《协议书》不存在认识上的缺陷，对东瑞医院回购其出资额及出资额对应的价格、计算方法均明确了解，不存在重大误解，协议不存在显失公平情形。李红珍要求撤销协议，没有法律依据。但出资补贴东瑞医院仍应按标准发放。遂判决：东瑞医院于判决生效之日起5日内给付李红珍2007年7月至2009年11月共计29个月（按每月146元计算）的出资补贴款4234元，驳回李红珍的其它诉讼请求。

二审法院认定李红珍与东瑞医院签订回购协议时间早于东瑞医院出资人向天健公司转让股权，且其与东瑞医院转让的价格已经过董事会会议形成定价公式，李红珍对此均无异议，该转让协议应合法有效。李红珍与东瑞医院签订转让协议后，该院其他在职出资人依据与天健公司的商谈价格转让股权，系另一不同性质的交易行为，与李红珍依照东瑞医院章程转让其股权性质不同。

（四）评析

单位转让全部股权也就是并购协议所确定的收购价格常理上要比普通的股权转让协议价格高，二者不相关且没有可比性，在双方最终签署合同前，一切交易条件尽在不确定中。

本案中，公司对股权的回购协议有双方确定的价格公式，不存在欺诈、显失公平情形，因此股权转让协议合法有效。这其中形成的价格与整个公司股权并购形成的价格不同是合理的。

（五）法律风险及规避

法人的投资与收购中面临的商业风险与股东个人之间转让股权面临的风险是不同的，这也决定了二者形成的转让价通常天差地别。对于即将上市的公司或者被收购的公司来说，越接近其股权转让时间点，个人之间股权转让价格也会相对更高，这是投资的有利时机。

（六）案号：（2012）宁商终字第190号

十二、股权转让引起的债权债务纠纷
——湖南省郴州市中院判决彭艳春与冯学明股权转让纠纷案

(一) 案情简介

1. 一审。2009 年 12 月 29 日,经全体股东同意,甲方代表为原告彭艳春,乙方为被告冯学明,将惠康医院转让给冯学明经营,并签订了《嘉禾县红十字惠康医院股权出让合同》。被告未按约定退还原告的全部股金 880 000 元,后双方结算协商,被告还需给付原告 238 000 元,被告仍不给付。2011 年 11 月 16 日,双方在卫生局相关领导组织调解下达成了协议,原告撤回起诉嘉禾县卫生局的行政诉讼,被告向原告支付 238 000 元。协议签订后被告支付了 100 000 元。后被告又不支付剩余款项,因此原告提起诉讼,请求判令被告给付股金 480 000 元及利息 367 200 元,共计 847 200 元。本案件焦点在于被上诉人尚欠股权转让款的数额以及所欠款项是否应当计算利息。

2. 二审。原判生效后,上诉人彭艳春不服,向法院提起上诉,请求撤销原判,改判被上诉人冯学明立即支付股本金 480 000 元,利息 424 800 元。理由是,2010 年 4 月 30 日晚的会议纪要确认了上诉人的股金为 680 000 元,上诉人认为,2011 年 11 月 16 日签订的调解协议仅说明是被上诉人支付上诉人 238 000 元,上诉人撤回行政诉讼,而不是上诉人的股金变为 238 000 元,因此请求撤销原判。

（二）裁判

1. 一审。原审法院认为，本案是因股权转让引起的债权债务纠纷，股权转让后，经原、被告结算协商确认后，被告还应退还原告股金 138 000 元，双方的债权债务关系明确，被告应及时履行给付义务。原告要求的利息与事实不符，与形成的协议内容不符。原审法院判决：由被告冯学明偿还原告彭艳春股金款 138 000 元，此款限判决生效后 15 日内付清，驳回原告彭艳春的其它诉讼请求。

2. 二审。法院认定在 2011 年 11 月 16 日嘉禾县卫生局主持达成的调解协议已经载明系"因嘉禾县红十字惠康医院股权转让纠纷"而达成，该协议中并没有任何文字可以体现给付 238 000 元转让款只是针对上诉人所说的行政诉讼撤诉，该协议可以认定为是双方纠纷的一次性解决。双方的纠纷均由履行《嘉禾县红十字惠康医院股权转让合同》产生，应该依据该股权转让合同的约定，按照 2% 计算欠款利息。遂判决：被上诉人冯学明于本判决生效后五日内给付上诉人彭艳春 138 000 元，并支付该 138 000 元自 2011 年 12 月 25 日开始以月息 2% 计算到付清之日止的利息；驳回原告彭艳春的其他诉讼请求。

（三）评析

股权转让后，股权转让金额的确定应该以股权转让协议为准，对于后续的变更合同尊重双方意思自治。

本案中，医院股权的转让约定了巨额的股权转让费，后来经过协商，双方将股权转让费用进行了重新约定，即将股权转让合同转换成为单纯的债权债务纠纷，关于其中的利息计算，可以参照原来的股权转让合同。

(四) 法律风险及规避

对于合同内容的变更，股权转让款的重新确定，要明确数额所代表的意义，若是表明为股权价格则比较简单，若是包含其他相关利益则应该注明，日后的合同以字面解释为基础，并不能完全达到合同订立者想表达的意思。

(五) 案号：(2014) 郴民二终字第 48 号

十三、未取得股权转化为隐名投资
——上海市嘉定区人民法院判决万某某与某医院投资管理有限公司股权转让纠纷案

(一) 裁判要旨

股东出资后,公司未出具股权凭证或修改股东名册,也未办理股权变更工商登记,双方签订股权认购协议,可以认定出卖方是以隐名投资关系为名向买受方收取投资款。

(二) 案情简介

2008年1月6日,原、被告签订股份认购协议,约定由原告认购被告名下曹安医院股份1份,计人民币15万元,原告当日支付价款,被告未为原告办理股权变更手续。2010年5月29日,被告在未告知原告的情况下,将其持有的曹安医院43%的股份转让给案外人某医院管理有限公司(以下简称医院),原告要求被告返还股份认购款15万元未果。现要求被告立即返还此款。

(三) 裁判

法院认定,原告万某某不在工商登记备案的股东之列,曹安医院也未向原告出具出资证明书或股权证。原告仅与被告签订股权认购协议,可以认定被告是以隐名投资关系为名向原告收取投资款,在原告未能获得曹安医院股东身份的情况下,原、被告之间构成借贷法律关系。遂判决:被告某医院投资管理有限公司应于本判决生效之日起 10 日内返还原告万某某投资款人民币 150 000 元。

（四）评析

股东出资后，公司未出具股权凭证或修改股东名册，也未办理股权变更工商登记，股东身份未能确定。股东在股权变更后可以要求自己作为公司的隐名出资人，享受股权投资收益等。

本案中，原告出资后未能取得股东身份，法院最终判定其为隐名投资人，与公司形成借贷关系，保护投资人取得投资款的返还。

（五）法律风险与规避

股权转让后首要确定的就是股东名册的变更，股权凭证的取得，以这些设权凭证来确定自己股东身份的取得，保护自己的股东权利。

（六）案号：（2011）嘉民二（商）初字第 137 号

十四、土地使用权出资应当及时变更登记

——天津市西青区人民法院判决天津杏林白十字医疗卫生材料用品有限公司与天津市杏林之光科技开发有限公司、天津中医药大学第一附属医院股权转让纠纷案

（一）裁判要旨

出资人以国有土地使用权出资，需在合理期间内办理土地使用权变更登记手续，否则人民法院应当认定出资人未依法全面履行出资义务。

（二）案情

原告天津杏林白十字医疗卫生材料用品有限公司系中日合资企业，出资情况为天津市杏林之光科技开发公司、日本国白十字株式会社双方各占原告合资公司50%股权。出资协议约定被告以国有土地使用权出资，双方约定该6000平方米9亩土地，每亩16万元，共计144万元。上述作为出资的土地已经实际交付合资公司生产经营使用，但是未办理变更登记手续。后三方达成增资协议，约定将剩余土地共计40 434.4平方米使用权作价245万元对公司进行出资，仍未进行变更登记手续。原告起诉请求人民法院判令被告天津市杏林之光科技开发公司履行其土地出资义务，将其投资入股的10 434.4平方米国有土地使用权变更登记到原告公司名下，判令被告天津中医药大学第一附属医院履行对被告天津市杏林之光科技开发公司的清理义务，

协助将诉争土地使用权变更登记到原告公司名下。

(三) 裁判

法院认定天津市杏林之光科技开发公司系天津中医学院第一附属医院投资设立的全民所有制企业，原告的合资方之间的出资协议符合法律的相关规定，合法有效。被告天津市杏林之光科技开发公司未能办理作为出资的土地使用权变更登记手续，原告要求其全面履行出资义务，符合法律规定及双方约定，予以支持，被告天津中医药大学第一附属医院应当积极予以协助办理。遂判决：被告天津市杏林之光科技开发公司于本判决生效后，立即将位于天津市西青经济开发区的 10 434.4 平方米土地（地号：S10-5）的使用权变更登记到原告天津杏林白十字医疗卫生材料用品有限公司名下，被告天津中医药大学第一附属医院应履行必要的协助义务，驳回原告的其他诉讼请求。

(四) 评析

出资人以划拨土地使用权出资，或者以设定权利负担的土地使用权出资，公司、其他股东或者公司债权人主张认定出资人未履行出资义务的，人民法院应当责令当事人在指定的合理期间内办理土地变更手续或者解除权利负担；逾期未办理或者未解除的，人民法院应当认定出资人未依法全面履行出资义务。

本案案情清晰简单，被告以土地使用权出资，应当办理变更登记手续，被告未办理属于违约行为，法院支持原告诉求，要求被告办理变更登记，是要求其履行合同义务。

(五) 案号：（2015）青民二初字第 0028 号

十五、股东出资纠纷与股东代表诉讼纠纷混同处理原则
——上海某医院与某集团公司股东出资纠纷与股东代表诉讼纠纷案

（一）裁判要旨

当存在股东出资纠纷与股东代表诉讼纠纷混同起诉的情形时，法院应区别对待。对于股东代表诉讼，需审查是否经过了法律规定的前置程序，对未经过前置程序的股东代表诉讼予以驳回；对于股东出资纠纷则应根据案件事实作出裁判。

（二）案情

上诉人某医院（以下简称医院）与被上诉人某集团公司（以下简称集团公司）均系第三人上海某科技公司（以下简称科技公司）股东，其中，医院持有科技公司30%的股份，集团公司为科技公司控股股东。2008年，医院以集团公司滥用控股股东的权利，抽逃其科技公司的出资，侵害了科技公司的合法权益为由，提起股东代表诉讼，诉请：集团公司向科技公司补足出资人民币2100万元；集团公司向其赔偿人民币900万元；集团公司向其返还人民币90万元出资。

（三）裁判

1. 一审。根据《公司法》第152条第1款规定，股东提起代表诉讼首先应在程序上符合前置条件，即以书面形式请求董

事会或监事会以公司名义提起诉讼,竭尽公司内部救济机制。现医院尚未完成上述前置程序,其亦无切实证据证实科技公司已陷入利益受损的紧急状态,故医院不具备本案诉权。裁定驳回医院的起诉。

2. 二审。医院提出集团公司未依约向医院返还人民币 90 万元,侵犯了医院作为小股东的利益,故本案并非股东代表诉讼。二审法院认为关于集团公司应当偿还 90 万元的诉请,医院未提供有效证据证明。遂裁定驳回请求出资及返还 90 万元的诉请,赔偿诉请由一审法院继续审理。

(四) 评析

1. 本案是原告将股东出资纠纷与股东代表诉讼纠纷混同起诉的情形。本案第一项诉讼请求,系要求科技公司的股东集团公司向科技公司返还抽逃的出资。若集团公司抽逃出资的事实成立,该行为将导致科技公司财产的减损,医院以股东的名义,为了科技公司的利益,代表科技公司提起损害赔偿之诉,符合股东代表诉讼的构成要件,构成股东代表诉讼。

2. 根据《公司法》第 152 条的规定,股东提起股东代表诉讼,需书面请求监事会或者不设监事会的有限责任公司的监事向人民法院提起诉讼,如果是监事行为损害公司利益,则可以书面请求董事会或者不设董事会的有限责任公司的执行董事向人民法院提起诉讼,此程序即股东代表诉讼的前置程序。若监事会、不设监事会的有限责任公司的监事,或者董事会、执行董事收到前款规定的股东书面请求后拒绝提起诉讼,或者自收到请求之日起 30 日内未提起诉讼,或者情况紧急,不立即提起诉讼将会使公司利益受到难以弥补的损害的,股东方可以自己名义直接向人民法院提起诉讼。

在本案中,医院因未履行前置程序,不符合法律关于股东代表诉讼的起诉要求，因此不具有诉权。一审法院以医院未履行《公司法》第 152 条第 1 款规定的股东代表诉讼前置程序为由，驳回此项起诉，于法有据。但是，股东未履行股东代表诉讼前置程序不具有诉权，并非绝对。在情况紧急，不立即起诉会使公司利益遭受难以弥补的损害时，股东可以不经过前置程序以自己名义直接向法院起诉。需要注意的是，此时起诉方就要承担情况紧急，不立即起诉会使公司利益遭受难以弥补的损害的证明责任，如果无法证明此点，则仍然需要履行前置程序。

3. 医院的第二项诉讼请求，系因集团公司抽回出资对其权益造成损失而提起，该诉属于损害赔偿之诉，医院作为受害方依法具有诉权，可以直接起诉集团公司要求赔偿。因此，一审法院将此诉混同于股东代表诉讼一并驳回是不恰当的，也正因如此，二审法院改判由原审法院继续审理。

4. 医院第三项诉讼请求，是要求集团公司返还 90 万元出资，对此项请求，医院负有证明义务，否则必须承担不利的法律后果。本案中，因医院尚无证据证明该院与集团公司具有返还 90 万元出资的法律关系，故该项起诉被法院驳回。

（五）案号：（2009）** 民二（商）终字第 ** 号

十六、股权转让无效事由

——刘耀丹诉岳阳广济医院有限公司、湖南省广济置业有限公司、聂岳华等、上海医诚医院投资管理有限公司股东资格确认、股东名册记载、股东出资、股权转让、公司盈余分配、损害股东利益责任纠纷案

（一）裁判要旨

出资股东有权要求记载于股东名册，无需其他股东同意；在注册资本未改变的前提下，"退股行为"实质上为股权转让行为；股权涉诉期间，股权非善意受让人的受让行为不受法律保护。

（二）案情

本案为原告刘耀丹诉被告岳阳广济医院有限公司（以下简称广济医院）、湖南省广济置业有限公司（以下简称广济置业）、聂岳华、徐洪涛、兰会秋、任波、谭欢钦、曹四清、陈峙、李岳亮、沈小平、任小锦、郭晖（以上13位被告共同简称为聂岳华、广济医院等13被告）、上海医诚医院投资管理有限公司（以下简称上海医诚）股东资格确认、股东名册记载、股东出资、股权转让、公司盈余分配、损害股东利益责任纠纷案。本案主要争议为：被告聂岳华、广济医院等13被告承认原告的出资行为，但主张原告为隐名股东，原告则要求将其姓名记载于股东名册；原告2006年3月8日受领70万元，被告主张为退股

金款,但原告主张该70万元系分红、其因受聂岳华胁迫而出具退股受领条;2011年11月26日,被告上海医诚受让广济医院及广济置业26%的股权时,原告接受转让款42.6137万元,但原告股份转让时,原告无股东身份主张权利,故转让无效。

(三) 裁判

1. 确认原告刘耀丹是被告岳阳广济医院有限公司、湖南省广济置业有限公司的股东;

2. 由被告岳阳广济医院有限公司、湖南省广济置业有限公司在本判决生效之日起15日内,向公司登记机关办理原告刘耀丹股东身份的相关手续;

3. 驳回原告刘耀丹的其他诉讼请求。

(四) 评析

1. 出资股东有权要求记载于股东名册,无须其他股东同意。被告聂岳华、广济医院等13被告虽然对在广济医院、广济置业成立时原告刘耀丹的出资数额上和原告有争议,但并不否认原告的出资行为。根据《最高人民法院关于适用〈中华人民共和国公司法〉若干问题的规定(三)》第23条"当事人依法履行出资义务或者依法继受取得股权后,公司未根据公司法第三十一条、第三十二条的规定签发出资证明书、记载于股东名册并办理公司登记机关登记,当事人请求公司履行上述义务的,人民法院应予支持"的规定,应认定原告的股东身份,原告并非聂岳华、广济医院等13被告主张的隐名股东,原告要求将其姓名记载于股东名册并办理公司登记机关登记的诉讼请求,符合法律规定,无须其他已在公司登记机关登记的股东的同意。

2. 在注册资本改变的前提下,"退股行为"实质上为股权转让行为。原告2006年3月8日在广济医院出具领条领取了70

万元退股金款，虽然法律不认可退股行为，股份只能转让，但当时行为双方并非专业法律人士，不应以纯粹的文字认定双方当时行为的法律意义。原告出具领取退股金 70 万元领条后，广济医院的注册资本并没有减少，而且原告在 2011 年 11 月 5 日自认出资额仅有 37.315 万元，表明原告自身亦认为不再持有该 70 万元的出资份额，故应当认定当时双方的真实意思是转让 70 万元出资份额。

3. 股权涉诉期间，股权非善意受让人的受让行为不受法律保护。2011 年 11 月 26 日，被告上海医诚受让广济医院及广济置业 26% 的股权时，原告接受转让款 42.6137 万元（37.315 万元+5.2987 万元），表明原告对该转让行为无异议。上海医诚作为本案被告之一，明知原告在为股东身份及权益主张权利，却仍在诉讼期间受让包括原告股份在内的广济医院及广济置业的股份，其受让原告股份的行为不能认定为善意，该受让行为不受法律保护。

（五）案号：（2013）楼民城初字第 18 号

第六编

医院知识产权纠纷案例分析与研究

一、超过试用期的软件不采取措施停止该软件的正常功能，属于默示许可

——上诉人磊若软件公司与被上诉人重庆华美整形美容医院有限公司著作权侵权纠纷案

（一）裁判要旨

对超过试用期的软件，软件所有者未采取措施停止该软件的正常功能，即该软件过期后仍可以运行，则事实上构成软件公司对公众超过试用期后可以继续运行其软件的默示许可，故使用者在超过试用期后仍运行涉案软件不构成侵权。

（二）案情

磊若公司在其官方网站向公众免费提供30天Serv-U软件的全功能试用版Serv-U6.4版。软件Serv-U6.4版在安装过程中提供了《许可协议》，在《许可协议》的评估与注册条款中约定："依据下列条款，在此许可你可以免费评估试用本软件30天。30天后，Serv-U的运行将受到Serv-U个人版的限制，而Serv-U个人版可以在不注册的情况下无限期使用。"在《许可协议》的分发传播条款中还约定："如你正分发当前未注册的试用版本，在此授予你复制和分发本程序的权限；可以将原始试用版的额外复制件分发给任何人，也能够通过电子方式以未做任何修改的形式分发本软件的试用版及其文档，上述一切不能收取任何费用。"另外，涉案Serv-U6.4版软件在30天的试用期内为全功能版，具备通过正常途径购买的软件的全部功能，对最

大用户账户数也没有限制，30天的试用期之后，转化为个人版，个人版所允许的最大用户账户数为5个。

2012年初，磊若公司发现华美整形医院使用上述免费试用版Serv-U6.4版软件（系从第三方软件平台下载）。磊若公司认为，华美整形医院未经许可，在其经营和管理的公司网站上擅自复制并使用磊若公司软件的行为，侵犯了其著作权，应当按照《著作权法》的相关规定承担侵权的法律责任。磊若公司请求重庆市渝中区人民法院判令华美整形医院承担停止侵权、赔礼道歉、赔偿经济损失的责任。

（三）裁判

一审法院经审理认为：华美整形医院服务器上的涉案软件Serv-U6.4版为试用版，且磊若公司官方网站免费向公众提供30天的全功能试用版。因此，华美整形医院服务器上的涉案软件有合法来源，华美整形医院在30天试用期内享有对涉案软件的使用权。超过30天试用期后，磊若公司并未采取有效措施控制涉案软件的运行，且在一审庭审演示中，涉案软件过期后，其许可证信息显示为"测试期已过，该软件转成个人版"。该许可证信息显示的内容表明磊若公司对超过试用期的软件采取的措施只是让其转变为"个人版"，并未停止该软件的正常功能，即该软件过期后仍可以运行。磊若公司采取的该措施事实上是默许公众超过试用期后可以继续"运行"其"个人版"软件，即磊若公司默许华美整形医院在超过试用期后仍可以继续运行涉案软件。因此，华美整形医院在超过试用期后仍在其服务器上运行涉案软件不构成侵权。

二审法院重庆市五中院认为：涉案软件《许可协议》中载明，一旦使用Serv-U，即表明接受其许可协议和保证条款。而根据《许可协议》的评估与注册条款及分发传播条款的约定，磊若公司已经明确表示允许任何非特定用户在不注册的情况下无限期地使用 Serv-U 软件的个人版,并且许可非特定用户以非营利的方式复制和分发涉案软件和程序。因此,华美整形医院在不注册的情况下无限期地使用其 Serv-U6.4 版个人版,且从第三方网站下载涉案软件的行为不构成侵权。故而重庆市五中院判决驳回上诉,维持原判。

(四) 评析

1. 网上下载软件的使用权来源——《许可协议》。根据《计算机软件保护条例》第 18 条第 1 款"许可他人行使软件著作权的,应当订立许可使用合同"及第 19 条第 2 款"没有订立书面合同或者合同中未明确约定为专有许可的,被许可行使的权利应当视为非专有权利"的规定,用户在安装过程中点击了同意《许可协议》,该《许可协议》实际上使软件著作权人与最终用户之间建立了一份许可合同关系。华美整形医院是否侵害了上诉人磊若公司所享有的涉案软件的著作权,应当依据涉案软件《许可协议》中的约定作出综合判断。

2. 超过试用期的软件不采取措施停止该软件的正常功能——默示许可。磊若公司对超过试用期的软件采取的措施只是让其转变为"个人版",并未停止该软件的正常功能,即该软件过期后仍可以运行。磊若公司采取的该措施事实上是默许公众超过试用期后可以继续"运行"其"个人版"软件,即磊若公司默许华美整形医院在超过试用期后仍可以继续运行涉案软件。因此,华美整形医院在超过试用期后仍在其服务器上运行涉案软件不构成侵权。

3. 正确理解"个人版"与"企业版"的含义。在现实生活中,大多商业软件对于不同用户都设置有不同版本,通常以"个人版"或"企业版"命名,"企业版"一般是功能最齐全的，当然也会收取较高的费用，而"个人版"只具有基础功能，限制也比较多，但一般都是免费的，主要作用在于推广软件。

但是，通过本案的审理结果就可看出，所谓的"个人版"或"企业版"的命名方式，并非指"个人只能使用个人版，企业只能使用企业版"，而仅仅是对"功能类型"的一种描述。本案中，虽然被告是一家公司，但法院认为，被告仍有权长期、免费使用"个人版"原告软件。

4. 软件企业应在其中明确约定企业不得使用"个人版"。在大多数软件的安装过程中，用户都需要点击同意类似用户协议的文件。本案中，法院对该类似协议的效力予以认可，并认为"该许可协议实际上使软件著作权人与最终用户之间建立了一份许可合同关系"。结合前文对"企业版""个人版"软件的理解，我们就可看出，软件公司不能仅仅通过命名"企业版""个人版"的方式来限制企业用户必须购买企业版软件，更有效的方式是在《许可协议》中明确各个版本的使用主体，并对越权使用的主体建立"违约赔偿条款"。

（五）案号：（2013）渝五中法民终字第01886号

二、非唯一对应的简称不享有在先权利
——评析苏忠合诉商标评审委员会、绍兴第二医院商标争议行政案

（一）裁判要旨

缺乏唯一对应关系的主体名称简称，由于省去了正式名称中某些具有限定作用的要素，可能会不适当地扩大正式名称所指代的对象范围，因而不应将其视为企业名称而是作为在先权利予以保护。如果该简称容易被相关公众作为特定主体名称的简称加以识别和对待，则缺乏显著性，也不应注册为商标。

（二）案情

2006年2月5日，浙江省自然人苏忠合向国家工商行政管理总局商标局提出第5147461号"二院"商标（下称争议商标）的注册申请，2009年5月28日被核准注册，核定使用在第35类推销（替他人）、替他人作中介（替其它企业购买商品或服务）服务上。2011年6月1日，浙江省绍兴市第二医院向国家工商行政管理总局商标评审委员会（下称商评委）提出撤销争议商标注册的申请，理由为"二院"为其名称简称和在先使用的商标。2013年1月4日，商评委作出商评字〔2012〕第52650号《关于第5147461号"二院"商标争议裁定书》（下称第52650号裁定）。该裁定认为：绍兴第二医院历史悠久，在绍兴市当地具有一定的影响力和知名度，并已经被当地人中约定俗成地简称为"二院"。苏忠合从事眼镜（除隐形眼镜）零售、

验光、配镜服务,其门店与绍兴第二医院同位于绍兴市越城区延安路,苏忠合若将"二院"注册在推销(替他人)、替他人作中介(替其它企业购买商品或服务)服务项目上,易导致相关消费者误认为苏忠合所提供的眼镜(除隐形眼镜)零售、验光、配镜服务与绍兴第二医院有关,从而导致绍兴第二医院利益受损。故裁定:争议商标予以撤销。苏忠合不服,提起行政诉讼。

(三) 裁判

北京市第一中级人民法院一审认为:商评委认定争议商标已经损害了绍兴第二医院对于"二院"所享有的在先名称权并无不当。因此,依照《中华人民共和国行政诉讼法》第54条第1项之规定,判决:维持第52650号裁定。

北京市高级人民法院二审认为:第52650号裁定和原审判决关于争议商标的申请注册损害了绍兴第二医院享有的在先权利的认定,缺乏事实和法律依据。但是,"二院"通常指当地的第二医院,已经成为通用名称,缺乏显著性,现有证据亦不足以证明争议商标经过使用取得了显著特征。在绍兴第二医院已明确主张争议商标缺乏显著特征并主张适用我国现行《商标法》第41条的情形下,商评委应当依照我国现行《商标法》第41条第1款的规定,撤销争议商标的注册。综上,第52650号裁定和原审判决在事实认定和法律适用上虽有不当,但其裁判结论正确,故北京市高级人民法院判决:驳回上诉,维持原判。

(四) 评析

1. 企业名称简称作为在先权利保护的条件。根据《中华人民共和国反不正当竞争法》第5条第3项和《最高人民法院关于审理不正当竞争民事案件应用法律若干问题的解释》第6条第 1 款的规定，以字号、商号形式体现的企业名称权可以作为我国现行《商标法》第 31 条中的在先权利予以保护。在特殊情况下，企业名称的简称也可以作为企业名称予以保护。如在（2008）民申字第 758 号民事裁定书中，最高人民法院即根据山东起重机厂的实际使用行为、相关公众的认知情况等因素，认定"山起"为山东起重机厂的特定简称，可以视为企业名称予以保护。但是，由于简称省去了正式名称中某些具有限定作用的要素，可能会不适当地扩大正式名称所指代的对象范围，因此，简称能否特指该主体，取决于该简称是否为相关公众所认可，并在相关公众中建立起与该主体之间的唯一的对应关系。如果缺乏这种唯一的对应关系，企业的简称就不能视为企业名称而作为在先权利予以保护。

该案中，虽然根据日常生活经验法则，绍兴第二医院在其所在地区有可能被相关公众简称为"二院"，但由于该简称省去了绍兴第二医院正式名称中具有限定作用的要素，不适当地扩大了其正式名称所指代的对象范围，故"二院"简称与绍兴第二医院缺乏唯一对应关系，其他符合特定条件的主体亦有可能被简称为"二院"并据此享有正当权益。因此，不能认定绍兴第二医院对"二院"简称享有名称权。

2. 商标标志应当具有识别性。既然"二院"这一不具有唯一对应关系的简称不能由单一主体主张企业名称权，那么是否意味着该标志就可以作为商标注册？这涉及商标标志的显著性问题。实际上，商标的显著特征包括两个层次，即识别性特征和区分性特征。其中，识别性是指商标的符号构成能够使消费者识别、记忆，可以发挥指示商品或服务来源的功能；区分性是指一商标可以区别于他商标，与他人使用在相同或类似商品、服务上的商标不相同、不近似，不会引起消费者的混淆。在判断某一标志是否能够作为商标加以注册时,首先应当判断其是否具有识别性,是否会被相关公众作为区分商品或服务来源的标志。

该案中,争议商标由常见字体的中文"二院"二字构成,核定使用在第 35 类推销(替他人)、替他人作中介(替其它企业购买商品或服务)服务上。"二院"容易被相关公众作为特定主体名称的简称加以识别和对待,相关公众通常不会将其作为区分商品或服务来源的商标加以识别和对待,故"二院"缺乏作为商标注册的显著特征。现有证据亦不足以证明争议商标经过使用取得了显著特征并便于识别而可以作为商标注册,故争议商标的申请注册亦不属于我国现行《商标法》第 11 条第 2 款规定的经过使用获得显著特征而可以作为商标注册的情形。

(五)本案案号:(2013)高行终字第 1734 号

三、使用他人企业字号构成侵权的界定标准
——评西安安琪儿妇产医院与陈耀民、李红宣侵犯企业名称权纠纷案

(一) 裁判要旨

取得医疗机构执业许可证尚未经工商行政管理部门核准注册的企业，不属于适格的诉讼主体；具有一定的市场知名度、为相关公众所知悉的企业名称中的字号，可以认定为企业名称；企业对其企业名称在一定的区划和行业领域内享有支配功能和排他功能。

(二) 案情

2007年7月6日，成都安琪儿医疗控股有限公司投资设立了成都安琪儿妇产医院。该医院通过报纸、电视、网络等多种媒体进行广告宣传，包括聘请香港影星翁虹作为形象代言人。2010年8月13日，成都安琪儿医疗控股有限公司投资设立了昆明中英安琪儿妇产医院。2011年9月27日，成都安琪儿医疗控股有限公司投资设立的西安安琪儿妇产医院有限公司（下称安琪儿医院）经工商部门核准成立，经营范围为医疗项目筹建、投资等。

2011年8月3日，西安雁塔安琪儿医院（下称雁塔安琪儿医院）获得设置医疗机构批准书，2012年2月13日获得一级综合医院医疗机构执业许可证。雁塔安琪儿医院办理的会员卡、诊断报告单及收费票据上显示了"安琪儿医院"；该医院招牌为

"安琪儿医院";雁塔安琪儿医院官方网站的主页上显示"西安雁塔安琪儿医院";"百度百科""腾讯女性"均显示"西安安琪儿妇产医院"。雁塔安琪儿医院至今未办理营业执照。

安琪儿医院认为,雁塔安琪儿医院构成对其企业名称权的侵犯,故诉至法院。

(三)裁判

西安市中级人民法院经审理认为,成都安琪儿医疗控股有限公司采取筹备公司在先、设立医院在后的模式,在成都、昆明、西安投资设立以"安琪儿"为字号的妇产医院,通过广告宣传,"安琪儿"取得了一定的知名度。陈耀民、李红宣设立的雁塔安琪儿医院虽核准为一级综合医院,但在实际经营中却突出妇产科的业务,故二者属于相同的行业范畴。雁塔安琪儿医院仅取得了医疗机构执业许可证,尚未取得营业执照,不属于合法字号。由此,陈耀民、李红宣擅自使用雁塔安琪儿医院的名称,构成对安琪儿医院企业名称权的侵害。

宣判后,陈耀民、李红宣不服原审判决,上诉至陕西省高级人民法院。陕西省高级人民法院经审理后判决:驳回上诉,维持原判。

(四)评析

1. 取得医疗机构执业许可证尚未取得营业执照并非适格主体。企业名称是企业依法拥有的在经营活动中表彰自己的特定标志性名称,其主要功能在于防止消费者和社会公众对企业提供的商品或服务造成混淆。《企业名称登记管理规定》第3条规定,企业名称在企业申请登记时,由企业名称的登记主管机关核定。企业名称经核准登记注册后方可使用,在规定的范围内享有专用权。我国《医疗机构管理条例》规定,医疗机构执业,必须进行登记，领取医疗机构执业许可证。医疗机构的执业登记，由批准其设置的人民政府卫生行政部门办理。由此说明，医疗执业许可证是设置医疗机构的前置条件；换言之，领取了医疗执业许可证就具备了设置医院的资质，但有资质并不意味着就可以直接进行民事活动，作为有限公司取得医疗执业许可证仅仅说明其具备了从事医疗服务的条件，若要从事民事活动，必须到医疗机构所在地的工商行政管理部门注册登记，只有依法领取了营业执照后，才能作为民事主体从事经营活动。本案中，雁塔安琪儿医院虽然取得了设置医疗机构批准书及医疗机构执业许可证，但其并未在工商部门注册登记。故雁塔安琪儿医院尚未具备民事诉讼主体资格，本案适格民事主体应为雁塔安琪儿医院的共同出资人陈耀民、李红宣。

2. 企业字号是商业活动中具有识别性的标识。商业标识指在商业活动中具有识别性或者区分性的标识。商号属于商业标识，它是区分生产经营主体及营业主体的标识。《保护工业产权巴黎公约》将商号作为受保护的标识进行了规定。美国在1988年修订的《兰哈姆法》规定，商号和商业名称是指由任何人用于识别其商业或者职业的任何名称。我国法律一般不使用商号，而是使用企业名称和字号的称谓。字号有两种不同的含义：一是企业名称的组成部分；二是个体工商户和个人合伙的名称。《民法通则》规定，个体工商户和个人合伙可以起字号；法人、个体工商户、个人合伙享有名称权；企业法人、个体工商户、个人合伙有权使用、依法转让自己的名称。《企业名称登记管理规定》规定，企业名称依次由字号（或者商号）、行业或者经营特点、组织形式组成，并冠以所在地的行政区划。字号作为企业名称的组成部分，具有显著性和识别作用，与企业的商业信誉、产品或服务质量紧密相连。《保护工业产权巴黎公约》第8

条规定,商号应在本同盟一切成员国内受到保护,无须申请或注册,也不论其是否为商标的组成部分。由此说明公约对企业名称提供的保护以企业名称的实际使用为基础,只要其受到不正当行为的侵害,成员国均应对企业享有的名称提供保护。商号是否登记均不影响其保护,但是否要求登记由成员国国内法进行规定。我国对企业名称采取登记主义制度。《企业法人登记管理条例》第10条规定,企业法人只准使用一个名称,企业法人申请登记注册的名称由登记主管机关核定,经核准登记注册后在规定的范围内享有专用权。《最高人民法院关于审理不正当竞争民事案件应用法律若干问题的解释》第6条规定,企业登记主管机关依法登记注册的企业名称,以及在中国境内进行商业使用的外国(地区)企业名称,应当认定为《反不正当竞争法》第5条第3项规定的企业名称。具有一定的市场知名度、为相关公众所知悉的企业名称中的字号,可以认定为《反不正当竞争法》第5条第3项规定的企业名称。上述规定表明,企业名称在我国受到保护分三种情况:第一,依法登记的国内企业名称应当受到保护,并且只在登记机关所属地域范围内享有专用权,企业名称依附于一定的营业及其商誉,如欲取得对抗第三人的效力,必须经过登记公示以取得公信的效力,基于这种对世的公信力方能得到法律的保障;第二,具有一定的市场知名度、为相关公众所知悉的企业名称中的字号,可以受到保护,这是因为作为企业名称受到保护的字号本身的知名度即具有一定的公信力,这种公信力应受到保护;第三,外国企业名称以实际使用为前提,而不论其是否已在中国登记,也不论其知名度如何,这与国内企业名称的保护是有区别的,而这种区别对待的做法是否合理,值得商榷。本案中,成都安琪儿医疗控股有限公司采取筹备公司在先、设立医院在后的模式,在成都、昆明、西安投资设立了"安琪儿"妇产医院，借助广告宣传，"安琪儿"字号在本领域内享有一定的知名度，应当受到法律保护。

3. 判定侵害企业名称权的标准。《企业名称登记管理规定》规定，企业只准使用一个名称，在登记主管机关辖区内不得与已登记注册的同行企业名称相同或者近似。由于我国《民法通则》赋予法人、个体工商户、个人合伙享有名称权，因此权利人就有支配功能和排他功能。支配功能是权利人享有使用和处分企业名称的权利，可以独占地使用其企业名称，也可按法定程序进行转让。排他权是对权利妨害行为的排除，主要体现在：不论是否在企业名称登记管理机关的辖区之内，只要冒用他人企业名称，就构成对他人企业名称权的侵害；在登记主管机关的辖区内权利人可以排斥同行相同或者近似的企业名称；在登记主管机关辖区之外，企业名称不具有必然的排他性，但如果企业名称具有较高的知名度，为防止他人攀附其市场声誉或者造成混淆，可以排除他人注册使用相同或近似的企业名称，这种法律保护与企业名称知名度相关。《反不正当竞争法》规定，擅自使用他人的企业名称或者姓名，引人误认为是他人商品的行为，是一种不正当竞争行为。判断使用他人的企业名称是否构成不正当竞争行为，应从以下方面考量：原告请求保护字号的显著性和知名程度，被告使用的字号是否与原告的相同或近似，原、被告之间的企业名称是否会使相关公众对市场主体或商品和服务的来源产生混淆或误认，被控侵权人使用在先字号主观上是否有过错。本案涉及的安琪儿妇产医院，在妇产医院内享有较高的知名度，陈耀民、李红宣设立的雁塔安琪儿医院与原告的字号、行业相同，其明知争讼之字号有一定的知名度，仍将其作为企业字号，主观上存在搭便车的故意，加之原、被告经营地均在陕西省西安市，故被告的行为构成对安琪儿医院企业名称权的侵害。

（五）案号：（2013）西民四初字第 00183 号

四、使用他人网络宣传照构成侵犯著作权的界定标准
——童颜堂诉北京军区总医院侵犯著作权纠纷案

(一) 裁判要旨

原告在作品上署名、能够提供摄影作品底片及相关材料，在无相反证据的情况下，法院确定其为著作权人。代理人在代理权限内，以被代理人的名义实施民事法律行为。被代理人对代理人的代理行为，承担民事责任。

(二) 案情

2005 年至 2007 年，原告童颜堂分别与李某等美容整形者签订协议，在原告减免不同比例治疗费的前提下，李某等同意原告为其拍摄美容整形前、后对比照片，并将这些照片用于原告网站、原告医生个人博客及原告诊所展示等。双方同时约定相关照片的著作权归原告所有。此后，原告依约拍摄了照片，为此减免李某等人治疗费，并在其网站（网址 www.cnzhengrong.cn）使用了涉案照片。2008 年 10 月、12 月，原告发现被告在其网站上使用原告拍摄的部分照片（以下统称涉案照片），对其经营的美容整形业务进行宣传。被告在互联网上使用这些照片未经原告许可、未标明原告名称，亦未支付报酬。因此原告认为被告侵犯了其著作权，向法院提起诉讼，要求被告承担侵权责任。

被告辩称其对原告是否享有涉案照片著作权并不清楚。被告网站是委托北京联创三石科技发展有限公司（以下简称联创三石公司）制作、维护的，即使使用涉案照片构成侵权也应由

该公司承担责任。

(三) 裁判

一审认为，被告使用原告照片，侵犯了原告的署名权、信息网络传播权及获得报酬权，应当以删除涉案照片、公开声明及支付赔偿金等方式承担停止侵权、赔礼道歉、赔偿损失的民事责任。被委托方联创三石公司不对相关侵权行为承担责任。

二审过程中，双方在法院的主持下达成了调解协议，中国人民解放军北京军区总医院给付北京童颜堂医疗美容整形诊所作品使用费41 936元。

(四) 评析

1. 照片著作权的归属。本案涉及的是著作权侵权纠纷，原告在作品上署名、能够提供摄影作品底片及相关材料，在无相反证据的情况下，法院确定其为著作权人。被告未经原告许可在其网站上使用涉案照片，在部分照片上没有给原告署名，未向原告支付报酬，侵犯了原告的署名权、信息网络传播权及获得报酬权。

2. 使用照片的被委托网站不承担侵权责任。《民法通则》第63条第2款规定，代理人在代理权限内，以被代理人的名义实施民事法律行为。被代理人对代理人的代理行为承担民事责任。第67条规定，代理人知道被委托代理的事项违法仍然进行代理活动的，或者被代理人知道代理人的代理行为违法不表示反对的，由被代理人和代理人负连带责任。本案中，被告主张其已将网页制作委托给第三人联创三石公司，被告为被代理人，联创三石公司为代理人，依据《民法通则》第63条第2款，被告应当对联创三石公司的行为承担责任。虽然《民法通则》第67条规定了代理人知道被委托代理的事项违法仍然进行代理活动的，应与被代理人承担连带责任，但本案没有证据证明联创三石公司明知被告的侵权行为，故其不应当对相关侵权行为承担责任。

（五）案号：（2009）二中民终字第 3770 号

五、单位转让技术成果应对技术成果完成人进行奖励的金额标准
——吴志成与中国人民解放军南京政治学院、南京龙蟠医院技术成果完成人奖励权纠纷案

(一) 裁判要旨

科技成果完成单位将其职务科技成果转让给他人的，单位应当从转让该项职务科技成果所取得的净收入中，提取不低于20%的比例，对完成该项科技成果及其转化做出重要贡献的人员给予奖励。

(二) 案情

原告吴志成系蚂蚁食疗专家。被告中国人民解放军南京政治学院（以下简称南京政治学院）、南京龙蟠医院和原告签订一系列《协议书》，聘请原告为金陵蚂蚁研究治疗中心技术顾问，并研制蚂蚁用药和食用制剂。根据约定，在原告吴志成验方的基础上，研制出新药"玄七胶囊"及南京市医院制剂和军队医疗机构非标准制剂"乙肝宁"，后被告南京政治学院将"玄七胶囊""乙肝宁"分别进行了转让，"玄七胶囊"获得转让款1 400 000元，"乙肝宁"获得转让款1 000 000元。原告吴志成在"玄七胶囊"中获得50 000元奖励，在"乙肝宁"中获得10 000元奖励。2012年8月，原被告之间因上述两种新药品的技术成果归属权及相关转让费诉讼至法院，请求判令两被告连带支付原告职务技术成果奖励900 000元。

(三) 裁判

法院经审理判决被告南京政治学院一次性给付原告吴志成328 500元。

(四) 评析

根据《中华人民共和国促进科技成果转化法》的相关规定，科技成果完成单位将其职务科技成果转让给他人的，单位应当从转让该项职务科技成果所取得的净收入中，提取不低于20%的比例，对完成该项科技成果及其转化做出重要贡献的人员给予奖励。科技成果的转化有利于加速科学技术进步，提高经济效益、推动经济建设和社会发展。科技成果转化后对做出重要贡献的人员给予适当的奖励，有利于调动科技人员的积极性。单位应当对财务加强管理，确定职务科技成果研发成本，以便提取奖励金额，且应当足额提取奖励金额。

(五) 本案案号：(2015) 宁知民终字第209号

六、专业论文中引用他人发表作品应指明作者姓名、作品名称
——中国文字著作权协会诉杨某侵害著作权案

(一) 裁判要旨

在作品中适当引用他人已经发表的作品的,可以不经著作权人许可,不向其支付报酬,但应当指明作者姓名、作品名称,并且不得侵犯著作权人享有的其他权利。

(二) 基本案情

原告中国文字著作权协会系社会团体法人,2007年6月6日,经国家版权局核发取得著作权集体管理许可证。中国文字著作权协会认为被告杨某(系本市一家医院医务工作者)2009年12月18日在某医学期刊上发表的一篇论文,构成对其会员陈某某作品的著作权侵害。在取得原著作权人陈某某授权的情况下,中国文字著作权协会要求判令杨某停止侵权、消除影响,以公告形式撤回侵权文章,向著作权人赔礼道歉,并赔偿原告调查侵权及检测报告费用、侵权赔偿金、律师费等损失计16 500元。

(三) 裁判

在本案审理中,被告杨某支付赔偿款与原告中国文字著作权协会和解,原告中国文字著作权协会自愿撤回对被告杨某的起诉。

（四）评析

《中华人民共和国著作权法》第 22 条就他人作品的合理使用作出了明确规定，即在作品中适当引用他人已经发表的作品的，可以不经著作权人许可，不向其支付报酬，但应当指明作者姓名、作品名称，并且不得侵犯著作权人享有的其他权利。本案虽经调解原告撤诉，但反映出相关公众法律意识淡薄，为评定技术职称需要专业论文发表时，利用网络搜索便捷，对他人已发表论文不作修改，原封不动地照抄照搬，挪为自用并公开发表，殊不知，网络的便捷实际也为著作权人提供了维权的便利。因此在进行文学艺术创作，抑或是撰写学术论文、学位论文和职称论文时，如需要参考他人作品时，必须依法正确、合理引用他人已发表的作品，否则极易引发诉讼，构成著作权侵权。

七、争议注册商标恶意抢注的标准认定
——同济大学与商标评审委员会商标争议行政纠纷上诉案

（一）裁判要旨

《商标法》第41条第1款系为撤销商标注册的绝对事由，针对的是损害公共秩序或者公共利益，或妨碍商标注册管理秩序的行为。第45条第1款系为撤销商标注册的一般事由，受五年争议期限的限制，除非系争商标是对驰名商标的恶意注册。本案中，同济大学所主张"同济"商标的注册行为损害其合法权益，系属于对特定民事主体权益的损害；同时，无法证明原注册人同济医科大学注册"同济"商标具有恶意。故"同济"商标予以维持，同济医院仍可继续使用"同济"商标。

（二）案情

1997年11月28日，同济医科大学向商标局提出第1241983号"同济"商标（简称争议商标）的注册申请，于1999年1月21日被核准注册，核定使用在第41类学校（教育）、函授课程等服务上，后经核准转让于同济医院。2004年3月11日，同济大学针对争议商标向商标评审委员会提出撤销注册申请。同济大学认为："同济"两字是归同济大学所有的驰名商标，"同济"的知名度和经济价值主要源于同济大学，由于同济医院与同济大学之间的历史渊源，人们经常将其混淆在一起，同济医院在不从事教育行业的情况下，在第41类教育类服务上注

"同济"商标，属于恶意抢注，请求撤销争议商标注册。

（三）裁判

北京市第一中级人民法院一审认为：同济医科大学作为高等院校，其在"学校（教育）"等服务上将其学校名称中的字号部分注册成为争议商标，具有合理理由，同济大学认为争议商标的注册具有恶意，因而本案所涉争议申请不受 5 年争议期限限制的主张缺乏依据，不予支持。同济大学并未举证证明争议商标的注册属于损害公共秩序或者公共利益，或是妨碍商标注册管理秩序的行为，故争议商标的注册不属于《商标法》第44 条第 1 款规定的情形。判决维持商标评审委员会作出的第21211 号裁定。

北京市高级人民法院驳回上诉，维持原判。

（四）评析

《商标法》第 44 条第 1 款规定，已经注册的商标，违反本法第 10 条、第 11 条、第 12 条规定的，或者是以欺骗手段或者其他不正当手段取得注册的，由商标局撤销该注册商标；其他单位或者个人可以请求商标评审委员会裁定撤销该注册商标。"以其他不正当手段取得注册的"是指基于不正当竞争、牟取非法利益的目的，恶意进行注册的行为。同济大学提供的证据不足以证明同济医科大学注册争议商标具有恶意。且该条款系为撤销商标注册的绝对事由，针对的是损害公共秩序或者公共利益，或妨碍商标注册管理秩序的行为。本案中，同济大学所主张争议商标的注册损害了其合法权益，注册他人未注册的驰名商标属于对特定民事主体权益的损害，并未涉及公共秩序及公共利益，或是商标注册管理秩序。因此，争议商标的注册未违反《商标法》第 44 条第 1 款的规定。

《商标法》第45条第1款规定,已经注册的商标,违反本法第13条、第15条、第16条、第31条规定的,自商标注册之日起5年内,商标所有人或者利害关系人可以请求商标评审委员会裁定撤销该注册商标。对恶意注册的,驰名商标所有人不受5年的时间限制。根据涉案的证据,虽能证明同济大学的校名"同济"具有很高知名度,但争议商标的原注册人同济医科大学与同济大学在历史上具有一定关联关系,即使同济医科大学自迁汉后改名为武汉医学院并与同济大学相脱离,但其在1985年经过卫生部批准已再行启用"同济"作为其校名。此种情况下,作为高等院校,同济医科大学在"学校(教育)"等服务上将其学校名称中的字号部分注册成为争议商标,符合客观常理,具有合理理由。

(五)案号:(2012)高行终字第703号

八、商标侵权案中赔偿数额的确定依据
——北京美中互利医院管理咨询有限公司与北碚和美家医院侵害商标权案

（一）裁判要旨

商标侵权案件中，确定使用在先需满足以下原则：使用人在商标注册人申请商标注册前已经使用该商标；他用人使用的商标在商标注册人申请商标注册前已经有一定的影响；使用人在原使用范围内继续使用该商标。在确定赔偿金额时，应重点考虑如下因素：涉案商标的知名度；被告的经营规模、持续时间及盈利能力；被告的主观过错程度。

（二）案情

原告北京美中互利医院管理咨询有限公司（以下简称原告）享有注册商标"UnitedFamily 和睦家""和美家"和"某图形标志"在"医疗、保健、医药咨询"等服务上的注册商标专用权。被告北碚和美家医院（以下简称被告）未经原告许可，擅自在其经营的三个网站"bbhmjyy.com""hmj100.com"和"86086999.com"的突出位置使用"和美家""UnitedFamily Health care"和"某图形标志"商标推广其医疗服务。被告还在其医院招牌、导诊台、户内外宣传广告、科室指示牌、工作服、名片、就诊卡、处方、宣传册、纸杯、塑料药袋等位置大量使用涉案商标。原告认为，被告对上述商标的使用，客观上起到了指示商品来源的作用，属于《中华人民共和国商标法》规定

的"商标使用"行为；相关公众看到上述商标，容易误认为被告提供的服务来源于原告或者与原告存在关联关系；被告的前述行为侵犯了原告的注册商标专用权，给原告的品牌声誉造成了不良影响。

（三）裁判

被告北碚和美家医院侵犯原告商标专用权，应立即停止在医院服务上使用"某图形标志""UnitedFamilyHealthcare"标识，并立即停止在医院服务上突出使用"和美家"标识。被告赔偿原告经济损失100万元，赔偿原告为制止被告侵权行为所支付的合理费用10万元。被告在《重庆晨报》上刊登声明（内容需经本院审核），消除影响。

（四）评析

1. 使用在先的认定。《商标法》第59条第3款规定，商标注册人申请商标注册前，他人已经在同一种商品或者类似商品上先于商标注册人使用与注册商标相同或者近似并有一定影响的商标的，注册商标专用权人无权禁止该使用人在原使用范围内继续使用该商标，但可以要求其附加适当区别标识。根据该规定，构成先使用抗辩必须符合三个条件：使用人在商标注册人申请商标注册前已经使用该商标；他用人使用的商标在商标注册人申请商标注册前已经有一定的影响；使用人在原使用范围内继续使用该商标。本案中，被告证据不足以证明其在原告获得商标专用权之前即使用相关商标，且被告未提交任何证据证明其突出使用的"和美家"标识已经具有一定的影响。

2. 赔偿金额的计算。《中华人民共和国商标法》第63条规定："侵犯商标专用权的赔偿数额，按照权利人因被侵权所受到的实际损失确定；实际损失难以确定的，可以按照侵权人因侵权所获得的利益确定；权利人的损失或者侵权人获得的利益难以确定的，参照该商标许可使用费的倍数合理确定。对恶意侵犯商标专用权，情节严重的，可以在按照上述方法确定数额的一倍以上三倍以下确定赔偿数额。赔偿数额应当包括权利人为制止侵权行为所支付的合理开支。人民法院为确定赔偿数额，在权利人已经尽力举证，而与侵权行为相关的账簿、资料主要由侵权人掌握的情况下，可以责令侵权人提供与侵权行为相关的账簿、资料；侵权人不提供或者提供虚假的账簿、资料的，人民法院可以参考权利人的主张和提供的证据判定赔偿数额。权利人因被侵权所受到的实际损失、侵权人因侵权所获得的利益、注册商标许可使用费难以确定的，由人民法院根据侵权行为的情节判决给予三百万元以下的赔偿。"

就本案而言，原告因被侵权所受到的实际损失无法查明，现有证据无法确定被告因侵权所获得的利益。基于此，审理法院依据《商标法》第 63 条第 3 款的规定综合考虑被告侵权行为的情节酌情确定被告应当赔偿的金额，包括如下因素：①涉案商标的知名度；②涉案商标的使用情况；③被告的经营规模、持续时间及盈利能力；④被告的主观过错程度；⑤原告为制止被告侵权行为所支付的合理费用。

（五）案号：（2015）渝一中法民初字第 01153 号

九、经国外公司授权的中国公司在中国境内享有授权作品的使用权和起诉权

——华盖创意（北京）图像技术有限公司与长沙百佳玛丽亚妇产医院有限公司侵害著作财产权纠纷案

（一）裁判要旨

经外国公司授权的中国公司可以在中国境内进行相关图片的许可使用，同时经授权其可以以自己的名义对侵权行为提起诉讼。未经许可，在微博中使用涉案图片，侵犯他人展示、销售和许可他人使用涉案图片的著作财产权，应承担相应的民事责任。

（二）案情

华盖创意（北京）图像技术有限公司（以下简称华盖公司）于2005年7月14日成立，经营范围包括图像制作、版权代理等业务。华盖公司是 GettyImages Inc. 在中华人民共和国境内的授权代表，授权该公司在中华人民共和国境内展示、销售和许可他人使用涉案所列出之品牌相关的所有图像。GettyImagesInc. 曾在其中文网站（××）上刊有一张编号为200420230-006的图片（图片内容：女人），图像品牌为"TheImageBank"，授权许可类型为特定使用范围版权图片 RM；版权所有1995-2014，图片左上角印有"gettyimages"的水印。图片下方有版权声明，主要内容为"本网站所有图片及影视素材均由本公司或版权所有人授权发布，侵权必究"。后因长沙百佳玛丽亚妇产医

院有限公司（以下简称玛丽亚妇产医院）微博中使用涉案图片，华盖公司起诉。

（三）裁判

玛丽亚妇产医院辩称，被诉图片上有自己的水印，图片系从第三方购买，但没有提交反证证明被诉图片系合法取得，应当自行承担举证不能的不利法律后果。一审法院及二审法院均确认长沙百佳玛丽亚妇产医院侵犯华盖公司著作财产权。

（四）评析

1. 被授权公司享有著作财产权的认定。根据《最高人民法院关于审理著作权民事纠纷案件适用法律若干问题的解释》第7条第2款的规定，华盖公司对涉案图片享有著作权，有权提起本案诉讼，另有美国公证机构公证授权及我国驻美国总领事馆认证等在案证据予以支持。Getty 公司作为涉案作品的著作权人，授权华盖公司可以在中国境内进行相关图片的许可使用，同时又授权其可以以自己的名义对侵权行为提起诉讼。因此，华盖公司在中国境内享有涉案图片的著作财产权，能够以自己的名义就侵犯涉案图片著作权的行为提起诉讼。

2. 侵害图片著作权的认定。本案中，GettyImagesInc. 在其中文网站（××）上刊登涉案图片，在玛丽亚妇产医院未提供相反证据的情况下，可以认定 Getty 公司系涉案图片的著作权人。玛丽亚医院未经华盖公司的许可，在其微博中使用涉案图片，侵犯华盖公司在中华人民共和国境内展示、销售和许可他人使用涉案图片的著作财产权，应承担相应的民事责任。

（五）案号：（2017）湘 01 民终 3022 号

十、微信发表文章侵权及赔偿数额之认定标准
——杭州快版科技有限公司拱墅分公司与黔南妇产医院侵害作品信息网络传播权纠纷案

(一)裁判要旨

经授权获得作品的信息网络传播权者,其合法权益应当受到法律保护。未经权利人许可,也未支付报酬,在微信公众号上使用涉案作品的行为,侵犯了原告对涉案作品享有的信息网络传播权,依法应当承担侵权的民事责任。对于赔偿额,在未有证据证明损失的前提下,应综合考虑涉案作品类型、字数、浏览次数、发行时间、侵权情节等因素,并参照使用文字作品支付稿酬标准予以酌情认定。

(二)案情

涉案作品《真相!宝宝出生时的长相,决定宝宝未来的长相?》于2015年9月29日发表于河南名度电子商务有限公司运营的微信公众号"问及说(ID:air863)",全文共620余字和6幅插画,作者为"鸽子医生",系孙肖肖之笔名。后来,前述作品的信息网络传播权由原告获得,并授权原告以自己的名义对授权之前的信息网络传播权侵权行为提起诉讼,由此获得赔偿或补偿。2015年10月1日被告在其运营的经微信官方认证的公众号"黔南妇产医院(ID:qnfcyy120)"通过信息网络传播,向公众发布涉案作品。

(三) 裁判

法院认定被告侵犯原告之信息网络传播权，判决赔偿公司经济损失（含合理开支）人民币 1500 元。

(四) 评析

1. 侵权的认定。根据《中华人民共和国著作权法》第 11 条规定，如无相反证明，在作品上署名的公民、法人或者其他组织为作者。本案中，原告提供的证据能够证明涉案作品的作者为孙肖肖，孙肖肖声明涉案作品系河南名度电子商务有限公司委托创作，该公司享有除署名权外的著作权，后经授权原告获得该作品的信息网络传播权，因此，原告经授权取得的合法权益应当受到法律保护。被告未经权利人许可且未支付报酬，在其微信公众号"黔南妇产医院（ID：qnfcyy120）"上使用涉案作品的行为，侵犯了原告对涉案作品享有的信息网络传播权，依法应当承担侵权的民事责任。

2. 赔偿额的确定。对于赔偿额，因原告没有证据证明其因侵权所受到的损失或者被告因侵权所获得的利益，综合考虑涉案作品类型、字数、浏览次数、发行时间、侵权情节等因素，并参照使用文字作品支付稿酬标准予以酌情认定。

(五) 案号：(2017) 浙 0105 民初 941 号

十一、约定有支付专利使用费的合同应视为《专利许可合同》，当事人主张未使用专利，仍应按合同支付专利费用

——孟庆云与香河县气管炎哮喘医院专利合同纠纷案

（一）裁判要旨

本案双方曾签订《和解协议书》约定专利使用费的支付方式和期限，该协议应当看作专利许可合同。虽被授权方主张其没有使用专利权人的涉案专利，但既然12月4日《和解协议书》是专利许可合同，在被授权方没有证据证明《和解协议书》被解除之前，无论其是否实际使用专利，均应支付使用费用。

（二）案情

孟庆云系"一套治疗肺气肿的药物"（气哮六号胶囊）发明专利的专利权人，双方曾就涉案专利签订过《和解协议书》，其中约定：香河县气管炎哮喘医院每月支付孟庆云专利使用费5万元（共4项专利），直至专利保护期限结束为止（2011年10月至2024年2月4日）。后因哮喘医院未按照《和解协议书》约定支付2011年10月1日至2013年10月31日的其中一项专利的专利费用，孟庆云提起诉讼。

（三）裁判

被告香河县气管炎哮喘医院向原告支付自2011年10月1日至2013年10月31日"一套治疗肺气肿的药物"（气哮六号胶

囊，专利号为 ZL01104036.X）专利使用费 31.25 万元。

（四）评析

约定有支付使用费的合同应视为《专利许可合同》，当事人主张未使用专利，仍应按协议支付专利费用。

《和解协议书》第 2 条约定，"待以上费用还清后，按专利法要求履行专利使用费相关规定，然后经双方协商，每月支付专利使用费 5 万元，直至专利保护期限结束为止（2011 年 10 月 1 日至 2024 年 2 月 4 日）"。该 5 万元是针对包括涉案专利在内的共计四项专利，针对涉案专利每月专利使用费应为 1.25 万元，孟庆云依据 12 月 4 日《和解协议书》主张 25 个月的专利使用费，共计 31.25 万元。香河县气管炎哮喘医院主张其没有使用孟庆云的涉案专利，而是使用了自己配方，故无需向孟庆云支付任何费用。

但既然 12 月 4 日《和解协议书》是专利许可合同，双方签署该协议之时即表明专利权人孟庆云同意香河县气管炎哮喘医院使用其涉案专利，而香河县气管炎哮喘医院同意使用涉案专利并支付专利使用费。在香河县气管炎哮喘医院没有证据证明 12 月 4 日《和解协议书》被解除之前，无论其是否实际使用专利，均应支付使用费用。

（五）案号：（2016）冀民终 332 号

十二、证明使用的专利侵权产品具有合法来源可不承担赔偿责任
——上海朗宝电子科技有限公司与盐城市第三人民医院、南京拓冠医疗器械有限公司侵害发明专利权纠纷案

（一）裁判要旨

《专利法》第70条规定："为生产经营目的使用、许诺销售或者销售不知道是未经专利权人许可而制造并售出的专利侵权产品，能证明该产品合法来源的，不承担赔偿责任。"本案中，被告盐城三院证明自己使用专利侵权产品系合法来源，故不承担赔偿责任。

（二）案情

原告上海朗宝电子科技有限公司享有名为"蜡疗恒温控制箱"的发明专利，因发现被告盐城市第三人民医院（简称盐城三院）使用的蜡疗仪系侵犯原告专利权的产品，遂起诉。诉讼中因被告盐城三院提出合法来源抗辩，并出示相关证据，原告遂申请追加经销商南京拓冠医疗器械有限公司（简称拓冠公司）为被告，诉称该公司明知该产品侵犯原告专利权仍然予以销售，依法应当承担责任。

（三）裁判

因确定涉案仪器侵犯原告专利权，故判决被告盐城市第三

人民医院、南京拓冠医疗器械有限公司停止使用、销售侵犯原告上海朗宝电子科技有限公司的"蜡疗恒温控制箱"。因被告盐城三院提出的合法来源抗辩有效，故判决被告南京拓冠医疗器械有限公司赔偿原告经济损失及合理费用人民币 10 万元。

（四）评析

1. 合法来源之认定。《专利法》第 70 条规定："为生产经营目的使用、许诺销售或者销售不知道是未经专利权人许可而制造并售出的专利侵权产品，能证明该产品合法来源的，不承担赔偿责任。"被告盐城三院陈述其不知道购买、使用的蜡疗仪为侵权产品，且提供了购销合同及增值税发票等证据，足以证明其使用的侵权产品系合法购进。原告及被告拓冠公司对此亦表示认可。故被告盐城三院提出的合法来源抗辩成立。

2. 法律责任的确定。公民、法人的专利权受到侵害的，有权要求停止侵害、消除影响、赔偿损失。故原告要求被告盐城三院、拓冠公司停止侵权的诉讼请求应予以支持。侵犯专利权的赔偿数额还应当包括权利人为制止侵权行为所支付的合理开支。原告要求被告拓冠公司赔偿损失及合理费用，于法有据。因被告盐城三院提出的合法来源抗辩成立，依据《专利法》第 70 条，其依法不应承担赔偿责任。

（五）案号：(2015) 盐知民初字第 00072 号

十三、剽窃作品构成侵权的标准认定
——王勇与广州长安医院有限公司、广东天枝广告有限公司等著作权权属、侵权纠纷案

（一）裁判要旨

判断作品是否侵权，应先对比涉案作品与著作权人作品是否构成实质性近似，在两者构成实质性近似的情况下，若有证据证实侵权人曾接触在先完成的涉案作品，那么应认定被诉侵权的作品构成剽窃。

（二）案情

王勇是涉案作品《长安医院影视创意方案 0610.ppt》著作权人。2011 年 11 月 11 日，在南方电视台经济频道播放有一段宣传广州长安医院有限公司（以下简称长安医院）的广告片，该广告片系广东天枝广告有限公司（以下简称天枝公司）制作。王勇认为该广告片系剽窃其作品《长安医院影视创意方案 0610.ppt》，侵犯其著作权，遂提起诉讼。

（三）裁判

一审法院认可王勇为《长安医院影视创意方案 0610.ppt》的著作权人，但认为王勇提供的证据并不足以证明长安医院的宣传片剽窃其《长安医院影视创意方案 0610.ppt》内容，故判决不构成侵权。

二审法院则判定涉案作品广告片与《长安医院影视创意方

案 0610.ppt》具有实质性相似,构成侵权,判决长安医院和天枝公司停止侵害王勇享有著作权的《长安医院影视创意方案 0610.ppt》的行为,并共同赔偿王勇经济损失 60 000 元。

(四) 评析

判断被诉侵权的广告片是否剽窃于《长安医院影视创意方案 0610.ppt》,应先对比涉案广告片的脚本与涉案创意方案是否构成实质性近似,在两者构成实质性近似的情况下,若有证据证实长安医院和天枝公司接触在先完成的涉案作品,那么应认定被诉侵权的广告片构成剽窃。

1. 剽窃作品认定标准——实质性近似。实质性近似是指被诉作品使用了权利作品相同或者相近似的表达形式。本案中,《长安医院影视创意方案 0610.ppt》与被诉侵权广告片的脚本都是以宝宝开大会的形式宣传长安医院在治疗不育不孕方面的特色,两者都是通过故事情节、画面描述和广告词(旁白字幕)等要素的综合演绎来表达宝宝大会的内容。虽然涉案广告片的脚本在宝宝的衣着、宝宝出现在主席台的方式、主席台上宝宝开始说话时的动作、台下宝宝的神情、大屏幕播放的内容等方面有所不同,但这些区别属于细节方面的描述,从整体上看,两者的故事情节、画面描述和广告词(旁白字幕)构成近似,因此两者构成实质性近似。长安医院和天枝公司提交了韩国 GM 大宇汽车广告以证明被诉侵权的广告片的创意来源于该广告,经对比,两者在故事情节和画面描述方面确实存在近似,但由于广告语言的不同,两者体现出的独创性完全不同,因此,长安医院和天枝公司主张的被诉侵权广告片来源于韩国 GM 大宇汽车广告缺乏事实依据。

2. 剽窃作品认定标准——曾接触在先完成作品。被诉侵权的广告片是在长安医院和天枝公司开完广告创意提案会议后才制作完成的，长安医院和天枝公司在该广告创意提案会议上接触了王勇的宝宝开大会创意方案，根据本案证据，可认定王勇与长安医院和天枝公司就广告创意方面有过在先接触，其中涉及宝宝开大会的创意方案。另外，长安医院和天枝公司亦无法提供证据反证被诉侵权的广告片脚本系独立创作。

(五）案号：(2013) 穗中法知民终字第 724 号

第七编
公立医院劳动争议案例分析与研究

第一章　公立医院与医务人员的人事争议案例评析

一、用工关系性质认定的问题
——广东省肇庆市中级人民法院审理廖玉燕、广东省封开县中医院人事争议案

(一) 案情

廖玉燕自 1985 年 12 月起至 1989 年 3 月为封开中医院雇用的临时工作人员，1989 年 3 月 29 日，廖玉燕、封开中医院签订《合同制工人劳动合同书》，约定合同期限为 10 年，工作范围为收费。1989 年 4 月 6 日，廖玉燕被封开中医院录用为其单位职工（即事业法人在编职工），至 2015 年 7 月退休。廖玉燕从 1989 年 4 月至 2015 年 6 月享受事业编制工资及福利待遇，自 2015 年 7 月起至今，享受事业编制人员退休待遇（退休金来源社保一部分，封开中医院发放不足部分）。廖玉燕退休后，其以自 2008 年 1 月至 2015 年 6 月在封开中医院单位工作期间在双休日、法定节假日、年休假加班工作，而封开中医院没有给其安排轮休假或支付足额加班费为由，向封开县劳动人事争议仲裁委员会申请仲裁，该委员会于 2015 年 9 月 17 日作出封劳人仲案不字〔2015〕04 号《封开县劳动人事争议仲裁委员会不予受理通知书》。廖玉燕对该仲裁裁决不服，于 2015 年 9 月 29 日向原审法院起诉。后廖玉燕不服原审裁判上诉于肇庆市中级人民法院。本案二审的争议焦点是封开中医院是否需要支付廖玉燕上

诉请求中的各款项。

（二）裁判

原审法院认为廖玉燕的请求于法无据，不予支持。依照《中华人民共和国民事诉讼法》第7条、《最高人民法院关于民事诉讼证据的若干规定》第2条、《最高人民法院关于人民法院审理事业单位人事争议案件若干问题的规定》第1条和第3条的规定，判决驳回廖玉燕的诉讼请求。二审法院认为原审判决认定事实清楚，适用法律无误，程序合法，实体处理正确，予以维持。

（三）评析

本案争议焦点是封开中医院与廖玉燕之间的法律关系如何认定的问题。廖玉燕以《登记表》《合同制工人劳动合同书》为证主张其为封开中医院的合同制工人，但是结合本案查明的事实可知，自1989年4月6日起，廖玉燕与封开中医院的劳动关系终止，其签订的《合同制工人劳动合同书》失效，廖玉燕自此时起为封开中医院的在编职工，双方之间存在行政领导关系，廖玉燕属于封开县事业在编人员。现廖玉燕退休后也是享受事业编制的退休待遇。因此，对于廖玉燕的上述主张，不予采信。本案为人事争议，根据《最高人民法院关于人民法院审理事业单位人事争议案件若干问题的规定》第1条规定，事业单位与其工作人员之间因辞职、辞退及履行聘用合同所发生的争议，适用《中华人民共和国劳动法》的规定处理。廖玉燕起诉请求封开中医院支付相关的休息日、法定节假日的加班工资及未休带薪年休假工资，但现无证据表明廖玉燕与封开中医院之间签订聘用合同，因此本案所诉争议不属于上述规定所规范的情形，不能适用《中华人民共和国劳动法》的规定处理，原审法院驳回廖玉燕的诉讼请求并无不妥,予以维持。廖玉燕如认为其权利受到侵害,可按事业单位在编工作人员的相关申诉规定,另循途径解决。

(四)案号:(2016)粤 12 民终 1105 号

二、未及时办理退休手续引发的纠纷
——河南省新乡市牧野区人民法院审理刘普选与新乡公立医院劳动争议案

（一）案情

原告刘普选原为被告新乡公立医院处的工作人员，事业单位工人身份。原告在2003年6月29日年满50岁时到达退休年龄，但是被告没有及时为原告办理退休手续。2005年9月被告单位集体办理了社会养老保险参保手续。2005年12月原告办理了退休手续。2005年被告单位由事业单位改制为企业性质的单位。经法院委托新乡市牧野区劳动人力资源和社会保障局计算，退休时的工资差额为221.49元。

另外，2005年9月16日《新乡公立医院第三届会员代表大会及第一次职工代表大会会议纪要》内容：全体代表一致同意参加社会养老保险，同意对退休人员采取老人老办法，新人新办法——在医院参加社会养老保险以前离退休人员，医院补发社保局所核定发放工资与在医院参保前离退休时医院所核定发放的离退休工资的差额，参加养老保险后退休人员，按照国家有关政策，退休工资全部由社保局核定发放。

（二）裁判

原告起诉要求被告补发其自起诉之后的工资差额，本院予以支持。原告变更诉讼请求为自其起诉当月开始，在其起诉前的损失已经放弃，被告答辩的诉讼时效已超过的期限已不存在，被告的此答辩理由本院不予采信。故依据《国务院关于工人退休、退职的暂行办法》（国发［1978］104号）第1条规定，判决被告新乡公立医院应自2014年8月开始每月向原告刘普选支付工资差额227.89元。案件受理费10元，由被告承担。为便于结算原告预交诉讼费本院不予退还，待执行时一并结清。

（三）评析

原告为事业编制，工人身份。按照相关规定，原告应年满50周岁时退休，但被告未及时为原告办理退休手续。2005年12月被告单位开始由事业单位改制为企业性质的单位。该时间被告为原告按企业退休人员办理了退休手续。如果原告在年满50周岁时按时退休符合《新乡公立医院第三届会员代表大会及第一次职工代表大会会议纪要》中补发工资差额的人员条件，被告应当按照其单位的规定补发。

（四）案号：（2014）牧民一初字第848号

三、医院因医务人员违反医院规定停发离退休人员补贴
——湖南省益阳市赫山区人民法院审理胡国良诉益阳市第一中医医院劳动争议纠纷案

(一) 案情

原告胡国良原系被告益阳市第一中医医院副教授级医师,于1997年10月退休。原告胡国良的补贴标准为每月2077元,每年为24 924元,由被告益阳市第一中医医院发放。2014年1月1日起,被告益阳市第一中医医院以原告胡国良违反该院的相关规定为由停发了原告胡国良的上述补贴。在诉讼中,被告益阳市第一中医医院陈述,就原告胡国良的退休待遇问题参加了社会保险统筹,由社保部门将原告胡国良的退休基本工资汇给该院,再由该院转给原告胡国良,社保部门没有发放各项补贴给原告胡国良,而由该院直接发放给原告胡国良;原告胡国良陈述,原告胡国良的各项费用2014年1月1日前一直由被告益阳市第一中医医院直接发放,至于被告益阳市第一中医医院的费用来源,则不清楚。2015年8月6日,原告胡国良申请劳动仲裁,次日,益阳市劳动人事争议仲裁委员会以原告胡国良的仲裁请求不属于劳动人事争议处理范围为由作出不予受理通知书,决定不予受理原告胡国良劳动仲裁申请。

一审法院认为,胡国良作为劳动者在益阳第一中医医院退休后,与益阳第一中医医院就离退休人员补贴发生纠纷,根据《最高人民法院关于审理劳动争议案件适用法律若干问题的解释(一)》第1条第3项的规定,其请求属于劳动争议范围,人民

法院应依法受理，并对胡国良的诉讼请求予以支持。判决：限益阳第一中医医院在判决生效后 3 日内支付胡国良 2014 年 1 月至 2015 年 8 月的补贴 41 540 元。被告不服，上诉后，二审法院认为，本案二审争议的焦点问题为，本案是否属于劳动争议的受案范围。

（二）裁判

二审法院认为，原审判决支持胡国良要求益阳第一中医医院支付退休补贴 41 540 元的诉求正确，予以维持。益阳第一中医医院的上诉理由均不能成立，本院不予支持。本案虽因益阳第一中医医院在二审中提供了新的证据，导致原审认定部分事实有误，但并未影响本案的实体处理，且本院已经予以纠正，依法应予维持。依照《中华人民共和国民事诉讼法》第 170 条 1 款第 1 项、《最高人民法院关于适用〈中华人民共和国民事诉讼法〉的解释》第 334 条之规定，判决驳回上诉，维持原判。

（三）评析

根据 2009 年国务院关于事业单位收入分配制度改革的有关会议精神以及《湖南省其他事业单位绩效工资实施意见》的规定，在对其他事业单位在职职工实施绩效工资的同时，对离退休人员应发放生活补贴，所需经费按单位隶属关系、类型和现工资经费渠道，分别由同级财政和本单位负担。胡国良退休前系益阳第一中医医院职工，双方之间成立劳动关系。胡国良退休后虽然与原用人单位益阳第一中医医院已不存在劳动关系，但胡国良在本案中所主张的生活补贴是以过去在劳动岗位上履行劳动义务为前提和基础，且根据相关文件规定该部分生活补贴由单位发放，由此发生的争议应为劳动争议。虽然根据益阳第一中医医院在二审中提供的证据，法院查明益阳第一中医医院的确已为胡国良办理了社会养老保险，胡国良也确实按月领取了由社保机构支付的退休工资，但根据 2009 年国务院关于事业单位收入分配制度改革的有关会议精神以及《湖南省其他事业单位绩效工资实施意见》的规定，益阳第一中医医院为医疗事业单位，其作为胡国良退休前的用人单位，负有向胡国良发放生活补贴的义务，且该部分补贴的经费来源并非由社保机构支付，而是由同级财政或单位负担，益阳第一中医医院亦当庭认可，该部分补贴的经费来源系由益阳第一中医医院自筹支付，故胡国良在本案中主张的生活补贴并非参加社会保险统筹的退休待遇，而是应由原用人单位益阳第一中医医院承担支付义务的部分。

胡国良退休前系益阳第一中医医院职工，其在职期间已履行相应劳动义务，同样也应当享有平等的劳动权利，其中包括享有与其他退休职工一样获得退休补贴的权利。现益阳第一中医医院从 2014 年 1 月 1 日起停发胡国良的生活补贴，无任何法律依据，侵犯了胡国良的合法权利。

（四）案号：（2015）益赫民一初字第 1507 号

四、因违反规定引发的追索劳动报酬纠纷
——陕西省乾县人民法院审理高力与乾县妇幼保健院追索劳动报酬纠纷案

（一）案情

1991年10月4日原告高力经乾县卫生局乾卫发字（1991）070号文件被分配到被告乾县妇幼保健院工作。2004年4月20日被告在乾县城内东大街设立乾县妇幼院社区服务点（乾县妇幼院东大街社区服务站），该服务点的法定代表人为畅建新，主要负责人为原告。2009年前乾县妇幼保健院为财政差额拨款的事业单位，2009年后为财政全额拨款的事业单位。2015年4月7日，经乾县人力资源和社会保障局乾人社发（2015）141号文件同意，乾县妇幼保健院职工高力辞职。被告从2004年4月至2015年4月未发放原告的工资。2015年12月10日原告向乾县劳动人事争议仲裁委员会提出申请，该委员会于当日作出乾劳仲不字（2015）第031号不予受理案件通知书。另外，财政部门已向被告拨付了原告从2004年4月至2015年4月的工资，工资数额为240 321元。

（二）裁判

经法院审判委员会决定，依据《中华人民共和国民事诉讼法》第64条及《最高人民法院关于适用〈中华人民共和国民事诉讼法〉的解释》第90条规定，判决驳回原告高力的诉讼请求。案件诉讼费10元，由原告高力负担。

(三)评析

原告对自己提出的主张,有责任提供证据,本案中原告对自己提出的诉讼请求所依据的事实应当提供证据加以证明,而原告提供的证据不足以证明其主张。故对原告的诉讼请求,法院不予支持。

(四)案号:(2015)乾民初字第 01705 号

五、因医院不发放绩效工资引发的纠纷
——内蒙古自治区通辽市中级人民法院审理内蒙古民族大学附属医院与林海峰劳动争议、人事争议纠纷案

(一) 案情

被告林海峰于1998年9月份到原告单位参加工作,是编制内正式职工,2014年8月31日从单位离职。2014年10月23日,原告就绩效工资的标准和发放问题以文件的形式向内蒙古民族大学作出请示。2014年11月24日,内蒙古民族大学下达了校发(2014)164号文件,对绩效工资问题做出了批复。根据该批复标准计算,被告自2011年1月1日至2014年8月31日(调离前)期间的绩效工资为85 363元,原告没有发放。被告于2015年9月17日向通辽市劳动人事争议仲裁委员会提起申诉。通辽市劳动人事争议仲裁委员会于2015年12月2日作出通劳人仲决字(2015)1147号裁决书,裁决原告支付给被告绩效工资85 363元。原告不服,提起诉讼。一审判决书宣判后原告内蒙古民族大学附属医院不服向中院提起上诉。

(二) 裁判

一审法院判决,原告内蒙古民族大学附属医院向被告林海峰支付绩效工资人民币85 363元。二审法院认为,被上诉人虽然已经调离上诉人单位,但离职前已经为上诉人付出劳动,应当享受报酬。对此,上诉人应承担发放绩效工资的义务。原审判决认定事实与适用法律并无不当。上诉人提出的上诉理由没

有充分有效的证据予以佐证，不能成立，本院不予支持。故依照《中华人民共和国民事诉讼法》第 170 条第 1 款 1 项之规定，判决驳回上诉，维持原判。

（三）评析

一、二审法院均认为，根据我国《劳动法》和《劳动合同法》的相关规定，用人单位应当按照劳动合同的约定和国家规定，向劳动者及时足额支付劳动报酬，不得克扣和无故拖欠。在本案中，原告是公立医院，属于事业单位。被告于 1998 年 9 月份到原告处开始上岗工作，双方已形成了人事管理关系。被告虽然已经调离原告单位，但离职前已经为原告付出的劳动，应当享受报酬。所以，原告作为用人单位应当及时足额将这一期间的绩效工资发放给被告。因此，被告要求绩效工资的诉讼请求成立。原、被告双方的争议属于事业单位的人事争议。根据《事业单位人事管理条例》的相关规定，"事业单位工作人员与所在单位发生人事争议的，依照《中华人民共和国劳动争议调解仲裁法》等有关规定处理"。所以，双方的争议属于劳动法和劳动合同法调整范围。根据《中华人民共和国劳动争议调解仲裁法》的相关规定，"劳动争议申请仲裁的时效期间为一年"。原告就绩效工资的标准和发放问题以文件的形式向内蒙古民族大学进行请示的时间是 2014 年 10 月 23 日，内蒙古民族大学作出批复的时间是 2014 年 11 月 24 日，被告提起申诉的时间为 2015 年 9 月 17 日。无论被告何时知道权利被侵害，都没有超过时效。

（四）案号：（2016）内 05 民终 1057 号

六、因岗位调整引发的关于绩效工资的纠纷
——湖南省怀化市中级人民法院审理李敏与怀化市第一人民医院人事争议案

(一) 案情

李敏于 1987 年从湖南长沙师范学校毕业，分配到市一医院从事幼师工作，为全民事业单位在编工作人员。2003 年 10 月，李敏转岗到收费室工作，2013 年 1 月李敏被安排到医院消毒供应室工作，在此期间李敏自学取得了消毒员证书。因李敏对该科室为其核定的绩效奖金系数有意见，消毒供应室于 2013 年 11 月 19 日和 22 日二次讨论，16 票通过 1 票不同意，通过了消毒室系数绩效奖金的分配方案。李敏认为自己是中级职称（小学高级教师）、干部身份，该科室按工人考核标准计算其绩效奖金不公平，要求市一医院处理。因李敏的工资一直是按中级职称由市一医院发放，故市一医院仅对该绩效方案进行审查。2006 年 2 月 23 日被告市一医院与其工会委员会签订的 2006 集体合同第 6 条有"继续完善科室负责人年奖制和二级分配方案"等有关规定，该合同并经职工代表大会通过。而"奖金二级分配指导方案"中确定了拉开科室专业与非专业人员奖金差距，适当拉开一般医护人员与主要医疗骨干奖金差距的规定，并对奖金系数细化等进行了规定。并且消毒供应室也制定了"消毒供应中心工勤岗位层级管理"规定，对该科室分六层次进行管理。而消毒供应室就绩效奖金方案又是经该科室集体讨论通过，没有不公正之处。李敏不服，于 2014 年 5 月 6 日向怀化市劳动人

事争议仲裁委员会申请仲裁，李敏不服劳动人事仲裁裁决，故向人民法院提起诉讼。本案的争议焦点是：被上诉人市一医院将上诉人李敏从专业技术岗位调整至工勤岗位是否合法；被上诉人市一医院按照工勤岗位发放上诉人的绩效工资是否合法；被上诉人市一医院是否应补发上诉人李敏的绩效工资及赔偿相关损失。

（二）裁判

原审法院判决驳回李敏要求与怀化市第一人民医院签订至其退休并保持原有干部、中级职称的专业技术人员力所能及的人事岗位、劳动报酬、福利待遇的《聘用合同》的诉讼请求；怀化市第一人民医院不支付李敏绩效工资 25 000 元。二审法院认为上诉人的上诉理由不能成立，一审判决认定事实清楚，处理正确。判决驳回上诉，维持原判。

（三）评析

本案为人事争议。根据《最高人民法院关于人民法院审理事业单位人事争议案件若干问题的规定》，事业单位与其工作人员因辞职、辞退及履行聘用合同所发生的争议，适用《中华人民共和国劳动法》的规定处理。

关于被上诉人市一医院是否将上诉人李敏由中级职称降为初级职称的问题，属于职称评定问题，不属于人民法院受理人事争议的处理范围，不予审处。

结合本案案件事实及证据，分别评判如下：

1. 上诉人李敏 2003 年 10 月从幼师的专业技术岗位转到收费室的工勤岗位工作，2013 年 1 月再次转岗到消毒供应室工勤岗位工作。在岗位调整之前，被上诉人市一医院与上诉人李敏进行过沟通协商，上诉人李敏也服从了被上诉人的岗位调整安排，市一医院机关幼儿园已经于 2011 年停办，原幼师专业技术岗位不复存在，且市一医院无与教师相同、相近岗位安排，市一医院经与李敏协商，根据市一医院实际情况将李敏工作岗位进行了调整，符合法律、法规的相关规定。但考虑到李敏转岗系公立医院改革中的遗留问题，建议市一医院根据李敏的实际工作能力和专长，充分协商，合理调整李敏工作岗位，并与之签订相应劳动合同。

2.《国务院事业单位人事管理条例》第 32 条规定："事业单位工作人员工资包括基本工资、绩效工资和津贴补贴。事业单位工资分配应当结合不同行业事业单位特点体现岗位职责、工作业绩、实际贡献等因素。"《人事部关于事业单位试行人员聘用制度有关工资待遇等问题的处理意见（试行）》规定："经费来源主要由财政拨款的事业单位，以及经费来源部分由财政支持的事业单位，受聘人员的岗位工资待遇主要包括以下三部分：一是国家规定工资构成中的固定部分，根据所聘岗位的等级确定；二是国家规定工资构成中活的部分及单位收入中按国家有关规定可用于个人分配部分，由单位根据实际情况搞活分配；三是国家规定的津贴补贴，按现行政策执行。"对第一部分、第三部分的金额，李敏还是按照中级职称的基本工资和补贴领取。双方发生争议的奖励性绩效属于国家规定的工资待遇的第二部分。根据规定，属市一医院内部有权管理的部分，可根据实际情况分配。2006 年 2 月 23 日市一医院与其工会委员会签订的 2006 集体合同第 6 条"继续完善科室负责人年奖制和二级分配方案"等有关规定，是经职工代表大会通过的。消毒供应室也制定了"消毒供应中心工勤岗位层级管理"，而消毒供应室就绩效奖金方案也是经该科室集体讨论、多数同意通过的。故市一医院订立的"奖金二级分配指导方案"及消毒供应室的

"绩效奖金方案"制定的程序是合法的,其内容也没有违反法律、行政法规的规定。上诉人作为消毒供应中心工作人员,被上诉人市一医院按照以上方案发放绩效工资并无不当。

3. 因上诉人李敏没有确凿证据证明被上诉人市一医院侵害了其相关人事劳动权益,故其要求市一医院补发绩效工资及赔偿相关损失的诉求,不予支持。

(四)**案号**:(2015)怀中民三终字第 57 号

七、因加班费引发的纠纷
——福建省福州市中级人民法院审理徐滢与闽侯县医院人事争议案

（一）案情

原告徐滢于 1998 年 9 月进入被告闽侯县医院工作，其在被告闽侯县医院工作期间系闽侯县事业单位在编人员。2005 年 12 月 10 日，原告徐滢与被告闽侯县医院签订了《福建省事业单位聘用合同书》，合同约定，被告应每月按时足额支付原告的工资报酬，原告工资报酬按现行工资标准执行。被告安排原告延长工作时间或在非工作日安排原告工作的，应按照国家规定支付高于原告正常工作时间的工资报酬（实行弹性工作时间的除外）执行。2011 年 9 月 3 日，原、被告签订编号为 063 的《事业单位聘用合同》，合同期限自 2011 年 9 月 1 日至 2014 年 8 月 31 日。双方约定被告根据国家政策和单位的有关规定、原告从事的岗位以及原告的工作表现、工作成果和贡献大小，以货币形式按时足额支付原告的工资待遇。原告工资的构成和标准为按国家规定的工资福利与社会保险待遇。原告工资调整、奖金、津贴、补贴以及特殊情况下的工资支付等，均按照国家政策和单位的有关规定执行。2014 年 6 月 1 日，被告闽侯县医院与原告徐滢解除双方于 2011 年 9 月 1 日签订的聘用合同。2014 年 11 月 3 日，原告徐滢就加班费用向闽侯县人事争议仲裁委员会申请仲裁，闽侯县人事争议仲裁委员会不予受理。原告徐滢遂诉至原审法院，请求被告支付原告拖欠的 99 天的加班费用，共计

59 067.2 元。

(二) 裁判

原审法院依照《中华人民共和国劳动争议调解仲裁法》第 27 条、《最高人民法院关于人民法院审理事业单位人事争议案件若干问题的规定》第 1 条、《最高人民法院关于事业单位人事争议案件适用法律等问题的答复》之规定，判决驳回原告徐滢的诉讼请求。二审法院认为一审判决认定事实清楚，适用法律正确，予以维持。

(三) 评析

被上诉人的《医疗机构执业许可证》中记载被上诉人的单位性质为非营利性（政府办）；《福建省组织机构代码年度申报报告表》中记载被上诉人的机构类型为事业法人；业务范围为二级甲等医院所规定的医疗服务项目内容，即综合医疗服务，注重预防保健、科研、带教及计生等服务。故上诉人主张被上诉人不属于公共卫生与基层医疗卫生事业单位，依据不足。上诉人辞职之前为闽侯县事业单位在编人员，双方自 2005 年 12 月起签订有书面事业单位聘用合同，故双方之间因加班费用产生纠纷，系人事争议。一审法院适用《最高人民法院关于人民法院审理事业单位人事争议案件若干问题的规定》对本案进行审理并无不当。根据最高人民法院的上述规定，本案实体处理应优先适用人事方面的法律规定。一审法院参照《人力资源和社会保障部、财政部、卫生部关于印发公共卫生与基层医疗卫生事业单位实施绩效工资的指导意见的通知》[人社部发（2009）182 号] 第 1 条实施范围"按国家规定执行事业单位岗位绩效工资制度的公共卫生与基层医疗卫生事业单位正式工作人员"，第 5 条相关政策中第 1 项"在规范办法出台前，一律不得出台新的改革性补贴项目,提高现有改革性补贴项目的标准和扩大发放范围"及第4项"实施绩效工资后,公共卫生与基层医疗卫生事业单位不得在核定的绩效工资总量外自行发放任何津贴补贴或奖金,不得突破核定的绩效工资总量,不得违反规定的程序和办法进行分配"的规定,认定上诉人的工资支付应按照该规定予以执行,并无不当。上诉人主张按《劳动法》的相关规定要求被上诉人支付99天的加班费用59 067.2元,缺乏法律依据,原审法院驳回上诉人的诉讼请求正确。

(四) 案号:(2015)榕民终字第1475号

八、因聘用合同中违约金效力引发的纠纷
——广东省佛山市中级人民法院审理佛山市第一人民医院与赖均鹏人事争议案

(一)案情

上诉人市一医不服原审判决,向本院提起上诉,其上诉的主要内容和请求是:原审法院认定市一医与赖均鹏所签订的聘用合同(2012年4月18日)中第10条第3款第1点关于合同期未满受聘人解除聘用合同需赔偿违约金的约定无效,市一医认为原审法院对法律规定存在误解。请求撤销广东省佛山市禅城区人民法院(2014)佛城法湾民初字第256号民事判决,判令:市一医无须向赖均鹏返还已收取的违约金38 427.6元;由赖均鹏承担本案一、二审的诉讼费用。被上诉人赖均鹏经本院合法传唤未到庭应诉,其提交书面答辩状称:原审判决程序合法,认定事实清楚,适用法律准确。市一医上诉理由不充分,法律关系判断不准确,理解、引用相关法律、法规及政策不适当。

(二)裁判

原审法院经审理后,判决原告佛山市第一人民医院应于本判决生效之日起10日内返还被告赖均鹏提前解除聘用合同的违约金38 427.6元;驳回原告佛山市第一人民医院的诉讼请求。二审法院认为原审判决认定事实清楚,适用法律正确。依照《中华人民共和国民事诉讼法》第170条第1款第1项的规定,

判决驳回上诉,维持原判。

(三)评析

本案属于人事争议纠纷。综合双方当事人的诉辩和已查明的事实,对本案的争议焦点作如下分析认定。

关于市一医是否需要向赖均鹏返还已收取的解除聘用合同的违约金问题。首先,关于本案争议性质问题。市一医作为佛山地区的公立医院,从服务范围和资金来源等方面考量均符合事业单位的法律特征,其组织机构代码证亦显示其机构类型为事业法人,故市一医属于事业单位的范畴。史健系市一医的事业编制正式工作人员。双方当事人签订了事业单位聘用合同,故双方因履行聘用合同引发的争议属于人事争议。

其次,关于市一医与赖均鹏发生人事争议的法律适用问题。《中华人民共和国劳动合同法》第 96 条规定,事业单位与实行聘用制的工作人员订立、履行、变更、解除或者终止劳动合同,法律、行政法规或者国务院另有规定的,依照其规定;未作规定的,依照本法有关规定执行。《最高人民法院关于人民法院审理事业单位人事争议案件若干问题的规定》第 1 条规定,事业单位与其工作人员之间因辞职、辞退及履行劳动合同所发生的争议,适用《中华人民共和国劳动法》的规定处理。综上,人民法院审理人事争议案件,应当以国家有关人事法律、行政法规和人事政策为依据,国家法律、行政法规没有规定或者规定不明确的,可以参照部门规章、地方性法规、政府规章及人事管理规范性文件处理。规章及规范性文件没有规定或者规定不明确,且纠纷性质与劳动争议类似的,可参照《中华人民共和国劳动法》《中华人民共和国劳动合同法》等规定处理。市一医提供的广东省人事厅粤人函(2008)1233 号《对广州市人事局反映问题的答复意见函》(以下简称《答复意见函》)不属于法律、行政法规或地方性法规，并且该《答复意见函》针对的是受聘人员符合可以随时单方面解除聘用合同的情形，与本案情况不同，不能作为处理本案的法律依据。

最后，市一医与赖均鹏签订的聘用合同中关于合同期未满受聘人解除聘用合同需赔偿违约金的约定效力问题。原人事部《关于在事业单位试行人员聘用制度意见的通知》第六部分规范解聘辞聘制度中并未对违约金问题进行规定，而该纠纷性质与劳动争议中违约金纠纷类似，故依前所述法律适用规则，本案应当参照《中华人民共和国劳动合同法》的有关规定予以处理。《中华人民共和国劳动合同法》第25条规定，除专项培训及竞业限制情形外，用人单位不得与劳动者约定由劳动者承担违约金。本案中，市一医与赖均鹏之间关于受聘人提前解除聘用合同需支付违约金的约定不属于专项培训或竞业限制的情形，因此，市一医与赖均鹏签订的聘用合同中关于合同期未满受聘人解除聘用合同需赔偿违约金的约定违反了《中华人民共和国劳动合同法》第25条的规定，应属无效。市一医需要向赖均鹏返还已收取的解除聘用合同的违约金38 427.6元。

（四）案号：（2014）佛中法民四终字第1300号

九、因聘用合同中违约条款和违约金问题引发的纠纷
——北京市昌平区人民法院审理相广财与北京市昌平区医院聘用合同争议案

（一）案情

2008年8月1日原告与被告签订了《北京市事业单位聘用合同书》，该合同书约定："本合同期限自2008年8月1日起至2013年7月31日止；原告同意根据被告工作需要，担任被告所聘岗位工作，并同意被告在岗位说明及《昌平区医院管理手册》规定的如下职责要求：属于下列情形之一的，由违约一方承担违约责任：任何一方违反聘用合同规定的；本合同未到期，又不符合解除合同条件，由单方解除合同的；由于被告方原因订立的无效或部分无效聘用合同的；违约一方承担的违约赔偿金为3万元；原告经被告出资培训后（含试用期间）提出解除本合同的，对被告赔偿费的补偿金额为全部培训费用。"合同还规定了其它条款。2008年10月20日，北京市昌平区人事局对该合同进行了鉴证。2008年8月1日，原告还与被告签订了《协议书》，该协议约定：原告进（留）京后，被告负责接收并安排适当的工作，原告自聘用之日起硕士毕业在被告至少服务10年，本科在被告至少服务5年（含见习期）；原告转正后，在服务期内，要求调离昌平区医院，原告（毕业生本人）向被告（昌平区医院）提出调离申请，经院方审查批准，且由原告向被告交纳人才流动基金每年1万元后，方可办理调离手续；本违约金与事业单位聘用合同上约定的违约金不相互抵扣；协议还

约定了其它条款。协议签订后，被告为原告办理了非北京生源毕业生申报北京市户口并办理了事业人员编制，原告的身份为干部。

2012年5月25日，原告因个人原因向被告提出辞职。2012年6月19日，被告批准了原告的辞职申请。2012年8月23日，原告向被告缴纳了违约金9万元。2012年8月27日，原告与被告签订了《解除事业单位聘用合同协议书》，该协议约定：经双方平等自愿、协商同意，解除本聘用合同，合同自2012年7月31日起终止。原告于2013年7月26日向北京市昌平区劳动人事争议仲裁委员会提出仲裁申请，请求：裁决双方签订的《北京市事业单位聘用合同书》《协议书》约定的有关条款无效；裁决被申请人返还申请人支付的违约金90 000元。2013年10月15日，北京市昌平区劳动人事争议仲裁委员会做出了京昌劳人仲字（2013）第R003号裁决书，裁决驳回原告的申请请求。原告不服该裁决书于2013年10月25日向法院提起诉讼。被告未向法院提起诉讼。

（二）裁判

经审理查明，原告的诉讼请求没有依据，故依照《中华人民共和国民事诉讼法》第64条规定，判决驳回原告的诉讼请求。

（三）评析

当事人对自己的主张有提供证据的义务。被告单位属于事业单位，人员进出是受编制控制的，原告以干部身份编制进入被告单位，因此，原告与被告之间具备人事关系，双方不属于劳动合同关系。原告与被告签订的《北京市事业单位聘用合同书》《协议书》系双方当事人的真实意思表示，不违背国家的人事政策和法律规定，合同和协议有效。原告与被告签订聘用合同和协议后应当约定履行自己的义务，原告违反约定应当支付相应的违约金。故对于原告的诉讼请求不予支持。

(四) 案号：(2013) 昌民初字第 14393 号

十、因辞职问题引发的纠纷

——重庆市第二中级人民法院审理巫山县人民医院与李忠斌辞职争议上诉案

（一）案情

李忠斌于 1996 年 10 月 22 日被原巫山县人事局分配至巫山县人民医院工作。工作期间，双方没有签订聘用合同。2012 年 5 月 30 日，巫山县人民医院印发《巫山县人民医院人事管理制度》（山医字[2012]52 号），其中第 5 条第 4 项规定："自动辞职的在职员工，如被医院选派外出进修学习 3 个月（含 3 个月）以上的，必须在离职前交清在职期间医院对其进行的进修、培训费用，且在我院工作未满 5 年的补偿医院培训费 5 万元；未满 8 年的补偿医院培训费 3 万元；未满 10 年的补偿医院培训费 2 万元。以上培训费用交清后，医院方可办理离职手续。"2012 年 11 月 8 日，巫山县人民医院印发《巫山县人民医院关于人事管理制度的补充规定》（山医字[2012]88 号），其中第 1 条规定："正高职称者自动辞职需向院方补偿医院培训费 20 万元人民币；副高职称者自动辞职需向院方补偿医院培训费 10 万元人民币；中级职称者自动辞职需向院方补偿医院培训费 5 万元人民币。若人员违规，医院不予办理相关手续"。2004 年 9 月至 2005 年 6 月，李忠斌被巫山县人民医院派往重庆医科大学附属第一医院进行脑外科进修培训，期间巫山县人民医院支付李忠斌进修期间工资 9424.25 元、绩效工资 10720 元、进修补助（伙食费补助、交通费补助）4071 元，共计 24 215.25 元。2015

年12月11日，李忠斌向巫山县人民医院提交辞职申请，双方多次进行协商，未能就辞职条件达成一致意见。李忠斌于2016年1月14日向巫山县劳动人事争议仲裁委员会提出仲裁申请，要求巫山县人民医院为其办理辞职手续。巫山县人民医院于2016年1月26日提出反申请，要求李忠斌支付培训费100 000元。巫山县劳动人事争议仲裁委员会经审理后，于2016年2月2日作出仲裁裁决：巫山县人民医院于2016年3月11日前为李忠斌办理辞职手续；驳回巫山县人民医院的仲裁请求。

（二）裁判

原审法院判决巫山县人民医院于本判决生效后10日内，为李忠斌办理辞职手续；驳回巫山县人民医院的诉讼请求。二审法院认为一审法院的判决是正确的。依照《中华人民共和国民事诉讼法》第170条第1款第1项规定，判决驳回上诉，维持原判。

（三）评析

上诉人巫山县人民医院与被上诉人李忠斌之间的争议属于人事争议中的辞职争议，其处理应当适用人事方面的法律规定，但人事法律中没有规定的，适用劳动法律的有关规定。2012年巫山县人民医院制定《巫山县人民医院关于人事管理制度的补充规定》时，没有人事法律关于事业单位规章制度制定程序的规定，因此应当适用劳动法律的有关规定。巫山县人民医院主张上述规定是通过工会民主程序制定的，并已向包括李忠斌在内的每一位员工进行了公示，但巫山县人民医院没有提供证据证明其主张。2014年7月1日起施行的《事业单位人事管理条例》第4条规定："事业单位制定或者修改人事管理制度，应当通过职工代表大会或者其他形式听取工作人员意见。"巫山县人民医院也没有按上述规定听取员工意见。故巫山县人民医院认为上述规定符合法律规定，应当作为审理本案的依据的上诉理由不能成立。且巫山县人民医院并无证据证明已为李忠斌支付了 10 万元培训费，故其要求李忠斌补偿培训费 10 万元亦缺乏事实依据。因此，巫山县人民医院的上诉理由不能成立，其上诉请求不予支持。

（四）案号：（2016）渝 02 民终 1096 号

第二章 公立医院与聘用制医务人员劳动争议案例评析

一、因附条件聘任员工引发的纠纷
——湖南省新宁县人民法院审理黄玲与新宁县金石镇卫生院康复医院劳动合同纠纷案

(一) 案情

被告新宁康复医院系经新宁县人民政府批准成立的县直综合性医疗事业单位。被告于2010年6月2日聘请原告黄玲在被告处从事护理工作，并与原告签订了《新宁县康复医院医疗专业人才聘用长期协议书》，协议内容如下："……二、聘用为长期合同工的工资及福利待遇、晋升、晋级等与正式职工一视同仁，但需缴纳捐赠款：中专文凭20 000元，大专文凭15 000元，全日制本科文凭免捐资，成招本科文凭（2002年10月前录取）捐资5000元。另均需交纳集资款5000元。按政策与社保局签订劳动合同，并按企业职工有关规定缴纳各项保险基金。三、聘用为临时合同工的时限以年为单位，合同到期后双方视情况而定是否签合同。……" 2010年6月2日，原告向被告交纳了捐资款20 000元和集资款5000元，被告向原告出具了收据。2015年3月，原、被告解除劳动合同关系。2014年12月2日，原告以被告在聘用原告时，要求原告捐资、集资的行为违反《中华人民共和国劳动合同法》第9条规定为由向新宁县劳动人事争议仲裁委员会申请仲裁。新宁县劳动人事争议仲裁委员会于2014年12月24日作出新劳人仲字（2014）第46号不予受理通知书。另外，被告已向原告退还集资款1300元，现尚有3700元未退还给原告。

（二）裁判

经审理查明，被告的抗辩无事实和法律依据，法院不予采纳。依照《中华人民共和国劳动合同法》第9条、第26条第1款第3项规定，判决原告黄玲与被告新宁县金石镇卫生院康复医院于2010年6月2日所签订的《新宁县康复医院医疗专业人才聘用长期协议书》中第2条无效；被告新宁县金石镇卫生院康复医院在本判决生效之日起5日内向原告黄玲退还所收取的捐资款20 000元、集资款3700元，合计23 700元。

（三）评析

法院认为，原告与被告自聘用之日起即建立了劳动关系，劳动者与用人单位因确认劳动合同效力而发生的纠纷应为劳动合同纠纷。《中华人民共和国劳动合同法》第9条规定"用人单位招用劳动者，不得扣押劳动者的居民身份证和其他证件，不得要求劳动者提供担保或者以其他名义向劳动者收取财物。"被告向原告收取捐赠款和集资款的行为实质是在以其他名义向劳动者收取财物，原、被告于2010年6月2日所签订的《新宁县康复医院医疗专业人才聘用长期协议书》中第2条约定已经违反了法律的强制性规定，属无效条款，被告向原告所收取的捐赠款20 000元和集资款3700元应返还给原告。被告在庭审中对原告要求返还集资款3700元的这一诉讼请求表示予以接受，但辩称捐赠系原告的自愿行为，所收取的捐赠款用于了公共事业项目的建设。被告并未向法院提交有关捐赠建设公共事业方面的相关文件规定，且被告当庭表示如果不缴纳捐赠款和集资款就不会聘用原告，由此可见，捐赠款和集资款的缴纳为被告聘用原告的附加条件，带有一定的强迫性，并不是原告的自愿行为。

（四）案号：（2015）宁民一初字第 523 号

二、因聘用时间不明引发的争议

——河北省石家庄市长安区人民法院审理石家庄市第一医院与焦义增、李俊京劳动争议案

（一）案情

被告焦义增、李俊京系已故职工焦亮之父母。焦亮于 2015 年 4 月 30 日参加原告单位石家庄市第一医院的考试，2015 年 6 月 10 日，经过原告单位逐级上报审批被聘用为非在编聘用制人员，2015 年 6 月 30 日，焦亮因病去世。其住院期间，个人垫付了北京住院费用 8289.57 元。工作期间，原告仅向焦亮发放 6 月基本工资 2480 元，焦亮去世后，原告未支付任何待遇。双方发生争议后，二被告作为申请人，以原告为被申请人，于 2015 年 11 月 18 日向石家庄市劳动人事争议调解仲裁委员会申请仲裁，请求被申请人支付申请人未签订书面劳动合同的相关费用。该委员会裁决被申请人支付相关费用。原告对仲裁裁决第一至第五项不服诉至法院。法院认为，本案的争议焦点为已故职工焦亮何时到原告单位工作，双方之间的关系应受何种法律法规调整。

（二）裁判

经调解，双方未达成一致意见。根据相关法律法规，判决：原告支付被告欠发已故职工焦亮 2013 年 7 月至 2015 年 5 月期间的工资 92 529 元；原告支付被告 2013 年 8 月至 2014 年 6 月期间，未与已故职工焦亮签订书面劳动合同的双额工资差额 44 253

元；原告支付被告 2014 年及 2015 年期间，未安排已故职工焦亮休年休假的三倍工资待遇 2774 元；原告支付被告丧葬费 3100 元；原告支付被告一次性抚恤金 49 600 元；原告支付被告为焦亮垫付的医药费 8289.57 元。

(三) 评析

根据被告提交的中日友好医院的证明以及焦亮邮箱往来信件，能够证明已故职工焦亮自 2013 年 7 月到原告处工作，2013 年 9 月被原告派至北京中日友好医院进修，进修期满后回到原告处工作，2015 年 4 月 30 日参加原告单位的考试，2015 年 6 月 10 日，经过原告单位逐级上报审批被聘用为非在编聘用制人员。用人单位自用工之日起即与劳动者建立劳动关系，用人单位应当自与劳动者建立劳动关系之日起计发工资。故原告应当按照法律规定向已故职工焦亮支付相关待遇。劳动者提供正常劳动后，用人单位应当发给不低于最低工资标准的劳动报酬。故被告要求原告给付自 2013 年 7 月至 2015 年 5 月期间的工资，符合法律规定，予以支持。对其月工资参照石家庄市在岗职工平均工资计算。当事人对自己的主张，有责任提供证据，被告要求原告补发已故职工焦亮奖金的请求，无相关证据证实，不予支持。

用人单位自用工之日起满一个月不与劳动者订立书面劳动合同的，应当自满一个月的次日起每月向劳动者支付两倍的工资，直至满一年的前一日。本案中，原告与已故职工焦亮未签订书面劳动合同，故被告要求原告支付自 2013 年 8 月至 2014 年 6 月期间未与已故职工焦亮签订书面劳动合同的双倍工资差额的请求，符合法律规定，予以支持。

职工连续工作满一年享受带薪年休假。本案中，原告未安排已故职工焦亮休带薪年休假，也没有支付其未休带薪年休假的三倍工资待遇，现被告要求原告按照每年 5 天支付已故职工焦亮自 2013 年 7 月至 2015 年 5 月期间未休年休假的三倍工资待遇的请求，符合法律规定，予以支持。

未参加基本养老保险的事业单位工作人员病故一次性抚恤金标准为本人生前 20 个月基本工资。计发基数为本人生前最后一个月基本工资。本案中，已故职工焦亮于 2015 年 6 月 30 日因病去世，原告应当按照规定支付原告一次性抚恤金、丧葬费。经行政部门审批同意后，原告还应按照行政部门认定的人员和标准向焦亮的遗属发放遗属生活困难补助，但鉴于该申请暂未经行政部门审批，其要求遗属生活困难补助的请求，需要有关机关审批后执行。

关于已故职工焦亮住院期间的医药费，被告提交北京朝阳医院住院病人费用结算清单等证据予以证实，原告认可该费用，但称有部分非医保用药及与焦亮病情无关的治疗费用应予以扣除，但原告未在法院指定的期限内提交该费用明细，且未为焦亮开设医疗保险账户，故应由原告承担不利后果。对于在原告单位花费的医药费，原告未向被告主张，应视为原告对其权利的放弃，故对被告要求原告支付焦亮医药费 8289.57 元的诉讼请求，予以支持。

（四）案号：（2016）冀 0102 民初 2186 号

三、因医务人员违约引发的劳动合同纠纷
——北京市第二中级人民法院审理韩威与北京市普仁医院劳动争议案

（一）案情

原告韩威于 2010 年 8 月与被告北京市普仁医院签订了自 2010 年 8 月 2 日至 2015 年 8 月 1 日的聘用合同。2010 年 10 月至 2013 年 9 月期间原告韩威在北京大学人民医院进行北京市住院医师规范化培训，2013 年 10 月返回普仁医院工作。2015 年，韩威考取了首都医科大学全日制硕士研究生。同年 7 月，首都医科大学向普仁医院调档时，普仁医院拒绝为原告转移档案。原告向被告缴纳违约金解除合同，包括退还外出培训期间的全部工资及未满服务期的违约金。原告认为在考取硕士研究生后，按照相关规定可以随时单方提出离职，且培训费用系北京市卫计委拨付而非被告支付，违约金的支付和培训期间工资的返还缺乏依据，遂起诉请求法院判决被告普仁医院退还违约金 164 309 元，并承担诉讼费用。

二审上诉人韩威不服原审判决，持其原诉理由上诉要求撤销原审判决，改判支持其原审诉讼请求。

（二）裁判

一、二审法院均认为，原告韩威与普仁医院就服务期及违约金在聘用合同中进行了约定，该约定不违反相关人事法律规定。而韩威在考取全日制研究生后提出离职，同时作出承诺同

意依约支付违约金,后亦实际支付了违约金并办理了离职手续,原告韩威的请求有违诚实信用原则,亦不利于维护稳定的人事关系。故原告要求普仁医院返还违约金的诉讼请求,于法无据,不予支持。驳回韩威的诉讼请求。

(三) 评析

订立劳动合同,应当遵循合法、公平、平等自愿、协商一致、诚实信用的原则。依法订立的劳动合同具有约束力,用人单位与劳动者应当履行劳动合同约定的义务。

本案中原告韩威与被告普仁医院签订的《北京市事业单位聘用合同书》中规定了服务期5年,服从医院工作安排,5年内不考研,如违约按每月1000元交纳违约金。并约定经过住院医师规范化培训(第一阶段)期满并考核合格后,应回医院继续工作,自培训期满起服务期不少于5年,如提前辞职或调出,应交纳违约金每月1000元,并退回本人第一阶段外出培训期间全部工资。此约定并不违反人事方面的法律法规,系属有效,对合同双方具有约束力。

用人单位与劳动者协商一致,可以解除劳动合同。

本案中原告韩威在解除合同时曾签署个人承诺,缴纳违约金168 476元,系在充分权衡自身利益之后的决定,双方协商一致,普仁医院也为韩威办理了离职手续及相应的档案移转手续。现又以普仁医院要求其交纳违约金不当为由要求普仁医院返还,于法无据。

(四) 案号:(2016)京02民终4250号

四、医院履行劳动合同不当导致员工被迫解除合同
——江苏省常州市中级人民法院审理常州丽华医院有限公司与杨玉清劳动合同纠纷案

(一)案情

2013年6月18日,被告杨玉清进入原告荔华医院(2015年6月更名为丽华)担任外科男科主任,原告荔华医院未为被告杨玉清参加社会保险,双方签订了书面劳动合同,合同期限为2013年6月18日至2014年6月17日,该合同期满后双方未再签订书面的劳动合同。荔华医院每月以现金形式支付杨玉清工资,并由杨玉清签字确认。后杨玉清向常州市天宁区劳动人事争议仲裁委员会申请仲裁,裁决:确认荔华医院于2015年2月15日与杨玉清终止劳动关系;荔华医院支付杨玉清因未签订书面劳动合同的二倍工资补差103 393元;荔华医院支付杨玉清终止劳动关系的经济补偿金30 000元;对杨玉清的其他仲裁请求,不予支持。荔华医院不服该仲裁裁决,认为曾和杨玉清签订过劳动合同,不存在双倍工资补差问题。且杨玉清自己主动离岗不来上班,没有权利要求荔华医院支付经济补偿金。故荔华医院起诉至法院,请求法院判令:荔华医院不承担杨玉清的双倍工资补差103 393元,不向杨玉清支付经济补偿金30 000元,并由杨玉清承担诉讼费。

二审上诉人荔华医院以相同理由提出上诉,同时提出根据民营医院惯例,杨玉清担任科室主任一职,与荔华医院是承包经营关系,并非劳动关系,请求撤销原判,依法改判。案件焦

点是确认劳动关系的解除时间以及是否应当支付赔偿金。

（二）裁判

一审法院认为丽华医院没有尽到相应举证责任，因此认定其于 2015 年 2 月 15 日与杨玉清终止劳动关系，丽华医院应支付杨玉清因未签订书面劳动合同的二倍工资补差 103 393 元，并支付杨玉清终止劳动关系的经济补偿金 30 000 元，驳回杨玉清的其他诉讼请求，案件受理费 10 元，由荔华医院负担。

（三）评析

因用人单位作出开除、除名、辞退、解除劳动合同、减少劳动报酬、计算劳动者工作年限等决定而发生的劳动争议，用人单位承担举证责任。本案中因荔华医院并未提供 2014 年 6 月 17 日及此后与杨玉清解除或终止劳动合同的相关证据，荔华医院亦未提供 2014 年 6 月以后的员工工资发放记录，荔华医院应承担不利后果。基于此，确认 2015 年 2 月 15 日起荔华医院与杨玉清终止劳动关系。丽华医院在二审中主张与杨玉清系承包经营关系，但未提供任何证据证明，且与事实明显不符，不予采信。

劳动合同期满留用劳动者工作，但自一个月不满一年未与劳动者续订劳动合同的，用人单位应当向劳动者支付二倍工资。因此本案荔华医院应当支付杨玉清 2014 年 7 月 18 日至 2015 年 2 月 14 日期间的二倍工资补差。

用人单位未依法为劳动者缴纳社会保险费的，劳动者可以解除劳动合同，同时用人单位应当向劳动者支付经济补偿。因此本案中杨玉清可以与丽华医院解除劳动合同并主张经济补偿金。

（四）案号：（2015）常民终字第 2124 号

五、医院不履行解除劳动合同关系相关手续引发的纠纷
——四川省郫县人民法院审理周福蓉与郫县中医医院劳动争议案

(一) 案情

2013年12月15日,原被告签订了《四川省普通高等学校毕业生就业协议书》,原告毕业后按该就业协议书到被告单位工作,原、被告签订聘用合同书,约定原告到被告单位工作,合同期限从2014年8月10日至2017年8月9日,其中关于合同解除的约定有"乙方(即原告)在聘期内辞职、自动离职或被辞退、开除、劳动教养以及被判处有期徒刑以上刑罚收监执行的,本合同自行解除"。后来,原告向被告提出辞离职申请,被告不同意。原告于2015年3月26日向郫县劳动人事争议仲裁委员会提起仲裁申请,不予受理,原告向本院提起诉讼,要求确认原被告之间解除劳动关系,判决被告向原告出具终止劳动关系的证明、办理档案和社会保险关系转移手续、原告离职的医师注册变更备案资料、协助原告在《医师变更执业注册申请审核表》中盖章同意变更执业地点,以及其他劳动合同关系解除后的相关手续。案件争议焦点在于是否解除劳动合同。

(二) 裁判

法院认为,原被告双方建立了合法的劳动关系,原告提出解除劳动合同的请求不违背双方合同的约定,符合法律规定,

因此判决原告周福蓉和被告郫县中医医院解除劳动关系。被告郫县中医医院应为原告周福蓉出具终止劳动关系的证明、办理档案和社会保险关系转移手续、办理原告周福蓉离职的医师注册变更备案资料（包括在原告周福蓉的《医师变更执业注册申请审核表》中盖章同意原告周福蓉变更执业地点）。驳回原告周福蓉的其他诉讼请求。

（三）评析

事业单位工作人员提前30日书面通知事业单位，可以解除聘用合同。但是，双方对解除聘用合同另有约定的除外。劳动者提前30日以书面形式通知用人单位，可以解除劳动合同。本案中被告属于事业法人单位，原告是被告的事业编制人员，双方建立了合法的劳动关系，本案双方因劳动合同的履行、终止产生的争议属于人事争议，应依相应的规定执行。原告在被告单位工作期间，原告于2015年2月4日向被告提出辞职申请，虽被告不同意原告的辞职请求，但现原告提出解除劳动合同的请求不违背双方合同的约定，符合法律规定。

用人单位有义务在终止劳动合同时出具终止劳动合同的证明，并在15日内为劳动者办理档案和社会保险关系手续。因此，本案中原告要求被告出具终止劳动关系的证明、办理档案和社会保险关系转移手续、原告离职的医师注册变更备案资料、协助原告在《医师变更执业注册申请审核表》中盖章同意变更执业地点的请求符合法律的规定。

（四）案号：（2015）成郫民初字第1628号

六、人事聘用关系解除医院不予办理相关手续
——浙江省舟山市普陀区人民法院审理王某某与舟山某人民医院人事争议纠纷案

（一）案情

1995年7月，原告从陕西省西安市阎良区人民医院调至被告处，先后在大内科、ICU、感染科工作。2009年，原告要求调回陕西工作并向被告递交了辞职信，但被告却一直不予理会。2009年9月，原告离开了被告处。随后，被告停缴了原告的社保金至今。但当原告要求被告办理相关移档手续时，却遭到被告的拒绝。原告认为，被告停缴原告社保金的行为，表明被告从事实上终止了双方的人事聘用关系，但被告却始终不肯按照规定出具人事聘用关系解除证明，也不愿配合原告办理相关移档手续，明显违反法律规定，为此，原告诉请要求依法确认原、被告的人事聘用关系于2009年11月解除，并要求被告配合原告办理相关手续（包括出具劳动合同解除证明、办理原告档案移交手续、执业医师变更注册手续、住房公积金转移手续等）。

（二）裁判

依据《中华人民共和国劳动合同法》第84条、《中华人民共和国执业医师法》第17条规定，判决原告王某某与被告舟山某人民医院的人事聘用关系于2009年11月解除；被告舟山某人民医院于本判决生效之日起7日内依法配合原告王某某办理相关手续（包括出具解除人事聘用关系的证明、移交档案、住房

公积金转移、医师变更执行注册申请手续)。

(三) 评析

原、被告对双方之间所形成的人事聘用关系均无异议。原告于 2009 年 9 月向被告提出辞职并离开被告单位，被告于同年 11 月停止缴纳原告社保，应当视为原、被告双方事实上已经解除人事聘用关系，至于被告是否同意解除以及是否需要缴纳培训费等，被告未提供证据予以证实。因此，对被告的抗辩意见不予采纳，对原告诉请确认原、被告双方人事聘用关系于 2009 年 11 月解除予以支持。根据《中华人民共和国劳动合同法》的规定，事业单位聘用制劳动合同的解除或终止依照该法规定执行，而根据该法的规定，在双方聘用关系解除时，被告应当配合原告履行相应的义务，包括出具解除人事聘用关系的证明、移交档案、住房公积金转移等手续。根据《中华人民共和国执业医师法》的规定，在原告变更医师执业地点时，应当到准予注册的卫生行政部门依照规定办理变更注册手续，而该变更注册申请审核表上明确要求原执业机构填写意见。因此，本院认为，被告舟山某人民医院作为原告王某某原聘用单位、原执业机构应当配合原告办理医师变更执业注册手续。

(四) 案号：(2011) 舟普民初字第 79 号

七、劳动关系解除因保险费用引发的纠纷
——河南省新乡市牧野区人民法院审理李雪红与新乡公立医院劳动争议纠纷案

(一) 案情

1986年12月原告到被告处工作,担任护士。2005年原被告签订《河南省事业单位聘用合同书》一份,合同期为2005年12月18日至2013年12月18日。2008年12月原告因病请假,未再上班。2010年9月24日被告以原告自2010年9月1日旷工为由与原告解除了聘用合同。2010年9月23日新乡公立医院工会委员会出具了《关于李雪红同志解除聘用合同的证明》,被告无证据证明是否向原告送达。2010年12月24日原告将自己的档案转到新乡市某某振动公司,与其建立劳动关系。2011年4月22日原告与该公司解除劳动关系。在此期间,原告保险由某某公司支付。2011年7月26日原告进入失业状态。2013年4月25日原告领失业金期满。2013年8月29日原告再次与某某公司建立劳动关系,后又失业。现原告的保险由新乡市卫滨区劳动保障事务代理服务中心代缴。2008年12月原告开始向被告支付其养老、医疗、失业保险费及住房公积金等,包含单位应交的部分。原告2013年9月4日向新乡市牧野区劳动争议仲裁委员会提出申诉,该委于同日以超出法定时效为由,下发了《不予受理案件通知书》。

(二) 裁判

依据《中华人民共和国劳动法》第72条、《中华人民共和

国劳动争议调解仲裁法》第 27 条之规定，判决被告新乡公立医院于本判决生效后 10 日内一次性返还原告代缴的养老、医疗、失业保险费单位应当承担的部分 7586.39 元；驳回原告的其他诉讼请求。

（三）评析

根据《中华人民共和国劳动争议调解仲裁法》第 27 条规定，劳动争议申请仲裁的时效期间为一年。仲裁时效期间从当事人知道或者应当知道其权利被侵害之日起计算。2010 年 12 月 24 日原告将自己的档案转到某某振动公司，与其建立劳动关系。自此原告应当知道被告已经与其解除合同关系。原告应在一年内及时主张自己的权利。原告于 2013 年 9 月 4 日，向新乡市劳动人事争议仲裁委员会提起劳动仲裁，时效明显已经超过，故原告主张的经济补偿金、病休工资及原告增加的医疗补助费等诉讼请求应予以驳回。被告作为用人单位应当为劳动者缴纳各项基本保险，这是其法定义务。在原告病休期间被告要求原告垫交单位应当缴纳的保险金明显违反法律规定，应当予以纠正。原告现要求返还代缴的保险金应予以支持。

（四）案号：（2013）牧民一初字第 822 号

八、医务人员侵犯患者隐私导致劳动合同解除
——河南省商丘市中级人民法院审理第一人民医院与陈辉解除劳动合同案

（一）案情

被告陈辉系原告商丘市第一人民医院的员工，在放射科工作。2013年9月30日，有一女患者罗某某持呼吸内科开具的X线检查申请单到放射科拍胸部正位片，被告陈辉在其他值班医生均不在场的情况下接待了该患者，在为其拍片时以其衣服上有阻挡物为由，让其脱光上衣后进行了拍片。当天下午患者到原告单位的纪检部门投诉，要求原告书面道歉并给予一定经济补偿。原告在调查后，作出了《关于对放射科陈辉违纪事件的处理决定》，决定与被告陈辉解除劳动合同，并罚款5000元。该决定作出后，被告陈辉不服，提出仲裁，仲裁委对该决定予以撤销。商丘市第一人民医院不服，向法院提起诉讼，请求确认原告解除与被告的劳动合同合法有效并判令被告赔偿原告损失5000元。

二审上诉人商丘市第一人民医院不服法院判决，以劳动者被追究刑事责任只是《劳动合同法》第39条解除合同事由其中之一，原审认为被上诉人没有严重违反用人单位规章制度、没有被追究刑事责任的情形，判决解除劳动关系无法定依据。二审认为被上诉人没有严重违反用人单位的规章制度与事实不符，被上诉人的行为破坏了上诉人和医生整体形象，造成恶劣的社会影响，没有报案，不等于被上诉人的行为没有违反《治安管

理处罚法》,解除劳动合同有法律和制度依据。《医疗机构从业人员违纪违规问题调查处理暂行办法》第31条第1款第3项规定:"对违法违纪人员,医疗机构可以停职、缓聘、解职待聘、解除聘用合同"。商丘市第一人民医院《纪律规定及处罚细则》第1条亦规定了遵法守纪是每一个职工的义务。有部门规章和医院的制度,故与被上诉人解除劳动合同有依据。本案的争议焦点为:上诉人请求和被上诉人解除劳动关系并请求被上诉人赔偿5000元有无事实和法律依据。

(二)裁判

原审法院认为,原、被告已形成事实上的劳动关系。用人单位与劳动者解除劳动合同,应依据《劳动合同法》第39条的规定。本案中,被告陈辉在工作过程中,虽有违反医疗人员操作规程的情形,但这种工作上的违规并没有达到严重违反用人单位规章制度的情形,并且原告单位的规章制度中也没有对该情形的具体处理规定;原告单位院发(2003)6号文中,受治安处罚者下岗一年。被告陈辉没有受到治安处罚追究,因此原告作出的与被告陈辉解除劳动合同的处罚明显过重,应予以纠正。原告商丘市第一人民医院应与被告陈辉恢复劳动关系。

二审法院认为原审判决商丘市第一人民医院与陈辉恢复劳动关系,适用法律错误,应该予以纠正。撤销商丘市睢阳区人民法院(2014)商睢民初字第01598号民事判决;确认上诉人商丘市第一人民医院解除与被上诉人劳动合同有效;驳回上诉人商丘市第一人民医院的其他诉讼请求。

(三)评析

人身权是公民最基本的权利,受法律保护。医疗技术人员应认真履行职责,积极配合临床诊疗,实施人文关怀,尊重患者，保护患者隐私。被上诉人在医疗技术活动中没有遵守执业程序及行为规范，被上诉人不当行为，造成上诉人声誉及财产遭受到一定损失。上诉人解除与被上诉人之间的劳动关系并不违反《医疗机构从业人员行为规范》第56条规定，故商丘市第一人民医院解除与被上诉人劳动合同合法有效。

上诉人请求被上诉人赔偿5000元与本案不是同一法律关系，应该另案主张权利。

（四）案号：（2015）商民终字第1154号

九、因医务人员违规解除劳动合同
——吉林省柳河县人民法院审理吉林省柳河医院与杨旭劳动争议案

(一) 案情

被告杨旭于2012年2月1日到原告吉林省柳河医院工作,实习3个月,2012年5月1日被吉林省柳河医院正式录用,从事门诊收款员工作。2014年杨旭违反用人单位管理制度,私自为吉林省柳河医院功能检查科职工公某退方退费多次。2015年12月23日原告做出了与被告解除劳动合同的决定,同日吉林省柳河医院工会委员会也作出了与被告解除劳动合同的决定,并于2015年12月24日经柳河县人民医院八届六次职工代表大会讨论通过。本案的争议焦点为:原告是否应当与被告解除劳动合同;原告是否应当给付被告2015年10月至11月的工资。双方当事人对本案的争议焦点无异议和补充。

(二) 裁判

法院认为,2015年12月23日原告做出了与被告解除劳动合同的决定,同日吉林省柳河医院工会委员会也作出了与被告解除劳动合同的决定,并于2015年12月24日经柳河县人民医院八届六次职工代表大会讨论通过,2015年11月19日,原告停止了被告的工作,但被告要求原告给付2015年10月及11月18日之前的工资应得到支持。遂判决原告吉林省柳河医院于本判决生效之日起立即给付被告杨旭工资款4927.96元;驳回原、被告的其他诉讼请求。

(三) 评析

本案为劳动合同纠纷。被告于 2014 年严重违反用人单位规章制度,为本单位功能检查科职工公某退方退费多次,影响用人单位工作秩序和经营活动,给用人单位造成重大损害。原告与被告解除劳动合同,符合法律规定。被告辩解其退方退费符合规定,为原告出具的退方退费自书材料及向原告交付赔偿款是在有工作压力和不敢得罪领导的情况下做出的,但并未提供有胁迫的证据;被告及公某、叶某等人网上聊天记录是电子数据,可作为证据使用,该证据证明了被告违规退费的事实;虽被告现在是怀孕期间,但本案劳动合同的解除是《中华人民共和国劳动合同法》第 39 条规定的情形,不受孕期的限制。故对被告的辩解意见本院不予支持。

(四) 案号:吉 0524 民初 750 号

十、因辞职效力引发的是否解除劳动合同及补发工资的纠纷
——广西壮族自治区柳州市中级人民法院审理周同珍与柳州市人民医院劳动争议案

（一）案情

人民医院系事业法人，周同珍原系人民医院在编的核医学科医生，双方未签订过聘用合同。2000年7月13日周同珍到人民医院处工作。2011年7月14日周同珍向人民医院递交报告，以不能胜任工作为由辞去核医学科医生工作，7月25日周同珍递交辞呈，以从事接触射线工作对身体有害为由提出辞职，该日后，周同珍没有再到人民医院上班。2011年8月4日至9月13日周同珍在广西壮族自治区脑科医院住院治疗，2011年8月6日人民医院出具辞职通知书，记载批准周同珍辞职时间为2011年8月6日，至今周同珍未按照相关规定办理离职手续。2011年9月23日周同珍在柳州市疾病预防控制中心做放射工作人员职业健康检查，周同珍的检查结果符合《放射工作人员健康标准》的要求，可继续原放射工作，2011年12月2日周同珍就2011年9月23日的检查结果申请复查，认定周同珍在创伤后应激障碍治愈前不宜从事放射工作。自2011年8月起人民医院停发周同珍工资。

二审上诉人周同珍以被上诉人人民医院强迫周同珍违章冒险作业客观存在并造成了严重损害后果，周同珍的辞职行为在罹患创伤后应激障碍这一精神疾病期间所为，应认定无效，人

民医院在罹患精神性疾病的员工住院期间，且未给周同珍做离岗前体检就解除聘用合同违法，周同珍以解除行为无效为由提起上诉要求确认二者人事关系没有解除，人民医院调整周同珍岗位安排工作，补发工资。本案双方当事人的争议焦点在于人民医院与周同珍的人事聘用关系是否解除，以及周同珍要求人民医院补发2011年8月至2013年7月期间的工资是否有事实和法律依据。

（二）裁判

一审法院认为周同珍无证据证明其行为是一种精神病病态行为，属应激障碍情况下提出的辞职，也无充分证据证明人民医院强令周同珍违章冒险作业，并使周同珍因此受伤害产生恐惧才做出辞职行为。相反，根据周同珍提供的柳州市卫生监督所《关于对周同珍信件反映情况的回复》，证明相关部门已经对周同珍工作处的辐射防护情况进行检查，并未发现周同珍诉称的冒险作业的情形，同时从周同珍的体检报告可见，周同珍体检合格，并未受到放射伤害。人民医院2011年8月6日作出辞职通知，应发给周同珍8月1日至8月6日工资。所以判决人民医院向周同珍补发2011年8月1日至6日工资551.72元，驳回周同珍要求确认辞职无效，恢复周同珍与人民医院之间的聘用关系的诉讼请求。

再审法院认为上诉人周同珍的上诉理由不成立，予以驳回；一审法院程序合法，认定事实清楚、适用法律正确，予以维持。

（三）评析

对从事接触职业病危害作业的劳动者，在没有进行离岗前职业健康检查前，用人单位不得主动解除或者终止双方的劳动关系。事业单位与其工作人员亦应当参照此规定，对从事接触职业病危害的作业的事业单位工作人员，事业单位在没有对其进行离岗前职业健康检查前不得主动解除或终止双方的聘用关系。但上述规定，并未对事业单位工作人员主动行使解除权（即辞职）作出限制，亦未对事业单位是否能够批准其工作人员的辞职作出限制。所以本案周同珍是否做离岗前职业健康检查，并不影响周同珍提出辞职的效力，也不影响人民医院对周同珍的辞职申请进行批准的效力。

因周同珍申请辞职，人民医院于 2011 年 8 月 6 日作出辞职通知书，双方的人事关系解除，人民医院向周同珍支付工资的义务亦于该日终止。故，一审法院认定人民医院应当向周同珍支付 2011 年 8 月 1 日至 6 日工资 551.72 元。

（四）案号：（2014）柳市民三终字第 69 号

十一、因辞职时间争议引发的纠纷
——广东省韶关市武江区人民法院审理金克龙与粤北人民医院人事争议纠纷案

（一）案情

原告于 2015 年 8 月期间通过人事调动到被告处工作，属事业单位聘用制人员。原告（乙方、受聘人员）与被告（甲方、聘用单位）在 2015 年 8 月 24 日签订的《事业单位聘用合同》第 1 条第 2 款约定："本合同期限自签订之日起算，至乙方达到国家规定的退休年龄之日终止。"第 7 条第 5 款约定："有下列情形之一的，乙方可以随时单方面解除本合同：1. 在试用期内的；2. 考入普通高等院校的；3. 被录用或者选调为公务员的；4. 依法服兵役的。除上述情形外，乙方提出解除本合同未能与甲方协商一致的，乙方应当坚持正常工作，继续履行本合同；6 个月后再次提出解除本合同仍未能与甲方协商一致的，即可单方面解除本合同。"2016 年 5 月 31 日原告以"工作开展得不顺利，难以充分发挥自己的能力"为由，向被告书面提出辞职。被告以聘用合同的约定等因素为由，对原告的辞职申请未予同意，双方由此发生争议，原告金克龙遂向韶关市劳动人事争议仲裁院申请仲裁，韶关市劳动人事争议仲裁院裁决驳回申请人的全部诉讼请求。原告金克龙对该裁决不服，遂诉至法院要求解决。另外，原告曾在 2015 年 12 月至 2016 年 4 月期间停止工作，之后又于 2016 年 5 月 1 日左右回到被告处继续工作。现双方争议的焦点为：原告是否曾在 2015 年 10 月下旬向被告提出辞职。

(二) 裁判

经查，原告要求解除聘用关系并无法律及事实依据，法院不予支持。基于此，对原告要求被告协助其办理医师证信息变更的诉请亦不予支持。依据相关法律法规，判决驳回原告金克龙的全部诉讼请求。如果未按本判决指定的期间履行给付金钱义务，应当依照《中华人民共和国民事诉讼法》第253条规定，加倍支付迟延履行期间的债务利息。

(三) 评析

法院认为，本案为人事争议纠纷。虽然双方均确认原告在2015年12月至2016年4月期间曾停止工作，但在无其他证据佐证的情况下，不能以此推论原告曾于2015年10月下旬口头提出辞职。因此，根据《中华人民共和国民事诉讼法》第64条第1款、第65条第1款的规定，原告应承担举证不能的不利后果，法院对原告该主张不予采信，进而2016年5月31日的辞职应视为原告首次提出。其次，《事业单位人事管理条例》（国务院令第652号）第17条规定："事业单位工作人员提前30日书面通知事业单位，可以解除聘用合同。但是，双方对解除聘用合同另有约定的除外。"《国务院办公厅转发人事部〈关于在事业单位试行人员聘用制度的意见〉的通知》（国办发〔2002〕35号）第6条规定："有下列情形之一的，受聘人员可以随时单方面解除合同：（一）在试用期内的；（二）考入普通高等院校的；（三）被录用或者选调到国家机关工作的；（四）依法服兵役的。除上述情形外，受聘人员提出解除聘用合同未能与聘用单位协商一致的，受聘人员应当坚持正常工作，继续履行聘用合同；6个月后再次提出解除聘用合同仍未能与聘用单位协商一致的，即可单方面解除聘用合同。"双方签订的《事业单位聘用合同》

第 7 条第 5 款的约定并未违反法律规定，双方均应全面履行。现原告并不存在可以随时单方面解除合同及合同期满可终止的情形，其在 2016 年 5 月 31 日以个人原因提出辞职后，被告已表明不同意其辞职，双方未能协商一致，根据聘用合同约定，原告即应坚持正常工作，履行合同义务。

（四）案号：（2016）粤 0203 民初 2014 号

十二、医院违法终止劳动合同关系
——重庆市江北区人民法院审理曹少芬与重庆市红十字会医院劳动合同纠纷案

(一)案情

原告曹少芬系被告单位职工,2002年1月1日,进入被告医院,工作岗位为临床护理。2008年开始,原告与被告签订劳动合同,每年一签。最后一次合同签订日期为2011年9月1日至2013年6月30日。合同到期后,被告继续要求原告工作,却不与原告签订任何劳动合同。原告在为被告工作期满10年后,多次要求被告与原告签订无固定期限劳动合同,被告总是无故拒绝。在本次合同到期后,原告于2013年7月19日,向被告发出《再次督促医院与我签订无固定期限劳动合同的申请》,要求被告与原告签订无固定期限劳动合同。后原告向江北区人力资源和社会保障局投诉,被告收到原告的《再次督促医院与我签订无固定期限劳动合同的申请》和行政机关的电话后,于2013年7月26日要求原告签收《终止(解除)聘用合同通知书》,以"以聘用合同期限届满,从2013年7月1日起终止聘用合同"为由,终止了原告与被告的聘用合同。被告没有提前通知原告解除劳动合同。原告起诉要求法院判令被告立即支付原告"用人单位违反劳动合同法终止劳动合同"应支付的双倍赔偿金111 148元(工作时间自2002年1月至2013年6月)。本案争议点为合同到期后是否应该签订无固定期限合同以及金额问题。

(二) 裁判

法院认为，原告入职被告处工作，双方形成劳动关系。当事人双方均称原告入职时间是 2002 年 1 月 1 日，法院对此予以认可。原告主张的平均工资超过本院认定的平均工资的部分，因无证据证实，不予认可。被告称其曾提出在条件不变的情况下续签劳动合同，但原告拒绝。该指称没有证据证实，不予支持。被告另称双方劳动关系的终止时间是 2013 年 6 月 30 日。被告此主张不为本案证据所证实，不予以支持。由此判决被告重庆市红十字会医院（江北区人民医院）支付曹少芬违法终止劳动合同的赔偿金 90 835.92 元；驳回曹少芬的其他诉讼请求。案件受理费由重庆市红十字会医院（江北区人民医院）承担。

(三) 评析

用人单位与其他单位合并的，合并前发生的劳动争议，由合并后的单位为当事人。本案中原告最初入职的是江北区第一人民医院，后该院与重庆市红十字会医院合并设立被告医院，被告医院设立后，原告仍在被告医院工作。根据前述规定，被告医院为本案适格的当事人。

劳动者在该用人单位连续工作满 10 年的；连续订立二次固定期限劳动合同，没有违法情形，并续订劳动合同的，劳动者提出或者同意续订、订立劳动合同的，除劳动者提出订立固定期限劳动合同外，应当订立无固定期限劳动合同。

本案中，原告入职被告医院工作已连续满 10 年，且我国《劳动合同法》施行以来，原、被告已连续订立两次固定期限劳动合同，双方符合签订无固定期限劳动合同的法定情形。在原告向被告提出双方签订无固定期限劳动合同的情况下，被告未依法与原告签订无固定期限劳动合同，却通知原告终止双方的劳动关系。被告终止劳动关系的行为违法，应当向原告支付赔偿金。

用人单位违反规定解除或者终止劳动合同的，应当依照《劳动合同法》第47条规定的经济补偿标准的两倍向劳动者支付赔偿金。

（四）案号：（2013）江法民初字第07653号

十三、因医院间整合引发的是否存在劳动合同关系纠纷
——辽宁省大连市西岗区人民法院审理阎雪与大连医科大学附属第一医院劳动合同纠纷案

（一）案情

原告系新华医院劳动合同制职工。2013年11月15日，大连市人民政府办公厅印发了《关于新华医院新建搬迁工作会议的纪要》（76号）。根据会议纪要精神，新华医院部分资源将整合给被告，在整合过程中尊重新华医院职工的意愿，自愿选择留在新华医院或到被告处工作，原告在此次整合中选择到被告处工作。该会议纪要要求自2013年11月11日起，新华医院人员编制在整合期内冻结，被告负责向上级主管部门申请增加人员编制。同年11月26日，被告制定了《关于大连大学附属新华医院整合人员接收安置方案》并组织落实。2014年6月5日，国家卫生计生委发布《国家卫生计生委关于控制公立医院规模过快扩张的紧急通知》。根据该文件的精神，被告提交的增加编制申请未获得批准。2014年12月，被告及新华医院正式宣布整合停止，要求已选择到被告处工作的人员仍回到新华医院工作。整合期间，原告始终未与被告签订劳动合同，原告的工资仍由新华医院支付，社会保险仍由新华医院缴纳，原告与新华医院的劳动合同延续至今。

2015年1月9日，原告向大连市劳动人事争议仲裁委员会提起仲裁，要求确认与被告自2013年11月26日至今存在劳动

关系,大连市劳动人事争议仲裁委员会作出(2015)第8-638号不予受理通知书,认为原、被告之间的争议不属于因企业自主进行改制而引发的争议,根据《最高人民法院关于审理劳动争议案件适用法律若干问题的解释(三)》第2条的规定,原告的请求不属于劳动人事争议受理范围,故决定不予受理。原告不服该决定,向本院提起诉讼。

(二) 裁判

经查,原告要求确认与被告之间存在事实劳动关系并要求被告继续履行劳动合同,缺乏事实依据和法律支撑,法院不予支持。关于原告要求被告支付未订立劳动合同的两倍工资、工资差额(包括绩效工资和奖金)、经济补偿金及额外经济补偿金的诉讼请求,因双方的事实劳动关系不成立,故不予支持。关于原告要求本院审理查明新华医院和被告整合行为的解除时间及解除原因一节,因该请求不属于人民法院受理劳动争议案件的范围,不予处理。关于原告请求法院撤销新华医院整体搬迁合同,因原、被告均不是该合同相对人,不符合人民法院受理民事案件的起诉条件,故不予处理。因此,判决驳回原告阎雪的诉讼请求。

(三) 评析

法院认为,事实劳动合同关系的确立应符合法律规定。从原告提供的证据及当庭陈述来看,原告与被告不具备存在事实劳动关系的条件。第一,本案原、被告之间发生的劳动纠纷,是因被告与原告所在的新华医院未成功整合引起,考量原、被告之间是否存在事实劳动关系,不能脱离新华医院与被告整合的前提。在整合期间,出现工作场所改变、工作内容变更以及管理主体变动等,都是整合活动的体现,而不能作为劳动关系的认定要素。同时，新华医院自整合至今始终是独立的法人单位，原告与新华医院订立了劳动合同，且始终处于延续状态，则双方的劳动关系始终是明确且唯一的。第二，根据《中华人民共和国劳动合同法》第34条规定，"用人单位发生合并或者分立等情况，原劳动合同继续有效，劳动合同由继承其权利和义务的用人单位继续履行"，原告主张新华医院与被告进行了整合，被告应负责继续履行新华医院与原告之间的劳动合同。因新华医院与被告的整合未果，从法律层面看新华医院未实际发生合并、分立或注销等事由，本案不适用该条的规定，因此新华医院始终是原告的实际用人单位，应承担相应的权利和义务，故原告的该项主张不成立。

（四）案号：（2015）西民初字第1123号

十四、未签订劳动合同但存在实际用工关系引发的纠纷
——陕西省咸阳市中级人民法院审理段志鸿与陕西第一毛纺织厂咸阳市方园医院劳动争议纠纷案

（一）案情

2009年8月原告段志鸿应聘至被告方园医院处执业，月工资1201.9元，双方未签订劳动合同，被告也没有为原告办理劳动保险等手续。2011年1月26日，被告口头通知原告"明天不要来上班了"，原告遂离开被告单位。在此之前，原告段志鸿于2002年12月4日取得执业助理医师资格，2007年11月16日在咸阳市卫生局注册并领取执业助理医师执业证书，执业地点为中铁一局集团咸阳中心医院。2007年12月31日执业地点变更至渭城区百姓门诊部，2009年7月原告与该门诊部解除劳动关系。原告曾以劳动争议为由申请仲裁，但因不服仲裁裁决，于2011年5月9日提起诉讼，请求判令被告方园医院出具解除劳动合同关系的证明书，并向其支付工资、违法解除劳动合同经济赔偿金、工作服押金、社保滞纳金、经济损失合计14万元，补办并交纳养老保险、医疗保险、失业保险等五金一险的费用和手续（共计4万元），并承担诉讼费用。争议焦点是双方是否存在劳动关系。

（二）裁判

法院认为，原告虽未在有关管理部门办理医师执业地点变

更手续，但并不影响双方劳动关系的成立。被告方园医院违法解除合同应支付原告段志鸿解除劳动关系经济赔偿金 3605.7 元，未签订劳动合同双倍工资的一半 13 220.9 元，共计 16 826.6 元；并为段志鸿补办 2009 年 8 月至 2011 年 1 月期间的养老、医疗、失业保险参保手续，双方按各种保险政策规定承担各自费用；诉讼费用双方各半承担。对于原告的其他诉讼请求不予支持。

(三) 评析

医疗机构虽然属于特殊行业，涉及医疗单位对执业医师的管理，执业医师法规定在执业地点发生变动时，首先到医疗主管部门办理变更手续，然后才能在新的医疗机构从事执业活动，但是医师变更执业地点应到注册主管部门办理注册变更手续。此举意在督促医师变更执业地点时向有关管理部门进行登记，接受国家有关部门的管理、监督，防止担负公民生命健康检查、治疗、恢复职责的医师游离于法律及行政管理之外。此规定是行政法律关系的要求，并不能影响劳动法律关系的成立。劳动法律关系是公民基本生存保障权的体现，本案中原告于 2009 年 8 月应聘到被上诉人处工作，双方存在实际用工事实，双方劳动关系依法成立。原告在被告单位工作期间，被告人一直未与原告签订书面劳动合同，应当按照《劳动合同法》第 82 条的规定，向原告每月支付二倍工资。被告违法解除与原告之间的劳动关系，应当根据《劳动合同法》第 87 条的规定向被告支付经济赔偿金。被告未为原告办理社会保险，应为被告补办 2009 年 8 月至 2011 年 1 月期间的养老、医疗及失业保险参保手续，费用由双方按规定各自承担。

(四) 案号：(2012) 咸民终字第 00061 号

十五、因确认劳动关系引发的纠纷
——河南省新郑市人民法院审理新郑市第三人民医院与尹书亮劳动争议纠纷案

（一）案情

尹书亮1987年7月1日到原小乔乡卫生院工作，但不属该院编制内职工。小乔乡卫生院原属新郑市乡级公立卫生院，1994年7月26日，经新郑市卫生局批准，更名为新郑市龙湖镇卫生院，1998年1月24日，经新郑市机构编制委员会批准，新郑市龙湖镇卫生院更名为新郑市第三人民医院。2001年，经新郑市人民政府批准，新郑市第三人民医院实行股份制改造，同年12月30日，新郑市第三人民医院为尹书亮发放《职务聘任证书》，任命其为皮肤科医师。

2004年3月23日，新郑市卫生局（甲方）与河南龙祥贸易有限公司（乙方）签订一份《新郑市第三人民医院产权转让协议》，协议约定乙方应全部接受新郑市第三人民医院现有在册职工49人，并按政策做好职工的工资、福利、统筹和社会保险等工作；尹书亮不在该院移交的在册职工名单内。2008年1月11日，尹书亮与新郑市第三人民医院签订《新郑市第三人民医院劳动合同书》，合同约定：聘用合同期限自2008年1月1日至2009年1月1日为期一年；双方依照国家和地方有关社会保险的规定，按时缴纳社保保险费；并对劳动报酬、劳动保护、工作纪律及其他等内容进行了约定，但没有对聘用岗位和工作内容进行约定。合同签订后，尹书亮仍在新郑市第三人民医院担任皮肤科医生。合同期满后，尹书亮与新郑市第三人民医院没有续签劳动合同，但尹书亮继续在新郑市第三人民医院担任皮肤科医生。2012年7月28日，新郑市第三人民医院以尹书亮没有执业医师资格为由，要求尹书亮离职。尹书亮不服新郑市第三人民医院的该处理决定，向新郑市劳动人事争议仲裁委员会提出仲裁申请。新郑市劳动人事争议仲裁委员会经审理于2012年11月5日作出新劳人仲案字（2012）第114号仲裁裁决书，裁决：新郑市第三人民医院于仲裁书生效之日起5日内支付尹书亮未签订无固定期限劳动合同双倍工资差额55 000元，支付经济补偿金105 000元、赔偿金45 000元及生活补助金10 368元；到新郑市社会保险经办机构依照社会保险经办机构核定的金额为尹书亮补缴1987年7月1日至2012年7月28日期间的社会保险费，个人缴纳部分由尹书亮承担。新郑市第三人民医院不服该仲裁裁决，向法院提起诉讼。

另查明，2010年1月8日，尹书亮取得中华人民共和国乡村医生执业证书，但至今未取得执业医师资格。新郑市第三人民医院未为尹书亮参加养老保险、失业保险等社会保险。

（二）裁判

依照《中华人民共和国劳动法》第16条，《中华人民共和国劳动合同法》第7条、第10条、第14条第3款、第36条、第39条、第47条、第48条、第82条第2款、第87条，《中华人民共和国民事诉讼法》第64条第1款、第119条第4项，参照《中华人民共和国劳动合同法实施条例》第7条，《郑州市失业保险条例》第22条、第25条第1、3款规定，判决解除原告新郑市第三人民医院与被告尹书亮的无固定期限劳动合同；原告新郑市第三人民医院应于本判决生效之日起10日内支付被告尹书亮两倍工资差额、赔偿金、一次性生活补助金；驳回原告新郑市第三人民医院的诉讼请求。

（三）评析

法院认为，尹书亮与新郑市第三人民医院自 1987 年 7 月至 2012 年 7 月 28 日期间存在事实劳动关系。新郑市第三人民医院诉称其与尹书亮自 2009 年 2 月至 2012 年 7 月 28 日期间系承包关系而非劳动关系。法院认为，新郑市第三人民医院提交的证据不足以证明新郑市第三人民医院与尹书亮就承包该院皮肤科曾达成一致协议并确已履行，且尹书亮对此不予认可，故对新郑市第三人民医院的该主张不予支持。新郑市第三人民医院诉称尹书亮改制前并非医院的在册职工，不存在尹书亮自 1987 年 6 月 28 日受聘于新郑市第三人民医院的事实，法院认为，新郑市第三人民医院在 2004 年改制时并未与尹书亮解除劳动关系，根据《中华人民共和国劳动合同法》第 33 条"用人单位变更名称、法定代表人、主要负责人或者投资人等事项，不影响劳动合同的履行"之规定，尹书亮与新郑市第三人民医院劳动关系存续时间应认定为 1987 年 7 月至 2012 年 7 月 28 日。

新郑市第三人民医院与尹书亮于 2008 年 1 月 11 日签订《新郑市第三人民医院劳动合同书》之前，尹书亮已在新郑市第三人民医院工作了 20 年时间，新郑市第三人民医院作为医疗机构，应尽用人单位审慎义务，清楚尹书亮不具备执业医师资格，其依法不能从事医师职业。但新郑市第三人民医院仍与尹书亮签订书面劳动合同，且在合同中不明确约定工作岗位，但事实上安排尹书亮担任皮肤科医生，并在合同期满后继续让尹书亮担任皮肤科医师，新郑市第三人民医院具有重大过错，依法应承担用人单位义务。尹书亮事实上已为新郑市第三人民医院提供了 25 年又 1 个月的劳动，该事实劳动关系依法有效。因此，新郑市第三人民医院在未与尹书亮协商一致的情况下，单方要求解除劳动关系，属违法解除劳动关系，根据《中华人民共和国劳动合同法》第 48 条规定，新郑市第三人民医院应支付尹书亮赔偿金。根据《中华人民共和国劳动合同法》第 47 条、第 87 条规定，赔偿金应为尹书亮 25.5 个月工资的两倍即 255 000 元。尹书亮依据仲裁裁决，仅请求新郑市第三人民医院支付其赔偿金 150 000 元，系尹书亮对自己权利的处分，予以支持。

新郑市第三人民医院与尹书亮于 2008 年 1 月 1 日签订的劳动合同已于 2009 年 1 月 1 日到期，合同期满后，新郑市第三人民医院未依法与尹书亮续订书面劳动合同，但双方继续保持劳动关系至 2012 年 7 月 28 日，根据《中华人民共和国劳动合同法》第 14 条第 3 款"用人单位自用工之日起满一年不与劳动者订立书面劳动合同的，视为用人单位与劳动者已订立无固定期限劳动合同"之规定，应视为新郑市第三人民医院与尹书亮自 2010 年 1 月 2 日起已订立无固定期限劳动合同。根据《中华人民共和国劳动合同法》第 82 条第 2 款"用人单位违反本法规定不与劳动者订立无固定期限劳动合同的，自应当订立无固定期限劳动合同之日起向劳动者每月支付二倍的工资"，及《中华人民共和国劳动合同法实施条例》第 7 条"用人单位自用工之日起满一年未与劳动者订立书面劳动合同的，自用工之日起满一个月的次日至满一年的前一日应当依照劳动合同法第八十二条的规定向劳动者每月支付两倍的工资，并视为自用工之日起满一年的当日已经与劳动者订立无固定期限劳动合同，应当立即与劳动者补订书面劳动合同"之规定，新郑市第三人民医院应当自用工之日起满一个月的次日至满一年的前一日向尹书亮每月支付两倍工资（共 11 个月）。尹书亮主张其月平均工资为 5000 元，新郑市第三人民医院对此不予认可，但其在本院指定期限内未能提交为尹书亮发放工资和报酬的数额、时间等书面记录,参照劳动部《工资支付暂行规定》第 6 条"用人单位必须书面记录支付劳动者工资的数额、时间、领取者的姓名以及签字,并保存两年以上备查。用人单位在支付工资时应向劳动者提供一份其个人的工资清单"之规定,新郑市第三人民医院应承担举证不能的法律后果,推定尹书亮月平均工资为 5000 元的主张成立。新郑市第三人民医院应支付尹书亮两倍工资差额共计 55 000 元。

尹书亮户籍登记为农民,其在新郑市第三人民医院连续工作满 25 年,新郑市第三人民医院提前与尹书亮解除无固定期限劳动合同,参照《郑州市失业保险条例》第 23 条"农民合同制工人连续工作满一年,所在单位已按规定缴纳失业保险费满一年,劳动合同期满未续订或者提前解除劳动合同的,可以向失业保险经办机构申请领取一次性生活补助金"之规定,尹书亮符合向失业保险经办机构申请领取一次性生活补助金的条件。因新郑市第三人民医院没有依法为尹书亮缴纳失业保险费,致使尹书亮无法向失业保险经办机构申请领取一次性生活补助金,该不利后果应由新郑市第三人民医院承担。参照《郑州市失业保险条例》第 25 条第 1 款"失业保险金按照当地最低工资标准的百分之八十确定"及第 3 款"农民合同制工人一次性生活补助金,按其工作时间每满一年发给一个月、最多不超过十二个月的失业保险金标准计发"之规定,参照新郑市现最低工资 1080 元/月的标准,新郑市第三人民医院应支付尹书亮一次性生活补助金 10 368 元。

依据社会保险相关政策规定,社会保险费属相关机关强制征收的费用。用人单位与劳动者建立社会保险关系后,因没有按时足额缴费产生的争议属于行政争议,应当依照行政强制征缴的程序办理,不属人民法院管辖范围。尹书亮请求新郑市第三人民医院到新郑市社会保险经办机构依照社会保险经办机构核定的金额为其补缴 1987 年 7 月 1 日至 2012 年 7 月 28 日期间的社会保险费的诉讼请求，不属人民法院管辖范围。

（四）案号：（2012）新民初字第 3007 号

第八编

医院医疗器械融资租赁纠纷案例分析与研究

一、医疗设备融资租赁项目的主要法律风险及控制措施

（一）政策性风险

1. 未取得相关资质的经营性风险。2014年以来，在融资租赁的热点行业中，医疗设备融资租赁的发展速度从往年排名在五名之外的位置飞速上升至融资租赁行业领域第二名，成为租赁市场上的新星。但是由于我国医疗器械和医疗保健品市场起步较晚，国家为规范医疗器械行业也不断推出相关政策和法律法规，这就造成医疗器械租赁债权受政策的影响较为明显。

2014年2月7日，国家食品药品监督管理总局出台了《创新医疗器械特别审批程序（试行）》，2014年3月31日，新修订的《医疗器械监督管理条例》（以下简称《条例》）公布，该《条例》将医疗器械按照风险实行分类管理，按风险从低到高将医疗器械分为一类、二类和三类。放开第一类医疗器械的经营，对第二类医疗器械的经营改为备案管理，对第三类医疗器械的经营继续实行许可管理。根据国家食品药品监督管理局《关于融资租赁医疗器械监管问题的答复意见》（国食药监市〔2005〕250号）（以下简称《答复意见》），租赁公司开展融资租赁医疗器械系经营行为，应当按照《条例》的规定办理《医疗器械经营企业许可证》。从事第三类医疗器械经营的，经营企业应当向所在地设区的市级人民政府食品药品监督管理部门申请经营许可并提交符合《条例》规定条件的证明资料，医疗器械经营许可证有效期为5年。根据《大型医用设备配置与使用

管理办法》(以下简称《管理办法》),对于列入国务院卫生行政部门管理品目的医用设备,以及尚未列入管理品目、省级区域内首次配置的整套单价在 500 万元人民币以上的医用设备,其管理实行配置规划和配置证制度,医疗机构(包括中华人民共和国境内的各级各类性质的医疗机构)获得《大型医用设备配置许可证》后方可购置大型医用设备。故融资租赁公司如操作上述第三类医疗器械的直租赁项目,应当根据上述规定办理《医疗器械经营企业许可证》。

但是根据《最高人民法院关于审理融资租赁合同纠纷案件适用法律问题的解释》(法释〔2014〕3 号)(以下简称《解释》)第 3 条,"根据法律、行政法规,承租人对于租赁物的经营使用应当取得行政许可,人民法院不应仅以出租人未取得行政许可为由认定融资租赁合同无效"。这就造成《条例》内容和《解释》内容的部分发生冲突。

2. 医院不按照法定程序举债的风险。根据国家发改委、财政部、卫生部及银监会四部委联合下发的《关于严格禁止县级公立医院举借新债的紧急通知》及《国家卫生计生委关于控制公立医院规模过快扩张的紧急通知》的相关规定,禁止县级公立医院举借新债,县级公立医院建设项目和大型设备购置需严格按照审批程序和审批标准报批后执行;根据《中华人民共和国招投标法》及《工程建设项目招标范围和规模标准规定》的相关规定,公立医院拟通过融资租赁的方式采购设备的行为,应当按照相应的程序报批并且采取招投标的方式进行。但是实务中,很多公立医院会因融资的局限性未按照规定的程序举债,融资租赁合同亦会因违反《合同法》第 52 条第 5 款的规定而存在被认定为无效的法律风险。故,融资租赁公司操作医院融资租赁项目必须要求承租医院按照相关法律法规的规定程序进行招投标后操作。

3. 医疗、药品政策风险。影响医疗卫生服务业发展的因素是多种多样的，主要的有经济发展速度、医疗政策、保险政策、药品政策、疾病谱变化等等。政策的变化会对医院的市场及收入造成较大的影响，作为租赁公司，应当了解宏观经济环境，熟悉国家大政方针，尤其是医疗卫生政策，才能从总体上把握好医疗设备融资租赁项目的风险。

（二）操作性风险

1. 租赁物件"一物多融"的权属风险。业务开展过程中，很多医院在将医疗设备回租时，不愿意将医疗设备的发票交给租赁公司，而医院一般都是比较幼稚的客户，租赁公司的争夺比较激烈，因而"一女二嫁""一物多融"的情况时有发生。

针对上述情况，日升租赁在尽职调查阶段特别加强对租赁物件的审查力度：除重点关注租赁物件是否有瑕疵，是否已经做过抵押融资或者是否存在一物多融的状况（通过中登网查询）外，风控部会要求要么将设备购置发票带走（将发票复印件留至医院），要么在发票上盖章备注该标的物已经开展了回租业务。

2. 交易模式设计不严谨导致的风险。随着医疗体制改革的深入，很多市级、县级医院对提高医疗服务水平，提升医院经济效益具有强烈的愿望，加之医院举债融资的限制，衍生出了很多医疗器械公司将其设备投放或借用或经营性租赁至医院的案例，以该设备产生的现金流分成模式与医院合作。租赁公司在操作融资租赁项目时，应当着重关注租赁物运作的运营方式，通过各种证据交叉验证该租赁物件背后有无投资管理商参与投资分成、承担项目风险的行为。

二、著名医疗器械融资租赁公司及模式简介

（一）上海日升融资租赁有限公司简介

上海日升融资租赁有限公司（简称日升租赁）成立于2014年12月19日，是一家经商务部批准的、成立于上海自贸区的中外合资融资租赁公司，注册资金5亿元人民币。日升租赁管理团队汇聚了一批资深行业精英，主要成员来自工商银行、远东国际租赁、恒信金租、民生银行、华夏银行、欧力士租赁、环球租赁、中航国际租赁、鑫桥租赁、狮桥租赁、中国融资租赁等知名企业。

日升租赁创新性地将融资租赁与国家产业政策和实体企业需求相结合，形成了独有的"融资租赁+"的经营模式，产业方面以医疗、汽车、通用航空租赁等为主营业务方向，积极开发与产业定位相关的医疗PPP项目以及医疗诊断项目，同时与银行、信托、证券、保险、基金、保理、互联网金融等各金融机构紧密合作，探索结构化融资新途径，加强模式和产品的创新，为客户创造更多的价值。

当前该公司的租赁业务项目主要集中在医疗设备融资租赁板块（包括但不限于回租、直租及政府借医院平台融资项目）。医院回租项目是指承租人（医院）将自有医疗设备出卖给出租人（租赁公司），同时与出租人签订一份融资租赁合同，再将该物件从出租人处租回的租赁形式；医院直租项目是指出租人（租赁公司）根据承租人（医院）对出卖方（设备供应商）、租赁物的选择，向出卖方购买租赁物件，提供给承租人使用并向

承租人收取租金的租赁形式。

(二) 日升租赁已操作的医疗融资租赁案例

1. 吉林省某三级甲等综合医院回租项目。

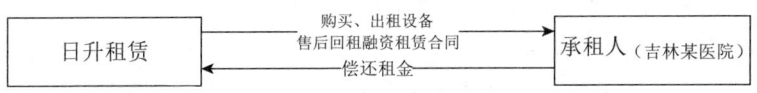

2. 四川省南充市某三级乙等综合医院直租项目。

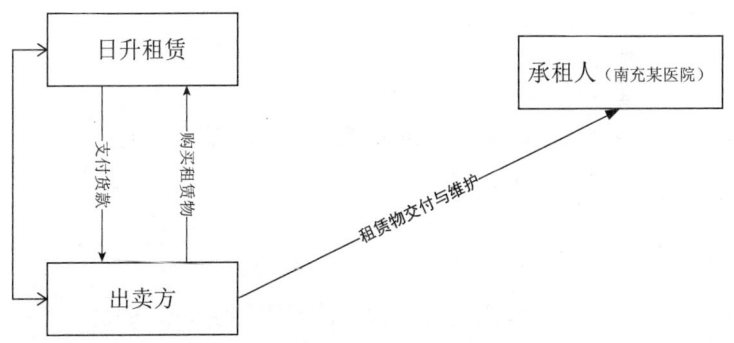

3. 云南省某二级甲等综合医院政府融资回租项目。

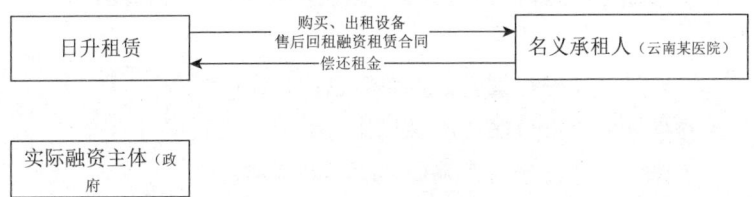

(三) 日升租赁医疗设备融资租赁项目授信审查政策

日升租赁操作医院融资租赁项目，应当满足以下要件：
1. 非营利性医院。

2. 卫生局评定的等级为二级甲等及以上。

3. 至少3年的营运历史，主要管理者具备5年以上的从业经验。

4. 年收入不低于5000万元。

5. 资产负债率原则上不高于50%。

如为地方政府借医院平台融资，还应满足：

6. 医院所处城市人口不得低于60万。

7. 地方政府一般公共预算收入不低于15亿元，税收收入不低于一般公共预算收入的80%。

8. 政府负债余额不高于一般公共预算收入的2倍。

（四）日升租赁医院融资租赁项目操作流程及操作要点

1. 项目初步评价：

（1）对照公司的授信审查政策了解项目基本情况；

（2）信审发表初步意见；

如初步判断该项目可继续推进，安排现场尽调。

（3）尽调准备工作：

①整理医院已提供资料，列出补充资料清单，发医院准备；

②通过中国医院等级查询系统核实医院等级；

③通过动产融资统一登记系统查询医院融资登记；

④通过中国裁判文书网和全国法院被执行人信息查询系统查询医院涉诉信息；

⑤通过互联网查询有关负面信息；

⑥统计分析银行账户流水，并与报表收入数据对比；

⑦比对征信报告与医院提供的财务资料；

⑧制定现场尽调计划，结合医院的状况，确定关注重点。

2. 现场尽职调查：

（1）院长访谈：

①向其详细解释融资租赁的概念、特点，表达合作的诚意；

②了解医院经营状况及财务状况,与财务报表等其他信息来源进行交叉验证;

③了解医院现有融资情况、此次融资用途及未来投资计划;

④了解院长本人情况及医院未来的投资计划,判断对后期租金偿还的影响程度;

⑤向其告知融资租赁还款的刚性及还款细节,保证后期租金回收顺畅。

(2) 财务科长访谈:

①了解医院经营状况、收入状况、资产负债状况;

②了解医院首付款及保证金的准备情况,确认付款时点等细节;

③了解医院支付租金的流程,并与相关人员做好沟通工作,为后期的资产管理工作做好准备。

(3) 设备科长陪同查验拟租赁设备:

①掌握租赁物件的收费情况,预计病源量等;

②掌握租赁物件的运营方式(重点关注该租赁设备背后有无投放、合作分成等行为);

③掌握租赁物件的招投标流程、预计到货时间及场地的准备情况;

④掌握租赁物件的规格型号、制造厂家、价格及配置情况。

(4) 统计挂号交费人数。

(5) 查询医疗收费系统。

(6) 清点抽查病床数。

(7) 与当地居民攀谈。

3. 撰写尽调报告。

4. 项目评审会评审过会。

5. 放款。

6. 租后资产管理。

三、山东省新华医疗器械厂与中国华融信托投资公司清算组融资租赁合同纠纷案

(一) 裁判要旨

融资租赁合同明确约定出租方转让对出卖方的索赔权应当自合同生效时生效。融资租赁合同本质是租赁合同,不能与外汇贷款合同所属的借贷合同混为一谈。

(二) 案情

1990年12月7日,中国工商银行信托投资公司(以下简称投资公司)与山东新华医疗器械厂(以下简称新华厂)签订融资租赁合同,约定:投资公司根据新华厂的要求,为新华厂购买一次性注射器设备,租给新华厂使用。租赁期间,租赁物所有权归投资公司,新华厂只有使用权。租赁期限5年,租期从租赁物交付之日起计算。租金支付方式,从1992年开始,分8期偿还。新华厂根据自己的需要选定租赁物件,负责对外进行规格、性能、型号等技术谈判,并和投资公司或其代理人一起参加商务谈判。在购买租赁物的商务合同上,新华厂应与投资公司或其代理人共同签字。租赁物由卖方或投资公司向新华厂交货。投资公司将根据购买合同的索赔规定,将把对卖主的索赔权转让给新华厂。1992年9月30日至1993年2月8日,英百达国际有限公司三次派员对设备进行安装调试,由于缺少配件和有关部件存在质量问题,设备达不到生产要求。1993年2月15日和1994年3月1日,新华厂多次向投资公司和英百达国际

有限公司致函，要求维修设备，并向其提出索赔。

1997年5月5日，根据中国人民银行银复（1996）407号《关于中国工商银行信托投资公司变更名称的批复》，投资公司更名为中国华融信托投资公司（以下简称华融信托）。1998年2月6日，华融信托和新华厂就还款事宜达成《延期还款协议书》，1998年12月，华融信托与新华厂又签订《债权债务确认书》。

2000年3月8日，华融信托诉至山东省高级人民法院，请求判令新华厂支付租金3 496 180.93美元，利息2 929 930.49美元（暂计至1999年12月20日）及至给付之日的利息。

本案争议的焦点为：出租方向承租方转让索赔权的生效时间如何确定；《延期还款协议书》和《债权债务确认书》是否意味着原融资租赁合同的性质改变为外汇贷款合同。

（三）裁判

1. 一审：1990年12月7日，投资公司与新华厂签订的租赁合同是双方当事人真实意思表示，不违反国家法律规定，合法有效。根据合同约定，投资公司向新华厂提供了租赁物件，新华厂接受租赁物件后，经山东省进出口检验局进行检验，租赁物件存在瑕疵，新华厂于1993年2月15日、1994年3月1日致函，向投资公司和供货商提出过索赔及处理要求，之后，双方未再就此问题作进一步协商，新华厂也未再向投资公司提及质量索赔问题。1998年6月30日，双方在签订债权债务确认书时，也未涉及索赔问题。至此应认定新华厂放弃了对质量问题的索赔。事过7年以后，再向投资公司主张质量问题，本院不予支持。投资公司虽迟交租赁物，但并未多计租期。投资公司更名为华融信托后，与新华厂签订债权债务确认书，是对双方债权债务的进一步确认，同时将租赁变更为外汇租赁贷款，对此原被告双方均无异议。按照双方变更的贷款关系，此后，新华厂应按同期贷款利率支付利息。原告华融信托依据协议确认的债权向新华厂主张权利理由正当。1998年2月6日，双方签订的延期还款协议有效与否，并不影响新华厂向华融信托支付租金及利息。新华厂以延期还款协议无效为由，主张债权债务确认书无效，理由不当。确认书确认了双方的债权债务，新华厂应当履行其还款义务。

2. 二审：1990年12月7日，华融信托与新华厂签订的融资租赁合同，系双方当事人真实意思表示，且不违反国家法律法规的规定，应认定为合法有效。华融信托、新华厂和英百达国际租赁有限公司在《融资租赁合同》和《购销合同》中约定将出租方华融信托对租赁物瑕疵的对外索赔权转让给承租方新华厂，故索赔权自合同生效之日起即转让给了新华厂。索赔权自合同生效之日起即转让给了新华厂。《延期还款协议书》与《债权债务确认书》的内容不违反法律规定，合法有效，应认定是对融资租赁合同项下的租金和利息的延期与确认，并未变更双方法律关系的性质。一审判决认定新华厂与华融信托因签订了《延期还款协议书》和《债权债务确认书》，已将原融资租赁关系变更为外汇贷款关系不当，应予纠正。判决如下：撤销山东省高级人民法院（2000）鲁法经初字第5号民事判决；山东新华医疗器械厂支付中国华融信托投资公司清算组租金本金3 544 497.40美元（已偿付的40万元人民币从应付本金中予以扣除）及相应的利息（1998年6月20日前为2 147 159.61美元，之后的利息按中国人民银行同期贷款利率计付）。

（四）评析

承租方应当了解融资租赁合同所约定的内容，认清自己的权利义务，积极且应在法定期限内行使自己的权利。

(五) 案号：(2000) 鲁法经初字第 5 号

(2001) 民二终字第 17 号

四、湖南省中源医疗器械销售有限公司与攸县皇图岭中心卫生院融资租赁合同纠纷案

（一）裁判要旨

发起人为设立公司以自己名义对外签订合同，合同相对人请求该发起人承担合同责任的，人民法院应予支持。公司成立后对前述规定的合同予以确认，或者已经实际享有合同权利或者履行合同义务，合同相对人请求公司承担合同责任的，人民法院应予支持。

公司的控股股东、实际控制人、董事、监事、高级管理人员不得利用其关联关系损害公司利益。

（二）案情

中源医疗于2010年6月11日成立，王志江系中源医疗股东之一。2010年3月18日，中源医疗（出租人）与攸县第三人民医院（承租人）签订了《融资租赁合同》。王志江于2009年4月14日与攸县卫生局及攸县第三人民医院签订了简称《目标管理责任书》，约定2009年1月1日至2015年12月31日期间，王志江为卫生院工作目标管理责任人，依法自主经营及进行内部管理，自主分配，亏损由王志江自负。另，《目标管理责任书》于2012年1月13日终止。中源医疗诉请攸县第三人民医院继续履行合同，并支付拖欠的租金。攸县第三人民医院亦提起反诉，请求确认《融资租赁合同》无效或未生效，否则请求判令解除《融资租赁合同》，并要求中源医疗返还不当得利。

本案双方争议的焦点问题是:《融资租赁合同》是否有效及是否应予解除;攸县第三人民医院是否应向中源医疗支付租金,中源医疗的租赁设备是否归攸县第三人民医院所有,以及攸县第三人民医院请求中源医疗返还不当得利是否有依据。

(三) 裁判

1. 一审:

(1) 关于合同效力问题。《融资租赁合同》系双方自愿签订,且为双方当事人的真实意思表示。合同签订时中源医疗虽未成立,但在中源医疗注册成立之后,双方实际履行了该份合同,表明中源医疗追认了合同的效力。王志江在代表攸县第三人民医院与中源医疗签订合同时,虽是中源医疗的股东,但并没有证据证明王志江与中源医疗恶意串通,损害了攸县第三人民医院的利益。关于合同是否生效的问题,双方在合同中约定了承租人应承担一定义务后合同生效,承租人虽未履行上述义务,但出租人中源医疗在合同实际履行过程中已经认可了合同的生效,双方通过实际履行合同的行为认可了合同的生效。

(2) 关于合同是否符合法定解除条件的问题。王志江的承包经营属于内部管理问题,不属于上述规定的"无法预见、非不可抗力造成的不属于商业风险的重大变化",因此攸县第三人民医院以此主张解除合同的理由不成立。

(3) 关于中源医疗请求支付租金及攸县第三人民医院请求返还不当得利的问题。攸县第三人民医院支付中源医疗的款项系依据双方的合同支付,且无证据证明其超过合同标的已经支付,因此攸县第三人民医院主张其支付的 4 643 414.74 元系中源医疗的不当得利的理由不能成立。

2. 二审:

(1) 合同效力问题同一审法院判决。

（2）合同没有《中华人民共和国合同法》及最高人民法院相关司法解释规定的关于合同解除的情形，对于解除合同的请求，不予支持。

（3）攸县第三人民医院上诉称中源医疗应返还不当得利（已支付的租金）的理由不能成立，且第三人民医院应向中源医疗支付租金。

（四）评析

公司设立过程中所为法律行为的效力主要从行为名义人的区分和实际履行合同义务或获得利益两方面考量。公司股东身兼数职，同时作为合同双方代表人进行自我交易时，应当警惕其是否利用自身关联关系损害公司利益。公司章程应当明确约定自我交易的限制条件，预防股东滥用股东权利。

（五）案号：（2015）湘高法民二终字第54号

五、融资租赁合同与一般租赁合同的区分
——济南市微至医疗器械有限公司与宁阳县中医院租赁合同纠纷案

（一）裁判要旨

融资租赁合同是出租人根据承租人对出卖人租赁物的选择，向出卖人购买租赁物，提供给承租人使用，承租人支付租金的合同。该合同的特点涉及三方当事人，即出租人（买受人）、承租人和供货商（出卖人）。承租人要求出租人为其融资购买承租人所需的设备，然后由供货商直接将设备出售给承租人。

对名为融资租赁合同，但实际不构成融资租赁法律关系的，人民法院应按照其实际构成的法律关系处理。

（二）案情

2008年8月，宁阳县中医院租赁微至公司彩超一台，每月租金16 800元，租赁期限5年。2008年9月，双方签订第二份租赁彩超协议，内容与第一份相同。合同签订后，微至公司向宁阳县中医院交付了两台彩超，租金已支付至2009年5月31日。自2009年6月1日，宁阳县中医院开始不按时支付租金。为此，微至公司诉请宁阳县中医院支付自2009年6月1日起至判决生效之日的租金（其中从2009年6月1日起至2010年9月30日的租金为479 200元）及相应滞纳金。本案争议的焦点是双方签订的《租赁彩超协议》性质的认定问题和双方签订的

《租赁彩超协议》是否有效。

(三) 裁判

1. 一审：双方之间签订的两份租赁彩超协议均是双方当事人的真实意思表示，租赁协议有效。微至公司已按协议约定履行了自身义务，宁阳县中医院亦应按协议约定履行其按时足额支付租金的义务。同时，宁阳县中医院还辩称协议内容显失公平，约定的租金过高，但主张无依据，不予支持。因租赁彩超协议中未约定滞纳金的条件和支付标准，微至公司要求宁阳县中医院支付滞纳金的请求无依据，不予支持。

2. 再审一审：本案双方建立的法律关系符合融资租赁合同的特征，双方已建立了融资租赁合同关系。因出租人微至公司不具备融资租赁的主体资格，双方所签《彩超租赁协议》应为无效合同。因合同无效，被申诉人微至公司要求宁阳县中医院支付滞纳金的诉讼请求于法无据，不予支持。租赁彩超协议已经履行且租赁物正在使用，合同无效如果判令互相返还，显然对出租方不公平，因此不予返还由承租人按照市场价格支付的使用费。

3. 再审二审：维持原审一审判决，撤销再审一审判决。

4. 再次再审：首先，微至公司与宁阳县中医院签订的两份《彩超租赁协议》系有效合同。依法成立的合同，自成立时生效。其次，微至公司与宁阳县中医院签订的两份《彩超租赁协议》，其性质并非融资租赁合同。最后，双方当事人应按照协议约定全面履行自己的义务。

(四) 评析

在签订大额医疗设备租赁合同时，应当明确辨析融资租赁合同和一般租赁合同的区别，主要是当事人数量和当事人之间的权利义务关系不同。合同性质与承租人在租赁期对租赁物权利的行使有极大的关联。

(五) 案号:(2015) 泰民再字第 11 号

六、合同无效的情形
——河北省枣强县人民医院诉远东国际租赁有限公司融资租赁合同纠纷案

（一）裁判要旨

根据《合同法》第52条的规定，一方以欺诈、胁迫的手段订立合同，损害国家利益或者恶意串通，损害国家、集体或者第三人利益的合同无效。

（二）案情

2011年9月22日，远东公司与枣强医院签订了一份《融资租赁合同》，约定：远东公司向华源公司购买微波热疗机一台出租给枣强医院使用；租赁成本人民币390万元，留购价格100万元，租赁期共60个月，租金每月支付，租金总额4 713 816.30元；枣强医院支付远东公司保证金39万元；如果枣强医院未按时、足额支付任一期租金或其它应付款项，远东公司有权收回或处置租赁物件，并要求赔偿损失，包括全部到期和未到期的租金、违约金。同日，远东公司、枣强医院和华源公司签订了一份《购买合同》。在上述两份合同签订之前即2011年9月9日，华源公司与远东公司已签订协议，约定华源公司向远东公司提供保证金58.5万元，担保枣强医院履行租赁合同，保证金从设备款中直接扣除。枣强医院按时交付租金至2013年6月，至2013年7月起未再付款。远东公司遂起诉要求枣强医院支付租金和违约金。枣强医院称其签约时受到欺诈，合同应属无效。

本案的争议焦点是涉案合同的效力。

(三) 裁判

1. 一审：本案融资租赁合同关系合法有效，枣强医院未按约支付租金构成违约，应承担违约责任。

2. 二审：枣强医院在签约后从未针对合同效力提起过撤销之诉，反而履行了较长时间，双方之间的融资租赁关系合法有效，双方应依约履行。

(四) 评析

根据我国《合同法》规定，合同成立生效的要件为：主体合法，意思表示真实，内容不违法。具备以上三个要件即为有效合同，故当事人在主张合同无效时，应当对不合法要件举证，并且积极行使撤销权。

(五) 案号：(2014) 沪一中民六 (商) 终字第 156 号

七、融资租赁合同违约责任的承担

——仲利国际租赁有限公司与青岛颐鼎隆精密机械有限公司、青岛宏源达医疗器械有限公司融资租赁合同纠纷案

（一）裁判要旨

承租人逾期履行支付租金义务或者迟延履行其他付款义务，出租人按照融资租赁合同的约定要求承租人支付逾期利息、相应违约金的，人民法院应予支持。

连带责任保证的债务人在主合同规定的债务履行期届满没有履行债务的，债权人可以要求债务人履行债务，也可以要求保证人在其保证范围内承担保证责任。

（二）案情

2015年10月21日，原告仲利国际租赁有限公司与被告青岛颐鼎隆精密机械有限公司签订《融资租赁合同》，约定原告作为出租人以融资租赁方式将租赁物出租给被告青岛颐鼎隆精密机械有限公司使用。被告青岛宏源达医疗器械有限公司、袁磊、徐帅、袁淑军作为被告青岛颐鼎隆精密机械有限公司的连带保证人向原告提供连带保证，并签订了《保证书》。原告依约向被告青岛颐鼎隆精密机械有限公司交付租赁物，被告青岛颐鼎隆精密机械有限公司目前仅支付第1至9期租金319 600元，已到期第9期租金28 700元（租金日为2016年7月21日）及未到期第10至36期租金908 900元尚未支付。因此，原告诉请被告

支付全部未支付租金、逾期利息和违约金，并且要求连带保证责任人承担保证责任。

（三）裁判

原告与被告青岛颐鼎隆精密机械有限公司签订的《融资租赁合同》不违反法律的强制性规定，合同合法有效，当事人应按照约定履行自己的义务。被告青岛宏源达医疗器械有限公司、袁磊、徐帅、袁淑军应依据《保证书》的约定对被告青岛颐鼎隆精密机械有限公司的上述债务承担连带保证责任。

（四）评析

合同相对人不履行合同义务时，应当积极行使追究法律责任的权利。在合同中约定适当的保证人，能够更加有效地规避合同风险。保证人在为他人提供担保时，应当仔细调查审核被保证人的信誉、资质等情况，避免自身损失。

（五）案号：（2016）鲁 0202 民初 6169 号

八、融资租赁合同违约责任的承担
——常德市武陵区兴鑫医疗器械有限公司与汉寿县普安医院融资租赁合同纠纷案

（一）裁判要旨

融资租赁合同是出租人根据承租人对出卖人、租赁物的选择，向出卖人购买租赁物，提供给承租人使用，承租人支付租金的合同。

当事人协商一致，可以变更合同。

（二）案情

2011年8月8日，兴鑫医疗器械公司与汉寿县普安医院签订《医疗设备租赁合作协议》，约定兴鑫医疗器械公司采购一台柯尼卡牌CR影像成像系统和台开立牌彩超提供给普安医院使用，普安医院在上述两台医疗设备的经营收入中扣除胶片费用后按65%的比例支付给兴鑫医疗器械公司作为设备租金。协议签订后，签约双方均依约履行了协议约定义务。2016年3月，普安医院变更了法定代表人，拒绝继续支付兴鑫医疗器械公司设备租金及过往拖欠的设备租金。故兴鑫医疗器械公司诉请：判令普安医院支付兴鑫医疗器械公司医疗设备租金81 859元；普安医院赔偿兴鑫医疗器械公司损失3000元。

本案争议焦点在于：原、被告签订的《医疗设备租赁合作协议》是否有效；被告普安医院是否应给付原告兴鑫医疗器械公司设备租赁款、交通食宿费。

（三）裁判

原、被告之间成立融资租赁合同关系。原告兴鑫医疗器械公司取得了医疗器械经营许可证，其与被告普安医院约定的融资租赁合同内容符合法律规定，合同合法有效。原告兴鑫医疗器械公司在履行《医疗设备租赁合作协议》前期，按约免费提供 CR 胶片，但后期 CR 胶片尺寸扩大，费用增加，原、被告进行协商，就 CR 胶片费用的负担达成一致变更协议，改为各自按比例负担，双方上述变更合同的行为系当事人真实意思表示，符合法律规定，合同有效。判决如下：

1. 被告汉寿县普安医院支付原告常德市武陵区兴鑫医疗器械有限公司设备租赁费 81 859 元，限本判决生效后 5 日付清；

2. 驳回原告常德市武陵区兴鑫医疗器械有限公司其他的诉讼请求。

（四）评析

合同当事人因公司法人变更等情形发生变化时，若合同无特别规定，变更后的当事人应当继受前合同约定的权利义务。对方当事人发生变化，应当及时更换当事人，便于更好地履行合同，达到合同目的。

（五）案号：（2016）湘 0722 民初 1561 号

九、融资租赁合同违约责任的承担
——江苏金融租赁有限公司与衡山县第二人民医院融资租赁合同纠纷案

(一) 裁判要旨

承租人逾期履行支付租金义务或者迟延履行其他付款义务,出租人按照融资租赁合同的约定要求承租人支付逾期利息、相应违约金的,人民法院应予支持。

(二) 案情

2009年8月21日,金融租赁公司与衡山县医院签订《融资租赁合同》一份,约定:金融租赁公司根据衡山县医院的要求,向三鸣医疗器械公司支付1 000 000元价款购买彩超机一台、麻醉机一台作为租赁物出租给衡山县医院使用,租赁期限自2009年8月21日起至2012年8月21日止。同日,金融租赁公司、湖南省三鸣医疗器械有限公司、衡山县医院签订了《买卖合同》一份,约定:金融租赁公司根据衡山县医院对卖方和租赁物的选择,以出租给衡山县医院为目的,向三鸣医疗器械公司购买彩超机、麻醉机各一台,租赁物明细与《融资租赁合同》附表中载明的租赁物价格和原价一致,价值为1 000 000元,买方按承租方《付款通知书》的要求向卖方支付第一笔设备款后,本合同租赁物的所有权属于买方。衡山县医院自2012年1月起未再按约支付租金。

(三) 裁判

原、被告双方签订的《融资租赁合同》《买卖合同》均合法有效。金融租赁公司已按约购买租赁物并提供给衡山县医院使用，而衡山县医院未按约支付租金，其行为已构成违约，应承担相应的违约责任。

(四) 案号：(2013) 鼓商初字第 358 号

十、公司合并后债权债务的承担
——武汉秀和科技有限公司与京山县妇幼保健计划生育服务中心融资租赁合同纠纷

(一) 裁判要旨

承租人逾期履行支付租金义务或者迟延履行其他付款义务,出租人按照融资租赁合同的约定要求承租人支付逾期利息、相应违约金的,人民法院应予支持。

公司合并时,合并各方的债权、债务,应当由合并后存续的公司或者新设的公司承继。

(二) 案情

2010年2月4日,原告(甲方)武汉秀和科技有限公司与原京山县计生站(乙方)签订《融资租赁合同》,约定原告将型号为X4的麦迪逊黑白超声诊断系统一台、500毫安万东X光机一台、国产腹腔镜一台租赁给原京山县计生站使用。京山县计生站未按合同给定支付租金。京山县计生站已与京山县妇幼保健院合并组建设立被告单位。故原告诉请被告京山县妇幼保健院支付所欠设备租金、延迟履行利息。

(三) 裁判

双方签订的融资租赁合同意思表示真实,内容合法有效,对双方具有法律约束力。现原告已按约定将租赁物交付给京山县计生站使用,履行了合同义务,京山县计生站虽然按约定支付了部分租金，并取得了设备的所有权，但其拒绝给付原告剩余租金构成违约，应当承担给付原告剩余租金的违约责任。现由于京山县计生站已与京山县妇幼保健院合并组建设立被告单位，其债权债务已由被告承继，被告应对京山县计生站所负原告债务承担清偿责任，故对原告要求被告支付剩余租金27万元的诉讼请求予以支持。

（四）评析

当事人一方未支付价款或者报酬的，对方可以要求其支付价款或者报酬。公司合并不影响债权债务的继承，但合并前应当通知债权人，以便债权人及时行使追偿权利，或要求公司清偿债务，或要求公司提供相应的担保。

（五）案号：（2017）鄂0821民初867号

十一、融资租赁合同违约责任的承担
——华胜天成(中国)融资租赁有限公司与兴安盟蒙医院融资租赁合同纠纷案

(一)裁判要旨

承租人逾期履行支付租金义务或者迟延履行其他付款义务,出租人按照融资租赁合同的约定要求承租人支付逾期利息、相应违约金的,人民法院应予支持。

(二)案情

2012年12月6日,原告(出租人)华胜天成(中国)融资租赁有限公司与被告(承租人)兴安盟蒙医院签订《融资租赁合同》。同日,原告与被告签订《回租物品转让协议》。两个合同约定双方以售后回购方式达成融资租赁合同关系。根据这两个合同的约定,被告将其从长春健程医疗器械有限公司(以下简称健程公司)采购的医疗设备(彩色多普勒超声诊断仪1台,化学发光免疫分析系统1套)以3 200 000元的价格出卖给原告,然后再从原告处租回使用,并按期向原告支付租金。合同签订后,因被告尚未向健程公司支付上述医疗设备的采购价款,故原告、被告与健程公司签订了《支付协议》,约定原告直接向健程公司支付3 200 000元,支付完成即视为被告向健程公司支付了采购价款,又视为原告向被告支付了设备转让款。《融资租赁合同》开始履行后,被告按时支付了前24期租金,从第25期租金(即2015年1月11日)开始逾期支付,虽经原告书面催告，被告一直拖欠至今。故原告诉请被告支付所欠设备租金、违约金、律师费、诉讼费。

(三) 裁判

原告（出租人）与被告（承租人）签订的《融资租赁合同》及附件系双方当事人的真实意思表示，内容不违反法律和行政法规的强制性规定，且原告取得了从事融资租赁经营的行业许可，《融资租赁合同》合法有效，双方均应按照约定全面履行自己的义务。

(四) 评析

合同相对人不履行合同义务时，应当积极行使追究法律责任的权利。

(五) 案号：(2015) 滨民初字第 1440 号

十二、融资租赁合同违约责任的承担

——拉赫兰顿融资租赁（中国）有限公司与常德市肿瘤医院融资租赁合同纠纷案（案一），拉赫兰顿融资租赁（中国）有限公司与磐石博仁医院、艾辉融资租赁合同纠纷案（案二），拉赫兰顿融资租赁（中国）有限公司与莒南县板泉中心卫生院、济南源生堂医疗器械有限公司融资租赁合同纠纷（案三）

（一）裁判要旨

承租人逾期履行支付租金义务或者迟延履行其他付款义务，出租人按照融资租赁合同的约定要求承租人支付逾期利息、相应违约金的，人民法院应予支持。

连带责任保证的债务人在主合同规定的债务履行期届满没有履行债务的，债权人可以要求债务人履行债务，也可以要求保证人在其保证范围内承担保证责任。

（二）案情

1. 案情一：2012年11月8日，原告拉赫兰顿融资租赁（中国）有限公司与被告常德市肿瘤医院签订了《租赁协议》和《转让合同》，与销售商湖南名鼎医疗器械有限公司签订了《保证金及支付协议》。根据上述合同，原、被告之间建立融资租赁合同关系，为售后回租之目的，被告向原告转让TOSHIBAActivion16TSX-031A型X射线计算机断层扫描系统1套、DSM90BDR设备1套、德国蛇牌PV440腹腔镜1套、美国强生GEN-300超声刀1套和

XC30 小 C 臂 1 台，并由原告作为出租人将上述设备作为租赁物出租给被告使用，合同约定租赁期间内被告作为承租人应向原告支付租金。被告亦向原告支付了保证金 860 500 元。起租后不久，被告多次拖延支付到期租金。故原告诉请被告支付所欠设备租金、违约金、律师费、诉讼费。

2. 案情二：原告拉赫兰顿融资租赁（中国）有限公司诉称，2014 年 10 月，被告博仁医院与案外人吉林传祺商贸有限公司签订《医疗器械销售合同》，约定被告博仁医院向案外人吉林传祺商贸有限公司购买 Philips 牌 DuraDiagnostCompactDR 数字化 X 线摄影系统一套以及 Philips 牌 MX16CTX 射线计算机断层摄影系统一套，总价为人民币（以下币种同）662 万元。2014 年 12 月，被告博仁医院与原告签订了《转让合同》，约定以回租为目的，被告博仁医院向原告出售上述设备。同日，原告与被告博仁医院签订《融资租赁协议》，约定租赁期限为 36 个月，首付租金为 1 324 000 元，每期租金（首付租金除外）为 166 518 元。另，被告艾辉于 2014 年 12 月 7 日向原告出具了《保证函》，就被告博仁医院在《融资租赁协议》项下的所有支付义务承担担保责任。保证期间为《保证函》签署后至承租人的最后一项被保证债务履行期届满之日起两年。

3. 案情三：原告拉赫兰顿融资租赁（中国）有限公司诉称，2013 年 6 月 14 日，原告与被告莒南县板泉中心卫生院签订《转让合同》，约定：原告取得相关租赁物完整和不受限制的所有权，并将租赁物以融资租赁方式回租给承租人，为此原告支付租赁物价款从被告莒南县板泉中心卫生院处购买租赁物。同时，原告与被告莒南县板泉中心卫生院签订了《租赁协议》，约定：被告莒南县板泉中心卫生院向原告承租租赁物，且按期支付租金。同时，原告与被告济南源生堂医疗器械有限公司签署

《保证金及支付协议》约定，如承租人违反《租赁协议》或《转让合同》项下的义务，原告有权将被告济南源生堂医疗器械有限公司所提供的保证金用于弥补其自身损失。故原告诉请被告应当支付所欠租金、违约金、律师费、诉讼费。

（三）裁判

1. 案一：原、被告签订的系列合同系当事人的真实意思表示，内容不违反法律、行政法规的强制性规定，合法有效，当事人理应恪守。判决如下：

（1）被告常德市肿瘤医院应于本判决生效之日起10日内向原告拉赫兰顿融资租赁（中国）有限公司支付租金人民币4 832 610.29元；

（2）被告常德市肿瘤医院应于本判决生效之日起10日内向原告拉赫兰顿融资租赁（中国）有限公司支付截至2015年9月7日止的违约金人民币271 534.19元；

（3）被告常德市肿瘤医院应于本判决生效之日起10日内向原告拉赫兰顿融资租赁（中国）有限公司支付2015年9月8日起至实际清偿日止的违约金（以人民币5 104 144.48元为基数，按中国人民银行同期同类贷款利率的4倍计算）；

（4）被告常德市肿瘤医院应于本判决生效之日起10日内向原告拉赫兰顿融资租赁（中国）有限公司支付律师费人民币80 000元。

2. 案二：原告与被告博仁医院所签的《转让合同》《融资租赁协议》，均系当事人真实意思表示，不存在合同无效的法定情形，故合法有效，双方均应按照约定全面履行自己的义务。被告磐石博仁医院应于本判决生效之日起10日内向原告拉赫兰顿融资租赁（中国）有限公司支付租金、迟延罚金、律师费，且被告艾辉对被告磐石博仁医院的上述付款义务承担连带清偿责任，被告艾辉履行保证责任后有权向被告磐石博仁医院追偿。

3. 案三：原、被告签订的系列合同系当事人的真实意思表示，内容不违反法律、行政法规的强制性规定，合法有效，当事人理应恪守。莒南县板泉中心卫生院应当向拉赫兰顿融资租赁（中国）有限公司支付相应的租金、违约金、律师费用。以上费用由被告济南源生堂医疗器械有限公司承担连带清偿责任，清偿后，被告济南源生堂医疗器械有限公司有权向被告莒南县板泉中心卫生院追偿。

（四）评析

合同相对人不履行合同义务时，应当积极行使追究法律责任的权利。在合同中约定适当的保证人，能够更加有效地规避合同风险。保证人在为他人提供担保时，应当仔细调查审核被保证人的信誉、资质等情况，避免自身损失。

（五）案号：（2015）浦民六（商）初字第 9617 号
（2015）浦民六（商）初字第 8151 号
（2015）浦民六（商）初字第 10122 号

第九编

公立医院其他纠纷案例分析与研究

一、医院公益诉讼案例
——白山市江源区卫生和计划生育局及江源区中医院行政附带民事公益诉讼案

（一）裁判要旨

检察机关在履行职责中发现负有监督管理职责的行政机关存在违法行政行为，导致发生污染环境，侵害社会公共利益的行为，且违法行政行为是民事侵权行为的先决或者前提行为，在履行行政公益诉讼和民事公益诉讼诉前程序后，违法行政行为和民事侵权行为未得到纠正，在没有适格主体或者适格主体不提起诉讼的情况下，检察机关可以参照《中华人民共和国行政诉讼法》第61条第1款的规定，向人民法院提起行政附带民事公益诉讼，由法院一并审理。

（二）案情

2012年，吉林省白山市江源区中医院建设综合楼时未建设污水处理设施，综合楼未经环保验收即投入使用，并将医疗污水经消毒粉处理后直接排入院内渗井及院外渗坑，污染了周边地下水及土壤。2015年5月18日，在江源区中医院未提供环评合格报告的情况下，江源区卫生和计划生育局对区中医院《医疗机构执业许可证》校验结果评定为合格。2015年11月18日，吉林省白山市江源区人民检察院向区卫生和计划生育局发出检察建议；江源区卫生和计划生育局于2015年11月23日向区中医院发出整改通知，但一直未能有效制止江源区中医院违法排放医疗污水，导致社会公共利益持续处于受侵害状态。经咨询吉林省环保厅，白山市环保局、民政局，吉林省内没有符合法律规定条件的可以提起公益诉讼的社会公益组织。2016年2月29日，白山市人民检察院以公益诉讼人身份向白山市中级人民法院提起行政附带民事公益诉讼，诉求判令江源区中医院立即停止违法排放医疗污水，确认江源区卫生和计划生育局校验监管行为违法，并要求江源区卫生和计划生育局立即履行法定监管职责责令区中医院有效整改建设污水净化设施。

（三）裁判

行政判决确认江源区卫生和计划生育局于2015年5月18日对江源区中医院《医疗机构执业许可证》校验合格的行政行为违法；判令江源区卫生和计划生育局履行监督管理职责，监督江源区中医院在3个月内完成医疗污水处理设施的整改。民事判决判令江源区中医院立即停止违法排放医疗污水。

（四）评析

本案是公益诉讼试点后全国首例行政附带民事公益诉讼案。

1. 检察机关作为公益诉讼人，可以提起行政附带民事公益诉讼。根据《人民检察院提起公益诉讼试点工作实施办法》（以下简称《检察院实施办法》）第56条和《人民法院审理人民检察院提起公益诉讼案件试点工作实施办法》（以下简称《法院实施办法》）第4条、第14条、第23条的规定，人民检察院以公益诉讼人身份提起民事或行政公益诉讼，诉讼权利义务参照民事诉讼法、行政诉讼法关于原告诉讼权利义务的规定。人民法院审理人民检察院提起的公益诉讼案件，《检察院实施办法》《法院实施办法》没有规定的，适用民事诉讼法、行政诉讼法及相关司法解释的规定。

根据《检察院实施办法》第 1 条和第 28 条规定，试点阶段人民检察院可以同时提起民事公益诉讼和行政公益诉讼的仅为污染环境领域。人民检察院能否直接提起行政附带民事公益诉讼，《检察院实施办法》和《法院实施办法》均没有明确规定。根据《检察院实施办法》第 56 条和《法院实施办法》第 23 条规定，没有规定的即适用民事诉讼法、行政诉讼法及相关司法解释的规定。其中《中华人民共和国行政诉讼法》第 61 条第 1 款规定了行政附带民事诉讼制度，该制度的设立主要是源于程序效益原则，有利于节约诉讼成本，优化审判资源，统一司法判决和增强判决权威性。在试点的检察机关提起的公益诉讼中，存在侵害生态环境领域社会公共利益的民事侵权行为，而负有监督管理职责的行政机关又存在违法行政行为，且违法行政行为是民事侵权行为的先决或前提行为，为督促行政机关依法正确履行职责，一并解决民事主体对国家利益和社会公共利益造成侵害的问题，检察机关可以参照《中华人民共和国行政诉讼法》第 61 条第 1 款的规定，向人民法院提起行政附带民事诉讼，由法院一并审理。

2. 检察机关提起行政附带民事公益诉讼，应当同时履行行政公益诉讼和民事公益诉讼诉前程序。《检察院实施办法》规定，人民检察院提起民事公益诉讼或行政公益诉讼，都必须严格履行诉前程序。行政附带民事公益诉讼涵盖民事公益诉讼和行政公益诉讼，提起公益诉讼前，人民检察院应当发出检察建议依法督促行政机关纠正违法行为、履行法定职责，并督促、支持法律规定的机关和有关组织提请民事公益诉讼。

3. 检察机关提起行政附带民事公益诉讼案件，原则上由市（分、州）以上人民检察院办理。《检察院实施办法》第 2 条第 1 款、第 29 条第 1 款、第 4 款规定："人民检察院提起民事公益诉讼的案件，一般由侵权行为地、损害结果地或者被告住所地的市（分、州）人民检察院管辖"；"人民检察院提起行政公益诉讼的案件，一般由违法行使职权或者不作为的行政机关所在地的基层人民检察院管辖"；"上级人民检察院认为确有必要，可以办理下级人民检察院管辖的案件"。由于检察机关提起的行政公益诉讼和民事公益诉讼管辖级别不同，民事公益诉讼一般不由基层人民检察院管辖，而上级人民检察院可以办理下级人民检察院的行政公益诉讼案件，故行政附带民事公益诉讼原则上应由市（分、州）以上人民检察院向中级人民法院提起。

有管辖权的市（分、州）人民检察院根据《检察院实施办法》第2条第4款规定将案件交办的，基层人民检察院也可以提起行政附带民事公益诉讼。

（五）本案来源：最高人民检察院2017年发布第八批指导性案例之检例第29号。

（六）案号：未公布。

二、医院申请执行案例
——北京某集团总医院申请执行陈某春医疗服务合同纠纷案

(一) 案情

2011年8月29日,被告陈某春因交通事故受伤进入原告北京某集团总医院住院治疗,于同年9月22日出院。2011年10月11日,被告陈某春因"左下肢肿痛一周"入住原告骨科病房,入院初步诊断为:"左下肢深静脉血栓形成DYT、左膝关节镜术后"。经治疗后检查,被告陈某春左下肢深静脉血检部分血管再通,关节活动度伸直0度,屈曲达90度。自2012年3月25日起至同年7月18日,原告北京某集团总医院先后二十余次通知其出院,但被告陈某春拒绝出院,仍然占用原告北京某集团总医院骨科病房第34床。自2012年7月18日,原告北京某集团总医院为被告陈某春办理了出院手续,且自该日起至今,原告北京某集团总医院未再对被告陈某春进行住院治疗。

根据本案查明的事实,法院认为被告陈某春的行为严重干扰了北京某集团总医院正常医疗秩序,侵害了原告北京某集团总医院的合法权益,影响了其他公民公平地享受医疗服务的权利,并于2014年12月10日作出判决,判决陈某春于本判决生效之日起7日内将位于北京市门头沟区黑山大街*号原告北京某集团总医院骨科病房34床腾退给原告北京某集团总医院。但陈某春未自动履行上述生效判决,北京某集团总医院申请强制执行。

(二）执行情况

执行期间，执行法官先后 6 次到医院做陈某春自动履行的思想工作，但其始终不予配合，其妻扬言闹事、拍照录音。鉴于陈某春拒不履行法律义务，法院于 2015 年 2 月 10 日组织强制执行，将陈某春搬离病床，妥善安排至其居所，并对在执行现场妨碍法院执行的两案外人采取司法拘留措施，确保这起案件的顺利执行完毕。

(三）评析

本案充分体现了执行工作的强制性，树立了法院的司法权威，弘扬了正确的社会价值导向。在近年来医患关系紧张的社会背景下，类似于本案的病人霸占病床、拒绝出院的现象并不罕见，已经成为"社会顽疾"。本案的典型意义就在于通过司法执行的途径，在法律途径下破解霸占医院病床的难题，为此类案件的执行提供了操作范本，倡导了在法治体系下解决矛盾纠纷的社会导向。

在该案件的强制执行过程中，法院认真贯彻高效、规范、公开、文明执行的指导思想，遵照最高人民法院院长周强关于执行工作应坚持"一性两化"的要求，以维护生效法律文书的效力，维护当事人合法权益和社会公共利益为出发点，一方面勇于迎难而上，坚决执行，规范执行；另一方面积极做好风险防控和强制执行方案，确保案件执行的社会效果和法律效果。在执行过程中，用足、用好、用活强制执行措施，坚决依法采取罚款、拘留等强制措施，严厉打击抗拒执行、阻碍执行甚至暴力抗法的行为；通过邀请人大代表、政协委员、人民陪审员到场监督，邀请新闻媒体进行现场报道，增强法院执行工作的参与度和透明度，赢得公众的理解和社会舆论的支持。

本案的顺利执行，也为积极构建社会各方力量参与解决医患矛盾体系提供了契机和动力，对推进整个社会的法治意识具有积极的作用。

（四）本案来源：最高人民法院 2016 年发布十起弘扬社会主义核心价值观典型案例之案例六。

（五）案号：（2014）门民初字第 2429 号。

三、聚众扰乱医院秩序案例
——陈金泉等聚众扰乱社会秩序案

（一）裁判要旨

聚众以围、堵、打、砸等方式扰乱医院正常工作秩序，情节严重的，构成聚众扰乱社会秩序罪。

（二）案情

2014年5月2日零时许，被告人陈金泉送其兄陈金木到福建省安溪县中医院五楼住院部就诊。当日5时许，陈金泉的姐姐被告人陈扁等因怀疑陈金木病情恶化系医院责任，殴打值班医务人员梁培榕、孙萍萍等人，并从医生陈炳煌手中抢走患者病历。8时左右，院方宣布陈金木经抢救无效死亡，陈金泉即通过打电话等方式召集亲友来医院。9时许，陈金泉、陈扁及陈金木的前妻被告人陈宝治、陈扁的丈夫被告人朱乾坤等在医院五楼打砸医生办公室、护士站、治疗室，致大量医用器具、器械、药品及电脑、打印机等物品损坏，殴打陈炳煌等医务人员和在场执勤的派出所协勤人员柯国欣、王智辉，并强行拉柯、王二人去看护陈金木尸体。随后，陈金泉等将陈金木尸体从病房移出，拉至医院一楼大厅入口处，设灵堂、烧纸钱、拉横幅、堵大门、围堵电梯出入口，打砸中药房、急诊科医生办公室、护士站、治疗室等，并殴打周艺娜、黄丽丽等医务人员及出警民警柯典强。综上，陈金泉等4名被告人殴打医务人员，致周艺娜轻伤、黄丽丽等7人轻微伤，毁损医院财物，造成医院经济损失3万余元,并导致医院医疗工作无法正常进行。

(三) 裁判

法院经审理认为,被告人陈金泉、陈扁、朱乾坤、陈宝治采取聚众围、堵、打、砸等方式扰乱医院正常工作秩序,造成多名医务人员受伤,情节严重,致使医院医疗工作无法进行,造成严重损失,其行为均已构成聚众扰乱社会秩序罪,应依法惩处。在共同犯罪中,陈金泉属首要分子,陈扁、朱乾坤、陈宝治属其他积极参加者。4名被告人均如实供述自己的罪行,并积极主动赔偿被害方经济损失,有悔罪表现,可从轻处罚。据此,依法对被告人陈金泉判处有期徒刑3年;对被告人陈扁判处有期徒刑1年3个月,缓刑1年3个月;对被告人朱乾坤、陈宝治判处有期徒刑1年,缓刑1年3个月。

(四) 分析

聚众以围、堵、打、砸等方式扰乱医院正常工作秩序,造成医务人员受伤,情节严重,致使医院医疗工作无法进行,造成严重损失的,行为人构成聚众扰乱社会秩序罪。

(五) **本案来源**:2015年最高人民法院发布四起涉医犯罪典型案例之案例三。

(六) **案号**:(2014)安刑初字第692号。

四、暴力伤医案例
——山东省莱钢医院陈建利暴力伤医案

（一）案情

2015年11月，犯罪嫌疑人陈建利之女因病在莱芜市莱钢医院死亡，后其多次与医院沟通协商解决方案未果。2016年10月3日，陈建利携砍刀到莱钢医院外科5楼医生休息室，找到儿科值班医生李宝华讨要说法。期间，陈建利从包中拿出砍刀砍击李宝华头部一刀，李宝华跑出医生休息室，陈建利当众持刀追砍至医生办公室门口，用力砍击李宝华头部两刀。李宝华跑进办公室后陈建利又用力砍击其头部10刀，并阻止其他医务人员进入室内救治。李宝华于当日16时许经抢救无效死亡，经法医鉴定，系重度颅脑损伤死亡。

（二）诉讼程序

山东省银山公安局直属分局于2016年10月3日对陈建利暴力伤医案立案侦查。10月7日，莱芜市钢城区检察院以涉嫌故意杀人罪批准逮捕犯罪嫌疑人陈建利。

（三）评析

案发后，最高人民检察院侦查监督厅立即启动重大敏感案件快速反应机制，指导山东省三级检察机关侦监部门提前介入公安机关的案件侦查工作。山东省莱芜市人民检察院和钢城区人民检察院组成专案组，于立案当日立即提前介入案件，重点对犯罪嫌疑人主观故意、医患纠纷情况、涉案证据提取、鉴定等提出引导取证的意见，及时与公安机关进行了沟通。经公安机关侦查，于10月6日以犯罪嫌疑人陈建利涉嫌故意杀人罪报请钢城区人民检察院审查逮捕。钢城区人民检察院受案后，立即开展了案件审查、讯问犯罪嫌疑人、案件讨论等工作。10月7日，钢城区人民检察院仅用1天即依法以涉嫌故意杀人罪对犯罪嫌疑人陈建利作出批准逮捕决定。陈建利暴力伤医案经媒体报道后引起社会舆论的广泛关注，检察机关积极主动作为，在确保案件质量的同时依法快速批捕犯罪嫌疑人，积极准确回应社会关切，彰显了检察机关在切实保障医疗工作者合法权益，努力促进医患关系和谐方面的重要作用。

（四）**本案来源**：最高检2016年公布检察机关服务健康中国建设典型案例之案例一。

（五）**案号**：未公布

五、医院寻衅滋事案例
——王敏寻衅滋事案(多次到医院滋事并殴打、辱骂、恐吓医务人员)

(一)裁判要旨

被告人为泄愤多次到医院任意毁损公共财物;在医院起哄闹事,造成医院秩序严重混乱;辱骂、恐吓并指使他人随意殴打医务人员,情节恶劣,其行为已构成寻衅滋事罪。

(二)案情

被告人王敏在某美容整形医院进行鼻部整形术失败后,到湖北省武汉市华中科技大学同济医学院附属同济医院整形美容外科,于 2008 年 5 月、2009 年 11 月两次接受了鼻部整形修复重建术。术后,王敏不满手术效果,多次到该科室纠缠、吵闹,用红色油漆在门诊室墙壁、门上乱涂乱画,书写侮辱性文字,打砸办公用品及门窗、天花板。2012 年 3 月,经人民调解委员会调解,双方达成调解协议。但此后王敏仍多次到该科室打砸打印机、电脑等办公物品,造成经济损失 1 万余元。同年 5 月 20 日早晨,王敏又指使他人在该科室医生徐逸上班途中对徐逸拳打脚踢,打碎徐逸的眼镜,致其轻微伤。王敏还多次给该科室医生叶子荣发送大量侮辱、威胁性质短信,并跟踪至叶子荣家中,扬言欲伤害叶的家人。

(三)裁判

本案由湖北省武汉市硚口区人民法院一审,武汉市中级人民法院二审。最终以寻衅滋事罪判决有期徒刑 4 年。

（四）评析

本案被告人王敏为泄愤多次到医院任意毁损公共财物，后果严重；在医院起哄闹事，造成医院秩序严重混乱；辱骂、恐吓并指使他人随意殴打医务人员，情节恶劣，其行为已构成寻衅滋事罪。且王敏多次实施上述行为，严重破坏社会秩序，且致 1 人轻微伤，酌情从重处罚。王敏自愿认罪，可酌情从轻处罚。据此，依法对被告人王敏判处有期徒刑 4 年。

（五）**本案来源**：2015 年最高人民法院发布四起涉医犯罪典型案例之案例二。

（六）**案号**：未公布

六、关于开通"120"急救电话纠纷案例
——溆浦县中医院诉溆浦县邮电局不履行法定职责案

（一）裁判要旨

15号文件表明政府要通过卫生行政主管部门以及邮电局对"120"急救电话的开通实施行政管理。邮电局执行此文件时与被审查的医疗机构之间发生的关系，不是平等的民事关系，而是特殊的行政管理关系。根据文件规定，确定哪一家医疗机构有开办"120"急救中心的资格，由卫生行政主管部门负责；而审查申请开通"120"急救电话的医疗机构是否符合15号文件的规定，决定是否给其开通"120"急救电话，则由邮电局负责。

（二）案情

原告湖南省溆浦县中医院（以下简称县中医院）根据上级文件的规定和主管部门批准，向被告湖南省溆浦县邮电局（以下简称县邮电局）申请开通"120"急救电话，被告不作为。故原告向湖南省溆浦县人民法院提起行政诉讼，请求判令被告立即履行开通"120"急救电话的职责，并赔偿原告的经济损失8万元。

（三）裁判

一审法院认为，被告县邮电局是企业单位，不具有通讯管理的行政职能，没有给原告县中医院开通"120"急救电话的法定义务，县中医院的诉讼请求不能成立。二审法院撤销一审判决，改判溆浦县邮电局从接到判决书的次日起15天内为溆浦县

中医院履行法定职责，开通"120"急救电话。

（四）评析

1. 邮电部门的性质。长期以来，我国对邮电部门实行政企合一的管理模式。邮电部门既具有邮电行政主管机关的职权，又参与邮电市场经营。经过改革，目前虽然邮政和电信初步分离，一些电信部门逐渐成为企业法人，但是由于电信行业的特殊性，我国电信市场并未全面放开，国有电信企业仍然是有线通讯市场的单一主体，国家对电信方面的行政管理工作，仍然要通过国有电信企业实施。这些国有电信企业沿袭过去的做法行使行政管理职权时，应视为《中华人民共和国行政诉讼法》第25条第4款所指的"由法律、法规授权的组织"。

2. 邮电局与申请开通"120"急救电话的医疗机构之间的法律关系。开办"120"急救中心，是医疗机构救死扶伤的一项公益事业。鉴于此举能给医疗机构带来一定收益，为使责任专一、趋利避害，防止因混乱而耽误抢救病人，政府对"120"急救事业实施行政管理，规定在一个行政区域只允许一家医疗机构开办"120"急救中心、开通"120"急救电话。"120"急救电话不是只要交纳安装费就能装的普通电话，因此省卫生厅、省邮电局联合下发的15号文件规定，只有功能较全，医疗急救水平较高，且急诊科已达标的综合医院，在经县卫生局指定并报地、市卫生行政主管部门批准后，才能获得开通"120"急救电话的特许权。联合文件还规定，邮电部门对开通"120"急救电话只收电话安装费，免费安装影示系统和电脑自答系统，免收电话费。这些明显不同于企业营利行为的优惠政策，既体现了政府支持举办此项公益事业的行政意志，也表明了政府对此项事业进行统一规范和管理。

15号文件下发给地、市和县级的卫生行政主管部门以及邮电局，正说明政府要通过这些职能部门对"120"急救电话的开通实施行政管理。邮电局执行这个文件时与被审查的医疗机构之间发生的关系，不是平等的民事关系，而是特殊的行政管理关系。它们之间因此发生争议而引起的诉讼，不是民事诉讼，而是行政诉讼。尽管行政诉讼中的被告通常是行政机关，但是为了维护行政管理相对人的合法权益，监督由法律、法规授权的组织依法行政，将其列为行政诉讼的被告，适用行政诉讼法解决其与管理相对人之间的行政争议，有利于化解社会矛盾、维护社会稳定。

3. 批准开通"120"急救电话的程序。按照15号文件的分工，确定哪一家医疗机构有开办"120"急救中心的资格，由卫生行政主管部门负责；而审查申请开通"120"急救电话的医疗机构是否符合15号文件的规定，决定是否给其开通"120"急救电话，则由邮电局负责。上诉人县中医院是被批准开办"120"急救中心的合格单位。县中医院向被上诉人县邮电局提出开通"120"急救电话的申请后，县邮电局即着手安装。该局后来又以"120"急救电话的开通应由邮电与卫生行政部门共同确定为由，拒绝对县中医院履行开通职责，却私自为另一家未经审批的医院开通"120"急救电话。这一事实说明，所谓"应由邮电与卫生行政部门共同确定"，只是县邮电局为达到与卫生行政部门分享开通确定权的目的而对15号文件的曲解；当其分权目的无法达到时，就不再坚持共同确定的主张，单方行使"120"急救电话的开通权力。因此县邮电局在接到上诉人县中医院的申请后拒不开通"120"急救电话，是不履行职责的错误行政行为，应当纠正。

（五）**本案来源**：最高院公报案例。

（六）**案号**：未公布。

七、医院不正当竞争案例
——宜昌市妇幼保健院不服宜昌市工商行政管理局行政处罚决定案

(一) 裁判要旨

《反不正当竞争法》第2条第3款规定的该法调整对象,不仅包括经核准登记、持有工商营业执照的经营者,还包括其他从事经营行为或营利性服务等与市场竞争有关活动的法人、其他经济组织和个人。保健院对收受的款、物冠以"捐赠"的名义,但不能掩盖保健院是因做成药品交易而收受了这些款、物的真相。

(二) 案情

原告保健院为全额拨款的全民所有制卫生事业单位,服务对象面向社会,开设内、外、妇、儿、皮肤、医疗美容、口腔等诊疗科目。自1998年11月至1999年8月期间,保健院在药品采购活动中,先后收受宜昌市医药公司等10家药品经销企业给付的25笔款计54 921.58元,收受价值3800元的空调一台,两项合计58 721.58元。以上收受的款、物,分别计入了该院财务账的其他收入科目和固定资产科目中。1999年11月,被告工商局在对保健院的药品购销活动进行检查时发现这一问题,通过立案、调查后于2000年2月1日,向保健院送达了工商述字(2000)第27号《行政处罚决定告知书》。保健院在法定期间内未行使陈述、申辩权。2月11日,工商局作出宜市工商处字(2000)027号行政处罚决定,以保健院收受款、物的行为违反了《反不正当竞争法》第 8 条第 1 款、国家工商行政管理局 (1996) 第 60 号令《关于禁止商业贿赂行为的暂行规定》第 2 条第 1 款、第 4 条的规定为由,根据《反不正当竞争法》第 22 条的规定,决定对保健院处罚款 1 万元。2 月 13 日,行政处罚决定书送达保健院。保健院不服,提起诉讼。

(三) 裁判

工商局根据查证的事实,依照《反不正当竞争法》第 22 条的规定,对上诉人保健院处以罚款 1 万元,适用法律正确,罚款数额在法定幅度内。一审和二审判决均维持工商局的行政处罚决定,其认定事实清楚,证据充分,适用法律正确,程序合法。

(四) 评析

1.《反不正当竞争法》调整范围。《反不正当竞争法》第 2 条第 3 款规定的该法调整对象,不仅包括经核准登记、持有工商营业执照的经营者,还包括其他从事经营行为或营利性服务等与市场竞争有关活动的法人、其他经济组织和个人。上诉人保健院虽为财政全额拨款的非营利性公益卫生事业单位,但其日常业务活动是营利的,这种活动是与市场竞争有关的经营行为,应当依照《反不正当竞争法》去规范。依法规范保健院的经营行为,不影响保健院将在经营中的获利用于其所称的弥补财政拨款不足。保健院上诉称其属于财政全额拨款的非营利性事业单位,所获收益用于弥补财政拨款不足,因此不应受《反不正当竞争法》调整的理由,不能成立。

2. 反不正当竞争中回扣与捐赠的区别。上诉人保健院以其在二审中提交的证据,主张其收受款、物入账是符合这些财务规定的。经查,这些证据只证明保健院对接受的捐赠款、物应当如何入账,并非指对接受的回扣或者折扣应当如何入账。而捐赠与回扣或者折扣是不同的概念。捐赠可以发生在任何时候，捐赠是无偿的，不能以受捐赠人必须对捐赠人的经营活动作出回报为前提。回扣或者折扣则发生在经营活动中，是经营者为促成经营使用的手段，接受回扣或者折扣的一方必须与经营者做成交易，才能获得回扣或者折扣。虽然保健院对收受的款、物冠以"捐赠"的名义，但不能掩盖保健院是因做成药品交易而收受了这些款、物的真相。如果保健院不与药品经销企业做成药品交易，则这些企业就不会给保健院"捐赠"。因此，保健院收受的涉案款、物，不是捐赠。保健院按捐赠款、物入账的规定来主张自己对收受涉案款、物的入账是正确的，理由不能成立。由于保健院对收受的款、物虽然入了账，但不是如实入账，不符合折扣"明示并如实入账"的要求，所以保健院上诉主张这些款物是变相折扣或高额折扣，理由也不能成立。

3. 行政处罚听证程序的适用。《中华人民共和国行政处罚法》第42条规定："行政机关作出责令停产停业、吊销许可证或者执照、较大数额罚款等行政处罚决定之前，应当告知当事人有要求举行听证的权利；当事人要求听证的，行政机关应当组织听证。"参照国家工商行政管理局制定的《工商行政管理机关行政处罚听证暂行规则》第6条第3项的规定，工商行政管理机关对法人或者其他组织处以5万元以上的罚款，应当告知当事人有要求举行听证的权利。被上诉人工商局对上诉人保健院所处罚款为1万元，没有达到行政处罚法中关于"较大数额罚款"的规定，依法可以不适用听证程序。保健院上诉称工商局未适用听证程序违反了行政处罚法的规定，其理由仍然不能成立。

（五）**本案来源**：最高院公报案例。

（六）**案号**：未公布

八、交通事故被侵权人欠缴医疗费用纠纷案例
——原告上海市某医院诉被告约某医疗服务合同纠纷一案

(一) 裁判要旨

因交通事故住院患者与医院之间形成医疗服务合同关系,患者与医院为合同当事人,住院治疗期间结欠费用应由患者偿还,其在交通事故责任纠纷中所受的损失应另案向侵权人主张。

(二) 案情

被告约某因交通事故受伤,于2015年6月13日到原告处住院治疗,至同年9月25日止,被告产生医疗费用共计人民币25万余元,除去被告入院预交费用5万元,被告共结欠原告医疗费共计20万余元。被告约某认为,其系因交通事故受伤,医疗费应由侵权人赔偿。2015年10月,原告诉至通州法院,请求被告支付医疗费20万余元。

(三) 裁判

通州法院审理认为,被告约某因交通事故在原告医院住院治疗,双方之间形成医疗服务合同关系,被告约某在住院治疗期间结欠原告医疗费应予偿还,被告约某可另案向侵权人主张。遂判决支持了原告的诉讼请求。

(四) 评析

根据合同相对性原则,合同仅在特定的当事人之间发生法

律效力，只有合同当事人一方能基于合同向对方提出请求或诉讼，而不能向与其无合同关系的第三人提出合同上的请求。本案接受原告医疗服务的对象为被告约某，故相关医疗费用应由约某承担，原告医院不能向侵权人主张。当然，在交通事故责任纠纷中，约某是受害人，其可依侵权责任法规定向侵权人主张赔偿，但不能据此免除自身的支付义务。本案对处理类似纠纷具有一定的指导作用。

（五）**本案来源**：2016年江苏省通州法院发布2015年度十大典型案例之案例四。

（六）**案号**：未公布

九、医院不合理用药致损赔偿纠纷案例
——张丰春与泰安市中心医院医疗服务合同纠纷案

（一）裁判要旨

医院未根据患者的病情为患者告提供合理、恰当的医疗服务，患者因医院在治疗过程中不合理用药行为所造成的损失，应当由医院予以赔偿。

（二）案情

原告张丰春因道路交通事故受伤在山东省泰安市中心医院住院治疗，入院伤情诊断为全身多处软组织伤，住院43天，住院期间花费医疗费16 747.64元、检查费4元，共计16 751.64元。原告出院后，以机动车交通事故责任为由将侵权人孔凡忠及中华联合保险泰安支公司诉至泰安市泰山区人民法院，要求赔偿其因交通事故所遭受的经济损失。该案在审理过程中，中华联合保险泰安支公司申请对原告住院期间的用药合理性进行审查，剔除与交通事故所致伤情无关的用药。泰安东岳司法鉴定所出具司法鉴定意见书认为：被鉴定人张丰春住院期间所用药物奥扎格雷钠适应证为治疗急性血栓性脑梗死和脑梗死所伴随的运动障碍，被鉴定人本次交通事故损伤诊断为全身多处软组织挫伤，因此奥扎格雷钠为本次损伤治疗中的不合理用药，应去除费用为7250.40元。原告对该鉴定结论提出异议，并申请司法鉴定人员杨丰强出庭接受质询，同时申请其主治医师娄彦华、王震出庭作证，原告主治医师亦未能明确证明药品奥扎

格雷钠的使用与治疗原告伤情之间的合理性与必要性。法院对鉴定意见予以采纳,判决认定原告受伤住院治疗过程中因使用奥扎格雷钠所花费的 7250.40 元为不合理用药,应在赔偿范围内予以扣除。因此,原告诉至法院,要求被告泰安市中心医院赔偿其因不合理用药所受到的经济损失。

(三) 裁判

泰安市泰安区人民法院经审理认为,原告在被告处住院治疗,原、被告之间形成医疗服务合同关系,被告应当根据原告的病情使用药物并按照正确的方法、手段为原告提供医疗服务。根据泰安东岳司法鉴定所鉴定意见书以及民事判决书,足以认定原告张丰春因交通事故受伤住院期间所用药物奥扎格雷钠为不合理用药。药物奥扎格雷钠适应证为治疗急性血栓性脑梗死和脑梗死所伴随的运动障碍。原告陈述其并未有急性血栓性脑梗死及相关病史,在被告出具的住院病案中现病史、既往史部分亦未发现原告患有或曾经患有上述病症的记载。因此,被告泰安市中心医院未根据原告的病情为原告提供合理、恰当的医疗服务,原告因被告在治疗过程中不合理用药行为所造成的损失,应当由被告予以赔偿。法院判决泰安市中心医院赔偿原告张丰春经济损失共计 7750.40 元。被告已按判决履行完毕。

(四) 评析

医疗服务合同是调整医疗机构与患者之间权利义务关系的合同,我国现阶段医疗纠纷日益增加,不仅影响到患者及家属,也加重了医务人员的心理压力,降低了医疗单位和医务人员在社会上的声誉形象。在实践中确实存在部分医疗机构或医务人员为了追求经济利益,给患者开出价格较为昂贵或不必要的药物,加重了患者的经济负担。本案判令被告泰安市中心医院赔偿原告因不合理用药行为给原告造成的经济损失。通过本案，提醒医疗机构在为患者提供服务的过程中，应秉承"救死扶伤、治病救人"的宗旨，本着必要、合理的原则，为患者提供恰当的治疗方案，加强与患者及患者家属之间的沟通，充分尊重患者的知情权，以构建和谐的医患关系。

（五）本案来源：2015 年最高人民法院发布四起人民法院典型案例之案例二。

（六）案号：（2014）泰山商初字第 30 号。

十、医院擅自改变双方约定的医疗方案纠纷案例
——郑雪峰、陈国青诉江苏省人民医院医疗服务合同纠纷案

(一) 裁判要旨

公共医疗卫生服务机构履行医疗服务合同时,在非紧急情况下,未经同意擅自改变合同双方约定的医疗方案,属于《合同法》第 107 条规定的履行合同义务不符合约定的行为。

(二) 案情

两原告系夫妻关系,因生育障碍到人民医院就医。2002 年 9 月 9 日,两原告与人民医院签订了"试管婴儿辅助生育治疗协议和须知"(以下简称"协议和须知")。人工辅助生育存在多种治疗技术,ivf 和 icsi 都是人工辅助生育的技术手段,"协议和须知"中没有明确约定人民医院将采取哪一种技术为原告进行治疗。但郑雪峰交纳的检查费为 5400 元,与人民医院举证的 icsi 技术的收费标准中前三项相加的数额相符,而郑雪峰交费时 icsi 技术的收费项目中最后一项相应的医疗措施尚未进行。人民医院的诉讼代理人在庭审中亦认可人民医院按照 icsi 技术的收费标准收取了医疗费。人民医院举证的 2002 年 9 月 9 日 "ivf 促排卵治疗记录单"中也记载了"拟行治疗"为"icsi"。因此,虽然原、被告双方没有书面约定采取何种技术进行治疗,但是综合分析以上证据可以认定,原告已知悉存在两种不同的治疗技术手段,其交费的行为应当认为是对治疗技术方案做出的选择,

人民医院收费的行为应当认为是对原告选择的确认，因此亦可以推定，原、被告之间已经就采取 icsi 技术进行人工辅助生育治疗达成合意，人民医院有义务按照 icsi 技术为原告进行治疗。

2002 年 9 月 25 日，郑雪峰向人民医院交纳了检查费 5400 元，同日省人民医院对郑雪峰进行了采卵手术并采集了陈国青的精子。医务人员在观察了陈国青的精子后，认为适宜按照 ivf 技术进行治疗，遂按照 ivf 技术操作，但是最终治疗未获成功。

（三）裁判

一审和二审法院都认为患者有权充分了解医疗方案可能给自己带来的后果，有权对医疗方案进行选择，医院擅自改变方案系未适当履行合同义务的行为，应当承担赔偿损失等违约责任。

（四）评析

1. 患者与公立医院的纠纷，不适用《消费者权益保护法》。原告主张本案应当适用《消费者权益保护法》，但《消费者权益保护法》侧重于通过规范经营者的行为，保护消费者在购买、使用商品和接受服务时应享有的权益。该法中所指的服务，是经营者为获取经济利益而提供的商业性服务。法院向江苏省卫生厅调取的证据表明，人民医院不是以盈利为目的的机构，不属于经营者，人民医院向社会公众提供的是公共医疗卫生服务，而不是商业服务，故本案不应适用《消费者权益保护法》。

2. 患者与医院约定治疗方法，可适用《合同法》相关规定。我国《合同法》第 60 条规定："当事人应当按照约定全面履行自己的义务。当事人应当遵循诚实信用原则，根据合同的性质、目的和交易习惯履行通知、协助、保密等义务。"当事人应当按照约定全面履行自己的义务。当事人一方不履行合同义务或者履行合同义务不符合约定的,应当承担继续履行、采取补救措施或者赔偿损失等违约责任。郑雪峰、陈国青现虽无直接证据证明双方约定采取 isci 治疗技术,但其所提交的 2002 年 9 月 25 日的交费单据表明,人民医院是按照 isci 技术的收费标准收取的医疗费;电话录音及郑雪峰、陈国青致人民医院医务处的信件中均提到他们原来是要求采取 isci 技术进行治疗;人民医院提交的 2002 年 9 月 9 日 "ivf 促排卵治疗记录单"中亦记载了拟行治疗为 isci。上述间接证据相互印证,可以认定郑雪峰、陈国青与人民医院口头约定采取 isci 技术进行人工辅助生育治疗,人民医院应当按照双方的约定全面履行医疗服务合同。履行医疗服务合同时,在非紧急情况下,医院在未经过患者或其代理人同意的情况下,擅自改变双方约定的医疗方案,属于《合同法》第 107 条规定的履行合同义务不符合约定的行为。在本案中,人民医院为郑雪峰、陈国青治疗过程中,在未出现需要紧急抢救等非常状态的情况下,未经郑雪峰、陈国青同意,擅自改变治疗方案。人民医院的行为,属于履行合同义务不符合约定,由此造成合同相对方的损失,依法应当承担赔偿损失的责任。

(五) **本案来源**:最高院公报案例。

(六) **本案来源**:未公布

十一、医院接受捐赠相关信息公开案例
——夏欣诉中国医学科学院北京协和医院案

（一）裁判要旨

《医疗卫生机构接受社会捐赠资助管理暂行办法》规定医院应当定期公开接受捐赠的信息并进行档案管理，并将已经汇总、整理和报告的有关信息进行公开。本案中，法院认为，医院是否按照上述暂行办法的规定进行院务公开及档案管理，不属于本案信息公开案件所审查的范围。

（二）案情

原告夏欣诉称，原告于 2015 年 1 月 21 日通过 EMS 向被告邮寄了政府信息公开申请表，依法申请公开如下信息：1、你院 2010~2012 年间，接受捐赠资助的情况；2、上述受捐赠财产的使用管理情况。被告协和医院于 2015 年 3 月 4 日作出《信息公开告知书》，告知原告：我院严格依照原卫生部《医疗卫生机构接受社会捐赠资助管理暂行办法》接受社会捐赠资助，并将使用管理等相关规定及接受捐赠资助的情况在我院官方网站（http://www.pumch.cn/）主动公开，请在我院官网中检索"捐赠"以查阅。原告指出其找遍了网站并按照被告提示使用关键词搜索，也没有找到上述信息，唯一相关的公示是关于被告内部一个基金会的，且不包含 2011~2012 年的情况。按照卫生部《医疗卫生机构接受社会捐赠资助管理暂行办法》第 23 条规定，医疗卫生机构要把接受捐赠资助的情况和受赠受助财产的使用、

管理情况列为院务公开内容，定期公开，接受医疗卫生机构职工和社会监督。被告应该主动、定期公示上述信息，接受社会监督。原告认为被告故意拒绝公开上述信息，被告的行为违反了《中华人民共和国政府信息公开条例》（以下简称《条例》）第 24 条规定，请求法院撤销被告 2015 年 3 月 4 日作出的《信息公开告知书》，并判令被告限期对原告的信息公开申请进行重新答复，并就原告申请公开的内容予以公开。

（三）裁判

驳回原告夏欣的诉讼请求。

（四）评析

1. 公立医院是信息公开的主体。《条例》第 37 条规定，教育、医疗卫生、计划生育、供水、供电、供气、供热、环保、公共交通等与人民群众利益密切相关的公共企事业单位在提供社会公共服务过程中制作、获取的信息的公开，参照本条例执行，具体办法由国务院有关主管部门或者机构制定。中华人民共和国卫生部根据《条例》第 37 条规定和有关卫生法律法规，制定了《医疗卫生服务单位信息公开管理办法（试行）》（以下简称《办法》），该办法规定，除医疗卫生服务单位主动公开的信息外，公民、法人或者其他组织还可以依法向医疗卫生服务单位申请获取涉及其自身利益的相关信息。根据上述规定，公民、法人或者其他组织认为医疗卫生服务单位的政府信息公开行为侵犯其合法权益的，可以依法以作出信息公开行为的单位为被告提起行政诉讼。本案中，协和医院作为提供医疗与护理保健服务的非营利性医疗机构，属于《办法》所称的医疗卫生服务单位，故其信息公开应遵照上述规定执行。夏欣对协和医院的信息公开告知不服，有权以协和医院为被告提起行政诉讼，协和医院抗辩其非本案适格被告的意见，本院不予采纳。

2.《医疗卫生机构接受社会捐赠资助管理暂行办法》中规定的医院应当进行院务公开及档案管理，但该行为不属信息公开案件审查范围。《办法》第 20 条规定，医疗卫生服务单位在收到申请后应当及时登记，申请信息属于公开范围的，应当告知申请人获取该信息的方式和途径。本案中，协和医院根据夏欣的申请内容，向其提供了获取该院"自 2010～2012 年间接受捐赠资助的情况和受赠受助财产的使用管理情况"信息的网站及检索途径，根据该检索方式和途径，夏欣能够获取协和医院既已实际发布于其官方网站上的有关信息，协和医院的信息公开告知行为并无不当。夏欣以《医疗卫生机构接受社会捐赠资助管理暂行办法》的规定为由，主张协和医院应当定期公开涉案信息并进行档案管理，并将已经汇总、整理和报告的有关信息向其提供。对此，本院认为，协和医院是否按照上述暂行办法的规定进行院务公开及档案管理，不属于本案信息公开案件所审查的范围。

（五）案号：（2015）东行初字第 328 号

第十编

涉及公立医院发展、管理、改革的相关法律法规及政策文件汇编

附录一：医疗机构从业人员违纪违规问题调查处理暂行办法

驻卫纪发〔2011〕22号

第一章 总 则

第一条 为加强对医疗机构从业人员的监督管理，严肃行业纪律，促进医疗机构从业人员违纪违规问题调查处理工作规范化、程序化，根据有关党纪政纪规定和医疗卫生行业规章制度，结合医疗机构实际，制定本办法。

第二条 卫生行政部门对医疗机构从业人员或医疗机构对本机构内从业人员违纪违规问题的调查处理，适用本办法。法律、行政法规或党内规章制度对医疗机构从业人员违纪违规问题调查处理另有规定的，从其规定。

第三条 本办法所称医疗机构从业人员违纪违规问题（以下简称违纪违规问题），是指各级各类医疗机构从业人员违反党纪、政纪和医疗卫生行业规章、纪律以及本单位内部有关制度、规定的问题。

第四条 违纪违规问题的调查处理必须坚持实事求是的原则，做到事实清楚、证据确凿、定性准确、处理恰当、程序合法、手续完备。

第五条 违纪违规问题的调查处理必须坚持纪律面前人人平等的原则，实行教育与惩处相结合。

第二章 管 辖

第六条 违纪违规问题调查处理实行分级办理、各负其责的工作制度。

第七条 公立医疗机构领导班子成员和其他由上级主管部门任命的人员的违纪违规问题，按照干部管理权限，由其任免机关依照有关规定调查处理。

第八条 公立医疗机构的医、药、护、技人员和第七条规定以外的其他一般行政、后勤、管理人员的违纪违规问题，由医疗机构按照本办法规定的程序调查处理。

第九条 上级卫生行政部门要加强对下级卫生行政部门和辖区内医疗机构违纪违规问题调查处理工作的指导，属下级卫生行政部门或辖区内医疗机构管辖的重大、典型违纪违规问题，必要时上级卫生行政部门可以直接组织调查。

第三章 受 理

第十条 卫生行政部门和医疗机构应确定专门机构或人员，具体负责本单位的违纪违规问题举报受理工作。

第十一条 卫生行政部门和医疗机构应向社会公布举报电话、通讯地址、电子信箱和举报接待的时间、地点，公布有关规章制度，医疗机构应在门诊大厅等人员比较集中的地方设立举报箱，为群众提供举报的必要条件。

第十二条 卫生行政部门和医疗机构对收到的违纪违规问题举报件，必须逐件拆阅，由专门机构或人员统一登记编号。登记的主要内容应包括：被反映人基本情况（姓名、单位、政治面貌、职务）、被反映的主要问题和反映人基本情况（匿名、署名还是联名）。

对通过电话或当面反映问题的，接听、接待人员应当如实记录，并按前款规定登记编号。

第十三条 卫生行政部门和医疗机构应健全完善举报工作制度和工作机制，保证举报件接收安全、完整、保密，不得丢失或损毁。

第十四条 卫生行政部门和医疗机构在日常检查工作中发现的违纪违规问题线索，应依照管辖权限转交相应的部门或单位按规定办理。

第十五条 对接收的违纪违规问题线索和材料，应区别不同情况作如下处理：

（一）属于本单位管辖的，由本单位相应职能部门办理；

（二）属于上级单位管辖的，应以函件形式将举报件原件报送上级有管辖权的单位处理，复印件留存；

（三）属于下级单位管辖的，应将有关举报线索和材料转交下级有管辖权的单位办理，必要时可要求其在规定时间内报告办理结果；

（四）对不属于卫生行政部门和医疗机构管辖范围内的举报，应将其材料移送有关单位处理，或告知来信来访者向有关单位反映；

（五）对重要的违纪违规问题线索和材料应当及时向本单位负责人报告。

第十六条 卫生行政部门和医疗机构对属于本单位负责办理的违纪违规问题线索和材料，应当集中管理、件件登记，定期研究、集体排查，逐件进行初步审核。初步审核后，经单位负责人批准分别作出以下处理：

（一）认为违纪违规事实不存在的，或者违纪违规问题线索过于笼统，不具可查性，举报人又不能补充提供新线索的，予

以了结或暂存,有关线索和材料存档备查;

(二)认为被反映人虽有错误,但违纪违规情节轻微,不需要作进一步调查的,应对其进行批评教育,或责成其作出检讨、予以改正;

(三)认为有违纪违规事实,需要作进一步调查的,按照本办法有关规定组织调查。

第四章 调 查

第十七条 卫生行政部门和医疗机构受理的违纪违规问题需要调查核实的,应及时组织调查,不得延误。

第十八条 对需调查的违纪违规问题,负责调查的单位应根据情况组织调查组。调查组一般应由本单位纪检监察机构牵头组织。问题复杂的,可由纪检监察机构牵头、相关职能部门参加,组成联合调查组,也可根据需调查问题的性质和单位内设部门职责分工,由有关职能部门牵头组成联合调查组。

必要时,可协调有关方面专家参加调查组,参与涉及具体专业问题的调查工作。

第十九条 调查组要熟悉被调查问题,了解有关政策、规定,研究制订调查方案,并与被调查人所在单位或部门及时沟通协调。

被调查人所在单位或部门应积极配合调查组调查工作。

第二十条 调查组应当严格依法依规、客观全面地收集、调取各种能够证实被调查人有违纪违规问题或者无违纪违规问题,以及违纪违规问题情节轻重的证据。

证据必须经查证属实,才能作为定案的根据。

第二十一条 调查取证人员不得少于二人。调查取证时,应当表明身份。

第二十二条 调查组可依照规定程序,采取以下措施调查取证,有关卫生行政部门、医疗机构及其内设部门和人员必须如实提供证据,不得拒绝和阻挠:

(一)查阅、复制与调查内容有关的文件、病历、账册、单据、处方、会议记录等书面材料;

(二)要求有关卫生行政部门、医疗机构及其内设部门、科室提供与调查内容有关的文件、资料等书面材料以及其他必要的情况说明;

(三)与有关人员谈话,要求其对调查涉及的问题作出说明;

(四)对调查涉及的专业性问题,提请有关专门机构或人员作出鉴定结论;

(五)依法依规收集其他能够证明所调查问题真实情况的一切证据。

第二十三条 调查过程中,应加强与公安、检察、工商、纪检监察等执纪执法机关的协调配合,形成工作合力。确需提请公安、司法机关和其他执纪执法部门予以协助时,应按有关规定办理。

第二十四条 调查组应将认定的违纪违规事实写成违纪违规事实材料与被调查人见面。对被调查人的合理意见应予采纳,必要时还应作补充调查;对不合理意见,应写出有事实根据的说明。

被调查人应当在违纪违规事实材料上签署意见并签字,也可另附书面意见。拒绝签署意见或签字的,由调查人员在违纪违规事实材料上注明。

第二十五条 调查结束后,调查组应当写出调查报告。调查报告的基本内容包括:被调查人的基本情况,调查依据,违纪违规问题事实、性质；被调查人和有关人员的责任；被调查人的态度和对违纪违规事实材料的意见；处理依据和处理意见或建议。对调查否定的问题应交代清楚。对难以认定的重要问题用写实的方法予以反映。调查报告必须由调查组全体成员签名。

受委托调查的违纪违规问题，调查报告应经受委托单位领导班子会议集体研究后以受委托单位名义上报上级委托单位。

第二十六条 调查过程中，发现违纪违规问题严重的，调查组应及时建议有关部门采取必要的组织手段或补救措施，防止问题扩大。

第二十七条 违纪违规问题调查终结后，需要追究有关人员党纪、政纪责任或作出组织处理的，应按照有关规定移送审理。

纪检监察机构应在参加违纪违规问题调查的人员之外另行组织或抽调人员组成审理小组，按照《党的纪律检查机关案件审理工作条例》和《监察机关审理政纪案件的暂行办法》等有关规定进行审理。

第二十八条 违纪违规问题调查的时限为三个月，必要时可延长一个月。问题重大或复杂的，在延长期内仍不能查结的，可经单位领导班子集体研究决定后延长调查时间。

第五章 处 理

第二十九条 违纪违规问题调查审理工作结束后，经调查单位领导班子集体研究，区别不同情况，按以下原则处理：

（一）有违纪违规事实，需要给予党纪政纪处分的，按照有关规定，作出或者按照管理权限建议有关单位作出党纪处分或行政处分决定。

（二）有违纪违规事实，但不需要给予党纪政纪处分的，应建议有关单位依照本规定第三十一条作出恰当处理；

（三）认为需要由其他机关给予处理的，应移送有关机关处理；

（四）对违纪违规事实不存在的，应向被反映人所在单位说明情况，必要时可采取适当形式向被反映人说明情况或在一定范围内予以澄清。

第三十条　对有违纪违规问题的从业人员，需要给予党纪处分的，应按照《中国共产党纪律处分条例》，分别给予警告、严重警告、撤销党内职务、留党察看、开除党籍的纪律处分。

对有违纪违规问题的从业人员，需要给予政纪处分的，应按照《行政机关公务员处分条例》等有关规定，分别给予警告、记过、记大过、降级、撤职、开除的行政处分。

第三十一条　对有违纪违规问题的从业人员，不需要给予党纪、政纪处分的，或已作出党纪、政纪处分，还需同时作出组织处理的，应依照有关规定给予以下处理：

（一）批评教育、通报批评、取消评优评职资格或参加有关学术委员会资格；

（二）扣发绩效工资、停薪；

（三）停职、缓聘、解职待聘、解除聘用合同；

（四）调离工作岗位、调整职务、责令辞职、免职；

（五）警告、暂停执业活动、吊销执业证书。

以上处理办法可单独使用，也可合并使用。

第三十二条　医疗机构从业人员受到党纪处分、行政处分或被司法机关追究刑事责任的，或者免予处分、免予追究刑事责任的，所在医疗机构应当依照有关规定给予本办法第三十一条所列相应处理。

第三十三条 对医疗机构从业人员违纪违规问题需要给予本办法第三十一条第（一）至（四）项所列处理种类的，按照管理权限，由有关组织人事部门或有关单位依照规定办理相关手续；需要给予本办法第三十一条第（五）项所列处理种类的，由有关卫生行政部门依法办理。

第三十四条 有关部门或单位应及时执行处理结果，并将执行情况及时书面反馈违纪违规问题调查部门或单位。

第三十五条 卫生行政部门和医疗机构应注重发挥办案的治本功能，利用典型案件开展警示教育，针对发案原因健全完善规章制度，必要时可根据存在的问题开展专项治理。

第三十六条 医疗机构从业人员对处分或处理不服的，可以在收到处分、处理通知书后，依照有关规定申请复核或提出申诉。

复核、申诉期间不停止对处分或处理的执行。

第六章 纪 律

第三十七条 调查人员应严格遵守以下纪律：

（一）不准对被调查人或有关人员采用违反法律法规或党纪政纪的手段；

（二）不准将举报人、证人告知被举报人和无关人员，不准将举报材料、证明材料交给被举报人及其亲友；

（三）不准泄露拟采取的调查措施等与调查有关的一切情况，不准扩散证据材料；

（四）不准伪造、篡改、隐匿、销毁证据，故意夸大或缩小问题；

（五）不准接受与被调查问题有关人员的财物和其他利益；

（六）调查中，调查组成员如有不同意见，可以保留，但不得对外透露。

第三十八条 调查人员有下列情形之一的，应当自行回避，被调查人、举报人及其他有关人员也有权要求回避：

（一）是被调查人的近亲属；

（二）是要调查问题的举报人、主要证人；

（三）本人或近亲属与要调查问题有利害关系的；

（四）与要调查问题有其他关系，可能影响公正调查的。

调查人员的回避，由负责调查的单位有关负责人决定。

对调查人员的回避作出决定前，调查人员不停止参加调查组的工作。

第三十九条 被调查人或其他有关人员有下列行为之一的，可根据情节轻重，给予批评教育、通报、建议停职检查或相应的处理，造成损害或者犯罪的，移送司法机关处理。

（一）阻挠、抗拒调查人员依法行使职权的；

（二）拒绝提供有关文件、资料和证明材料的；

（三）隐瞒事实真相，隐匿、销毁证据，出具伪证、假证的；

（四）包庇违纪违规行为的；

（五）打击报复举报人或调查人员的。

第七章 附 则

第四十条 本办法由中央纪委驻卫生部纪检组、监察部驻卫生部监察局负责解释。

第四十一条 其他医疗卫生单位从业人员违纪违规问题的调查处理，参照本办法执行。

第四十二条 本办法自公布之日起施行。

附录二：最高人民法院关于审理非法行医刑事案件具体应用法律若干问题的解释（2016修正）

（2008年4月28日最高人民法院审判委员会第1446次会议通过，根据2016年12月12日最高人民法院审判委员会第1703次会议通过的《最高人民法院关于修改〈关于审理非法行医刑事案件具体应用法律若干问题的解释〉的决定》修正）

为依法惩处非法行医犯罪，保障公民身体健康和生命安全，根据刑法的有关规定，现对审理非法行医刑事案件具体应用法律的若干问题解释如下：

第一条 具有下列情形之一的，应认定为刑法第三百三十六条第一款规定的"未取得医生执业资格的人非法行医"：

（一）未取得或者以非法手段取得医师资格从事医疗活动的；

（二）被依法吊销医师执业证书期间从事医疗活动的；

（三）未取得乡村医生执业证书，从事乡村医疗活动的；

（四）家庭接生员实施家庭接生以外的医疗行为的。

第二条 具有下列情形之一的，应认定为刑法第三百三十六条第一款规定的"情节严重"：

（一）造成就诊人轻度残疾、器官组织损伤导致一般功能障碍的；

（二）造成甲类传染病传播、流行或者有传播、流行危险的；

(三)使用假药、劣药或不符合国家规定标准的卫生材料、医疗器械,足以严重危害人体健康的;

(四)非法行医被卫生行政部门行政处罚两次以后,再次非法行医的;

(五)其他情节严重的情形。

第三条 具有下列情形之一的,应认定为刑法第三百三十六条第一款规定的"严重损害就诊人身体健康":

(一)造成就诊人中度以上残疾、器官组织损伤导致严重功能障碍的;

(二)造成三名以上就诊人轻度残疾、器官组织损伤导致一般功能障碍的。

第四条 非法行医行为系造成就诊人死亡的直接、主要原因的,应认定为刑法第三百三十六条第一款规定的"造成就诊人死亡"。

非法行医行为并非造成就诊人死亡的直接、主要原因的,可不认定为刑法第三百三十六条第一款规定的"造成就诊人死亡"。但是,根据案件情况,可以认定为刑法第三百三十六条第一款规定的"情节严重"。

第五条 实施非法行医犯罪,同时构成生产、销售假药罪,生产、销售劣药罪,诈骗罪等其他犯罪的,依照刑法处罚较重的规定定罪处罚。

第六条 本解释所称"医疗活动""医疗行为",参照《医疗机构管理条例实施细则》中的"诊疗活动""医疗美容"认定。

本解释所称"轻度残疾、器官组织损伤导致一般功能障碍""中度以上残疾、器官组织损伤导致严重功能障碍",参照《医疗事故分级标准(试行)》认定。

附录三：最高人民法院、最高人民检察院关于办理药品、医疗器械注册申请材料造假刑事案件适用法律若干问题的解释

法释〔2017〕15号

（2017年4月10日最高人民法院审判委员会第1714次会议、2017年6月8日最高人民检察院第十二届检察委员会第65次会议通过，自2017年9月1日起施行）

为依法惩治药品、医疗器械注册申请材料造假的犯罪行为，维护人民群众生命健康权益，根据《中华人民共和国刑法》《中华人民共和国刑事诉讼法》的有关规定，现就办理此类刑事案件适用法律的若干问题解释如下：

第一条 药物非临床研究机构、药物临床试验机构、合同研究组织的工作人员，故意提供虚假的药物非临床研究报告、药物临床试验报告及相关材料的，应当认定为刑法第二百二十九条规定的"故意提供虚假证明文件"。

实施前款规定的行为，具有下列情形之一的，应当认定为刑法第二百二十九条规定的"情节严重"，以提供虚假证明文件罪处五年以下有期徒刑或者拘役，并处罚金：

（一）在药物非临床研究或者药物临床试验过程中故意使用虚假试验用药品的；

（二）瞒报与药物临床试验用药品相关的严重不良事件的；

（三）故意损毁原始药物非临床研究数据或者药物临床试验数据的；

(四）编造受试动物信息、受试者信息、主要试验过程记录、研究数据、检测数据等药物非临床研究数据或者药物临床试验数据，影响药品安全性、有效性评价结果的；

（五）曾因在申请药品、医疗器械注册过程中提供虚假证明材料受过刑事处罚或者二年内受过行政处罚，又提供虚假证明材料的；

（六）其他情节严重的情形。

第二条 实施本解释第一条规定的行为，索取或者非法收受他人财物的，应当依照刑法第二百二十九条第二款规定，以提供虚假证明文件罪处五年以上十年以下有期徒刑，并处罚金；同时构成提供虚假证明文件罪和受贿罪、非国家工作人员受贿罪的，依照处罚较重的规定定罪处罚。

第三条 药品注册申请单位的工作人员，故意使用符合本解释第一条第二款规定的虚假药物非临床研究报告、药物临床试验报告及相关材料，骗取药品批准证明文件生产、销售药品的，应当依照刑法第一百四十一条规定，以生产、销售假药罪定罪处罚。

第四条 药品注册申请单位的工作人员指使药物非临床研究机构、药物临床试验机构、合同研究组织的工作人员提供本解释第一条第二款规定的虚假药物非临床研究报告、药物临床试验报告及相关材料的，以提供虚假证明文件罪的共同犯罪论处。

具有下列情形之一的，可以认定为前款规定的"指使"，但有相反证据的除外：

（一）明知有关机构、组织不具备相应条件或者能力，仍委托其进行药物非临床研究、药物临床试验的；

（二）支付的价款明显异于正常费用的。

药品注册申请单位的工作人员和药物非临床研究机构、药物临床试验机构、合同研究组织的工作人员共同实施第一款规定的行为，骗取药品批准证明文件生产、销售药品，同时构成提供虚假证明文件罪和生产、销售假药罪的，依照处罚较重的规定定罪处罚。

第五条 在医疗器械注册申请中，故意提供、使用虚假的医疗器械临床试验报告及相关材料的，参照适用本解释第一条至第四条规定。

第六条 单位犯本解释第一条至第五条规定之罪的，对单位判处罚金，并依照本解释规定的相应自然人犯罪的定罪量刑标准对直接负责的主管人员和其他直接责任人员定罪处罚。

第七条 对药品、医疗器械注册申请负有核查职责的国家机关工作人员，滥用职权或者玩忽职守，导致使用虚假证明材料的药品、医疗器械获得注册，致使公共财产、国家和人民利益遭受重大损失的，应当依照刑法第三百九十七条规定，以滥用职权罪或者玩忽职守罪追究刑事责任。

第八条 对是否属于虚假的药物非临床研究报告、药物或者医疗器械临床试验报告及相关材料，是否影响药品或者医疗器械安全性、有效性评价结果，以及是否属于严重不良事件等专门性问题难以确定的，可以根据国家药品监督管理部门设置或者指定的药品、医疗器械审评等机构出具的意见，结合其他证据作出认定。

第九条 本解释所称"合同研究组织"，是指受药品或者医疗器械注册申请单位、药物非临床研究机构、药物或者医疗器械临床试验机构的委托，从事试验方案设计、数据统计、分析测试、监查稽查等与非临床研究或者临床试验相关活动的单位。

第十条 本解释自 2017 年 9 月 1 日起施行。

附录四：最高人民法院、最高人民检察院关于办理商业贿赂刑事案件适用法律若干问题的意见

法发（2008）33号

为依法惩治商业贿赂犯罪，根据刑法有关规定，结合办案工作实际，现就办理商业贿赂刑事案件适用法律的若干问题，提出如下意见：

一、商业贿赂犯罪涉及刑法规定的以下八种罪名：（1）非国家工作人员受贿罪（刑法第一百六十三条）；（2）对非国家工作人员行贿罪（刑法第一百六十四条）；（3）受贿罪（刑法第三百八十五条）；（4）单位受贿罪（刑法第三百八十七条）；（5）行贿罪（刑法第三百八十九条）；（6）对单位行贿罪（刑法第三百九十一条）；（7）介绍贿赂罪（刑法第三百九十二条）；（8）单位行贿罪（刑法第三百九十三条）。

二、刑法第一百六十三条、第一百六十四条规定的"其他单位"，既包括事业单位、社会团体、村民委员会、居民委员会、村民小组等常设性的组织，也包括为组织体育赛事、文艺演出或者其他正当活动而成立的组委会、筹委会、工程承包队等非常设性的组织。

三、刑法第一百六十三条、第一百六十四条规定的"公司、企业或者其他单位的工作人员"，包括国有公司、企业以及其他国有单位中的非国家工作人员。

四、医疗机构中的国家工作人员，在药品、医疗器械、医用卫生材料等医药产品采购活动中，利用职务上的便利，索取

销售方财物，或者非法收受销售方财物，为销售方谋取利益，构成犯罪的，依照刑法第三百八十五条的规定，以受贿罪定罪处罚。

医疗机构中的非国家工作人员，有前款行为，数额较大的，依照刑法第一百六十三条的规定，以非国家工作人员受贿罪定罪处罚。

医疗机构中的医务人员，利用开处方的职务便利，以各种名义非法收受药品、医疗器械、医用卫生材料等医药产品销售方财物，为医药产品销售方谋取利益，数额较大的，依照刑法第一百六十三条的规定，以非国家工作人员受贿罪定罪处罚。

五、学校及其他教育机构中的国家工作人员，在教材、教具、校服或者其他物品的采购等活动中，利用职务上的便利，索取销售方财物，或者非法收受销售方财物，为销售方谋取利益，构成犯罪的，依照刑法第三百八十五条的规定，以受贿罪定罪处罚。

学校及其他教育机构中的非国家工作人员，有前款行为，数额较大的，依照刑法第一百六十三条的规定，以非国家工作人员受贿罪定罪处罚。

学校及其他教育机构中的教师，利用教学活动的职务便利，以各种名义非法收受教材、教具、校服或者其他物品销售方财物，为教材、教具、校服或者其他物品销售方谋取利益，数额较大的，依照刑法第一百六十三条的规定，以非国家工作人员受贿罪定罪处罚。

六、依法组建的评标委员会、竞争性谈判采购中谈判小组、询价采购中询价小组的组成人员，在招标、政府采购等事项的评标或者采购活动中，索取他人财物或者非法收受他人财物，为他人谋取利益，数额较大的，依照刑法第一百六十三条的规

第十编　涉及公立医院发展、管理、改革的相关法律法规及政策文件

定,以非国家工作人员受贿罪定罪处罚。

依法组建的评标委员会、竞争性谈判采购中谈判小组、询价采购中询价小组中国家机关或者其他国有单位的代表有前款行为的,依照刑法第三百八十五条的规定,以受贿罪定罪处罚。

七、商业贿赂中的财物,既包括金钱和实物,也包括可以用金钱计算数额的财产性利益,如提供房屋装修、含有金额的会员卡、代币卡(券)、旅游费用等。具体数额以实际支付的资费为准。

八、收受银行卡的,不论受贿人是否实际取出或者消费,卡内的存款数额一般应全额认定为受贿数额。使用银行卡透支的,如果由给予银行卡的一方承担还款责任,透支数额也应当认定为受贿数额。

九、在行贿犯罪中,"谋取不正当利益",是指行贿人谋取违反法律、法规、规章或者政策规定的利益,或者要求对方违反法律、法规、规章、政策、行业规范的规定提供帮助或者方便条件。

在招标投标、政府采购等商业活动中,违背公平原则,给予相关人员财物以谋取竞争优势的,属于"谋取不正当利益"。

十、办理商业贿赂犯罪案件,要注意区分贿赂与馈赠的界限。主要应当结合以下因素全面分析、综合判断:(1)发生财物往来的背景,如双方是否存在亲友关系及历史上交往的情形和程度;(2)往来财物的价值;(3)财物往来的缘由、时机和方式,提供财物方对于接受方有无职务上的请托;(4)接受方是否利用职务上的便利为提供方谋取利益。

十一、非国家工作人员与国家工作人员通谋,共同收受他人财物,构成共同犯罪的,根据双方利用职务便利的具体情形分别定罪追究刑事责任:

(1) 利用国家工作人员的职务便利为他人谋取利益的, 以受贿罪追究刑事责任。

(2) 利用非国家工作人员的职务便利为他人谋取利益的, 以非国家工作人员受贿罪追究刑事责任。

(3) 分别利用各自的职务便利为他人谋取利益的, 按照主犯的犯罪性质追究刑事责任, 不能分清主从犯的, 可以受贿罪追究刑事责任。

附录五：卫生计生单位接受公益事业捐赠管理办法（试行）

国卫财务发〔2015〕77号

第一章 总 则

第一条 为鼓励捐赠，规范捐赠和受赠行为，保护捐赠人和受赠人的合法权益，促进卫生计生事业发展，依照《中华人民共和国公益事业捐赠法》等法律法规，制定本办法。

第二条 本办法适用于各级各类卫生计生事业单位、各级卫生计生行政部门和中医药管理部门业务主管的公益性社会团体、基金会和其他公益性社会组织（以下简称卫生计生单位）。

第三条 本办法所称捐赠是指国内外自然人、法人和其他组织（以下简称捐赠人）自愿无偿向卫生计生单位（以下简称受赠单位）提供资金、物资等形式的公益性支持和帮助。

第四条 卫生计生单位接受捐赠应当遵循以下原则：

（一）遵守国家法律法规；

（二）自愿无偿；

（三）符合公益目的；

（四）非营利性；

（五）法人单位统一接受和管理；

（六）勤俭节约，注重实效；

（七）信息公开，强化监管。

第五条 卫生计生单位可以接受以下公益事业捐赠：

（一）用于医疗机构患者医疗救治费用减免；

（二）用于公众健康等公共卫生服务和健康教育；

（三）用于卫生计生人员培训和培养；

（四）用于卫生计生领域学术活动；

（五）用于卫生计生领域科学研究；

（六）用于卫生计生机构公共设施设备建设；

（七）用于其他卫生计生公益性非营利活动。

第六条　卫生计生单位不得接受以下捐赠：

（一）不符合国家法律法规规定；

（二）涉及商业营利性活动；

（三）涉嫌不正当竞争和商业贿赂；

（四）与本单位采购物品（服务）挂钩；

（五）附有与捐赠事项相关的经济利益、知识产权、科研成果、行业数据及信息等权利和主张；

（六）不符合国家有关质量、环保等标准和要求的物资；

（七）附带政治目的及其他意识形态倾向；

（八）损害公共利益和其他公民的合法权益；

（九）任何方式的索要、摊派或者变相摊派；

（十）承担政府监督执法任务机构，不得接受与监督执法工作有利害关系的捐赠。

第七条　卫生计生单位应当将接受捐赠和使用管理作为单位领导班子集体或内部民主议事会议研究决策事项。

第八条　卫生计生单位应当明确承担捐赠组织协调管理的牵头职能部门，负责管理日常事务（以下简称捐赠管理部门）。

第九条　公益性社会团体分支（代表）机构经社会团体书面授权可以代表社会团体接受捐赠收入，不得自行接受捐赠收入。

第十条　捐赠人向卫生计生单位捐赠，应当由单位捐赠管理部门统一受理。卫生计生单位其他内部职能部门或个人一律不得直接接受。

第二章 捐赠预评估

第十一条 捐赠预评估是卫生计生单位收到捐赠人捐赠申请后,在接受捐赠前对捐赠项目开展的综合评估。卫生计生单位应当建立接受捐赠预评估制度。

第十二条 预评估重点内容:
(一)是否符合国家有关法律法规;
(二)是否符合卫生计生单位职责、宗旨、业务范围和活动领域;
(三)捐赠接受必要性;
(四)捐赠人背景、经营状况及其与本单位关系;
(五)捐赠实施可行性;
(六)捐赠用途是否涉及商业营利性活动;
(七)捐赠是否涉嫌不正当竞争和商业贿赂;
(八)捐赠方是否要求与捐赠事项相关的经济利益、知识产权、科研成果、行业数据及信息等权利和主张;
(九)捐赠物资质量、资质是否符合国家标准与要求等;
(十)是否附带政治目的及其他意识形态倾向;
(十一)是否损害公共利益和其他公民的合法权益;
(十二)卫生计生单位认为必要的其他内容。

第十三条 卫生计生单位捐赠管理部门应当会同单位财务、资产、审计等部门,以及相关业务部门,建立评估工作机制,及时对捐赠申请提出评估意见。

必要时,可以引入第三方机构及有关监管部门参与评估。

第十四条 捐赠预评估意见应当经卫生计生单位领导班子

集体研究确定，或履行内部民主议事程序。

第十五条　卫生计生单位领导班子集体或内部民主议事会议确定意见应当及时书面通知捐赠人。

不予接受的捐赠，卫生计生单位应当向捐赠人解释和说明。

第三章　捐赠协议

第十六条　卫生计生单位接受捐赠应当与捐赠人协商一致，自愿平等签订书面捐赠协议。捐赠协议由单位法定代表人或经法定代表人书面授权与捐赠人签订，并加盖受赠法人单位公章。

第十七条　书面捐赠协议应当明确以下内容：

（一）捐赠人、受赠人名称（姓名）和住所；

（二）捐赠财产的种类、数量、质量和价值，以及来源合法性承诺；

（三）捐赠意愿，明确用途或不限定用途；限定捐赠用途的，应当附明细预算或方案；

（四）捐赠财产管理要求；

（五）捐赠履行期限、地点和方式；

（六）捐赠双方的权利和义务；

（七）解决争议的方法；

（八）违约责任。

第十八条　用于卫生计生人员培训和培养、卫生计生领域学术活动和科学研究等方面的捐赠，捐赠人不得指定受赠单位具体受益人选。

第十九条　卫生计生单位执行突发公共卫生事件应急处置等特殊任务期间接受捐赠的，可以根据情况适当简化书面捐赠协议。

第四章 捐赠接受

第二十条 捐赠财产应当由受赠法人单位统一接受。

公益性社会团体分支（代表）机构经授权接受的捐赠收入应当缴入社会团体对应账户统一核算，不得截留。

第二十一条 受赠单位应当积极协助捐赠人按照法律法规和捐赠协议按期足额交付捐赠财产。

第二十二条 接受货币方式捐赠，原则上应当要求捐赠人采用银行转账方式汇入受赠法人单位银行账户。

接受非货币方式捐赠，鼓励受赠单位委托第三方评估机构对非货币捐赠财产价值进行评估、确认或公证。

第二十三条 受赠单位接受捐赠，应当按照实际收到的货币金额或非货币性捐赠财产价值，开具财政部门统一印制并加盖受赠法人单位印章的公益事业捐赠票据，及时将捐赠票据送达捐赠人。

第二十四条 受赠单位接受的捐赠工程项目，捐赠人可以留名纪念或提出工程项目名称等。

第二十五条 捐赠财产依法需要办理登记、入境、许可申请等手续的，受赠单位应当按照国家有关规定办理。

第五章 财务管理

第二十六条 受赠单位财务部门应当建立健全捐赠财产财务管理制度，加强会计核算与财务管理。

第二十七条 受赠单位接受的捐赠财产应当全部纳入单位财务部门集中统一管理，单独核算。

必要时，可以申请设置捐赠资金专用银行账户。

第二十八条 受赠单位财务部门应当及时按照书面捐赠协

议对捐赠财产进行逐项核对、入账。

第二十九条 受赠单位接受的非货币性捐赠，财务部门应当会同资产管理部门、使用部门，按照捐赠协议验收无误后，入库登账，纳入单位资产统一管理。达到固定资产核算起点的，应当按照固定资产有关规定管理。

第三十条 受赠单位应当严格执行事业单位财务会计制度和民间非营利组织会计制度对接受捐赠财产的规定，确认捐赠财产价值，区分限定用途资产和非限定用途资产，真实、完整、准确核算。

第三十一条 会计年度结束后，受赠单位应当将本年度接受捐赠财产情况在年度财务报告中专门说明。

受赠事业单位应当按照财政部门规定的部门决算报表要求，一并报送上级主管部门和财政部门。

受赠卫生计生业务主管公益性社会组织应当按照民间非营利组织会计制度要求对外提供年度财务报告。

第六章 捐赠财产使用管理

第三十二条 受赠单位应当尊重捐赠人意愿，严格按照本单位宗旨和捐赠协议约定开展公益非营利性业务活动，不得用于营利性活动。

捐赠协议限定用途的捐赠财产，受赠单位不得擅自改变捐赠财产用途。如果确需改变用途的，应当征得捐赠人书面同意。

第三十三条 受赠单位应当根据捐赠协议和使用原则，按照优化配置、提高效率的原则，统筹协调，汇总编制年度捐赠财产使用方案和执行计划，报单位领导集体或内部民主议事会议研究审定。

第三十四条 受赠单位捐赠财产使用部门应当严格执行审

定批准的捐赠财产使用方案和执行计划。

受赠单位捐赠管理部门、财务部门、资产管理部门、内部审计部门和相关业务部门应当按照各自职责加强捐赠财产使用管理。

第三十五条 货币捐赠使用遵循以下原则：

（一）捐赠协议限定用途的，受赠单位应当按照本单位职责、宗旨和捐赠协议约定内容，制订专项资金使用管理办法，参照国家有关财务规章制度，明确开支范围、开支标准和支出审核审批程序和权限等。

（二）捐赠协议未限定用途的，受赠单位应当按照本办法第五条规定的使用范围，结合本单位职责或宗旨开展公益活动，并严格执行单位统一的开支范围、开支标准和财务管理制度。

（三）受赠单位以政府名义接受未限定用途的货币资金，应当按照《财政部关于加强非税收入管理的通知》（财综〔2004〕53号）要求，纳入政府非税收入管理，及时足额上缴同级国库。

（四）受赠单位不得支付与公益活动无关的费用。

（五）受赠单位重大项目安排和大额资金使用应当由单位领导班子集体或内部民主议事会议决定。

（六）受赠事业单位不得用捐赠财产提取管理费，不得列支工作人员工资福利等；受赠卫生计生行政部门和中医药管理部门业务主管的公益性社会团体和民办非企业单位，除捐赠协议约定外，不得用捐赠财产提取管理费和列支工作人员工资福利支出；受赠基金会相关支出应当符合《基金会管理条例》规定。

（七）受赠单位不得擅自扩大开支范围，提高开支标准。

（八）受赠单位应当厉行节约反对浪费，降低活动成本。

第三十六条 非货币捐赠财产使用遵循以下原则：

（一）捐赠协议限定用途的，受赠单位应当按照捐赠协议约定内容，制订财产使用管理办法，明确管理责任、使用范围和使用流程。

（二）捐赠协议未限定用途的，受赠单位应当按照本办法第五条规定的使用范围，结合本单位职责或宗旨开展公益活动，并严格执行本单位统一的资产管理规定，合理安排财产使用，提高使用效率。

（三）受赠单位不得用于开展非公益活动。

第三十七条 受赠单位接受的捐赠财产一般不得用于转赠其他单位，不得随意变卖处理。对确属不易储存、运输或者超过实际需要的物资，在征得捐赠人同意后可以处置，所取得的全部收入，应当用于捐赠目的。

第三十八条 捐赠项目完成后形成的资金结余，捐赠协议明确结余资金用途的，按捐赠协议执行；捐赠协议未明确结余资金用途的，受赠单位应当主动与捐赠人协商一致，提出使用意见。

第三十九条 受赠单位应当建立接受捐赠档案管理制度。对捐赠协议、方案、执行、审计和考评情况进行档案管理。

第七章 信息公开

第四十条 受赠单位应当建立健全受赠信息公开工作制度，通过便于公众知晓的方式，真实、准确、及时、完整地向社会公开受赠相关信息，提高受赠使用和管理工作的透明度。

第四十一条 受赠单位应当向社会主动公开以下信息：

（一）捐赠接受管理制度；

（二）捐赠接受工作流程；

（三）捐赠管理部门及联系方式；

（四）受赠财产情况；

（五）受赠财产使用情况；

（六）受赠项目审计报告；

（七）受赠项目绩效评估结果；

（八）依照法律法规应当公开的其他信息。

第四十二条 受赠单位应当在规定时间公开受赠信息：

（一）每年3月31日前公布上一年度本单位受赠财产、财产使用和管理情况；

（二）受赠项目审计报告和绩效评估结果完毕后30个工作日内；

（三）捐赠协议约定的受赠信息社会公开时间；

（四）国家有关法规对信息公开的要求。

第四十三条 受赠单位应当在单位门户网站或当地主要新闻媒体等向社会公开受赠信息。

鼓励各级卫生计生行政部门和中医药管理部门建立统一的卫生计生公益事业捐赠信息平台。

第四十四条 对公众和捐赠人查询或质疑，受赠单位应当依法及时、如实答复。

第四十五条 受赠项目完成后，受赠单位应当及时主动向捐赠人反馈受赠财产的使用、管理情况，以及项目的实施结果，听取捐赠人的意见和建议。

第四十六条 受赠单位应当对其公开信息和信息答复的真实性负责。

第八章 监督管理

第四十七条 卫生计生单位应当建立健全捐赠管理使用责

任制度，明确管理职责、工作制度和责任追究制度。

第四十八条 受赠单位接受捐赠管理和使用情况应当纳入单位主要负责人经济责任审计的重要内容。

第四十九条 受赠单位应当定期开展捐赠管理检查和审计工作，并及时将检查、审计结果予以公开。

对受赠金额大、涉及面广的项目，应当实施项目专项检查、审计和项目绩效考评。

第五十条 各级卫生计生行政部门、中医药管理部门、主管部门应当加强对所属单位和业务主管社会组织捐赠管理工作的指导和监督，定期组织检查和专项审计。

必要时，可以委托社会中介机构开展对受赠单位和受赠项目的专项检查和审计，并适时向社会公开检查和审计情况。

第五十一条 各级卫生计生行政部门和中医药管理部门应当按照相关法律法规规定，对卫生计生单位公益事业捐赠作出突出贡献的捐赠人予以鼓励和表扬。

第五十二条 卫生计生单位应当主动接受主管部门、财政部门和审计部门的依法监督管理。

第五十三条 卫生计生单位违反本办法规定的，由上级卫生计生行政部门和中医药管理部门责令改正；拒不改正的，经征求捐赠人意见，由县级以上人民政府将捐赠财产交由其他宗旨相同或相似的公益性社会团体或者公益性非营利的事业单位管理，并依照国家有关规定对单位及相关责任人予以处分；涉嫌犯罪的，依法追究法律责任。

第九章 附 则

第五十四条 省级卫生计生行政部门和中医药管理部门可以根据本办法，并结合本地实际情况，制订具体实施细则。

第五十五条 各级卫生计生行政部门和中医药管理部门业务主管的其他社会组织接受公益事业捐赠,按照本办法执行。

第五十六条 本办法自发布之日起施行。《医疗卫生机构接受社会捐赠资助管理暂行办法》(卫规财发〔2007〕117号)同时废止。

附录六：加强医疗卫生行风建设"九不准"

国卫办发〔2013〕49号

为进一步加强医疗卫生行业风气建设，严肃行业纪律，促进依法执业、廉洁行医，针对医疗卫生方面群众反映强烈的突出问题，制定以下"九不准"。

一、不准将医疗卫生人员个人收入与药品和医学检查收入挂钩

医疗卫生机构应当结合深化医改建立科学的医疗绩效评价机制和内部分配激励机制。严禁向科室或个人下达创收指标，严禁将医疗卫生人员奖金、工资等收入与药品、医学检查等业务收入挂钩。

二、不准开单提成

医疗卫生机构应当通过综合目标考核，提高医疗服务质量和效率。严禁医疗卫生机构在药品处方、医学检查等医疗服务中实行开单提成的做法，严禁医疗卫生人员通过介绍患者到其他单位检查、治疗或购买医药产品等收取提成。

三、不准违规收费

医疗卫生机构应当严格执行国家药品价格政策和医疗服务项目价格，公开医疗服务收费标准和常用药品价格。严禁在国家规定的收费项目和标准之外自立项目、分解项目收费或擅自提高标准加收费用，严禁重复收费。

四、不准违规接受社会捐赠资助

医疗卫生机构及行业协会、学会等社会组织应当严格遵守国家关于接受社会捐赠资助管理的有关规定,接受社会捐赠资助必须以法人名义进行,捐赠资助财物必须由单位财务部门统一管理,严格按照捐赠协议约定开展公益非营利性业务活动。严禁医疗卫生机构内设部门和个人直接接受捐赠资助,严禁接受附有影响公平竞争条件的捐赠资助,严禁将接受捐赠资助与采购商品(服务)挂钩,严禁将捐赠资助资金用于发放职工福利,严禁接受企业捐赠资助出国(境)旅游或者变相旅游。

五、不准参与推销活动和违规发布医疗广告

医疗卫生机构和医疗卫生人员应当注意维护行业形象。严禁违反规定发布医疗广告,严禁参与医药产品、食品、保健品等商品推销活动,严禁违反规定泄露患者等服务对象的个人资料和医学信息。

六、不准为商业目的统方

医疗卫生机构应当加强本单位信息系统中药品、医用耗材用量统计的管理,严格处方统计权限和审批程序。严禁医疗卫生人员利用任何途径和方式为商业目的统计医师个人及临床科室有关药品、医用耗材的用量信息,或为医药营销人员统计提供便利。

七、不准违规私自采购使用医药产品

医疗卫生机构应当严格遵守药品采购、验收、保管、供应等各项制度。严禁医疗卫生人员违反规定私自采购、销售、使用药品、医疗器械、医用卫生材料等医药产品。

八、不准收受回扣

医疗卫生人员应当遵纪守法、廉洁从业。严禁利用执业之便谋取不正当利益,严禁接受药品、医疗器械、医用卫生材料等医药产品生产、经营企业或经销人员以各种名义、形式给予的回扣,严禁参加其安排、组织或支付费用的营业性娱乐场所的娱乐活动。

九、不准收受患者"红包"

医疗卫生人员应当恪守医德、严格自律。严禁索取或收受患者及其亲友的现金、有价证券、支付凭证和贵重礼品。

各级卫生计生行政部门和医疗卫生机构应当切实加强对上述规定执行情况的监督检查,严肃查处违规行为。对违反规定的,根据国家法律法规和党纪政纪规定,视情节轻重、造成的影响与后果,由所在单位或有关卫生计生行政部门给予相应的组织处理、党纪政纪处分或行政处罚;涉嫌犯罪的,移送司法机关依法处理。对工作严重不负责任或失职渎职的,严肃追究领导责任。

附录七：上海市医药购销领域商业贿赂不良记录管理规定

第一章 总 则

第一条（目的和依据）

为进一步加强医疗卫生机构管理，规范医疗卫生机构采购、使用药品、医疗设备和医用耗材（以下统称"医药产品"），打击医药购销领域商业贿赂行为，根据《反不正当竞争法》《执业医师法》《事业单位人事管理条例》《关于实行党风廉政建设责任制的规定》《事业单位工作人员处分暂行规定》《加强医疗卫生行风建设"九不准"》《关于建立医药购销领域商业贿赂不良记录的规定》等规定，结合本市实际，制定本规定。

第二条（适用范围）

本规定适用于参与本市医药产品交易的生产、经营企业或者其代理机构和个人（以下简称"医药生产经营企业及其代理人"）、医疗卫生机构及其工作人员。

第三条（医药购销领域商业贿赂定义）

本规定所称医药购销领域商业贿赂（以下简称"商业贿赂"），是指医药生产经营企业及其代理人为销售医药产品而采用财物或者其他手段贿赂医疗卫生机构及其工作人员的行为。

第四条（管理部门）

市卫生计生行政部门应当建立和管理全市医药购销领域商业贿赂不良记录（以下简称"商业贿赂不良记录"）。

本市各级卫生计生行政部门、医疗卫生机构及其上级主管部门(包括对医疗卫生机构有干部管理权限的办医主体、上级主管部门)应当按照各自职责,负责商业贿赂不良记录的核查、上报和涉事单位、人员的处理。

第五条(不良记录情形)

医药生产经营企业及其代理人不得给予采购、使用其医药产品的医疗卫生机构及其工作人员财物或者其他不正当利益。有下列情形之一的,应当列入商业贿赂不良记录:

(一)经人民法院判决认定构成行贿犯罪,或者犯罪情节轻微,不需要判处刑罚,人民法院依照刑法判处免予刑事处罚的;

(二)行贿犯罪情节轻微,人民检察院作出不起诉决定的;

(三)由纪检监察机关以贿赂立案调查,并依法作出相关处理的;

(四)因行贿行为被财政、工商行政管理(市场监管)、食品药品监管(市场监管)等部门作出行政处罚的;

(五)法律、法规、规章规定的其他情形。

第二章 医疗卫生机构及其工作人员管理

第六条(禁止行为)

医疗卫生机构工作人员不得利用职务之便,收受不正当利益,不得有以下行为:

(一)在医药产品购销中账外或暗中收受医药生产经营企业及其代理人以各种名义、形式给予的现金、礼卡、购物券、物品等;

(二)到医药生产经营企业及其代理人处报销应当由医疗卫生机构工作人员及其配偶、子女等亲属支付的个人费用;

(三)医疗卫生机构工作人员及其配偶、子女等亲属接受医药生产经营企业及其代理人邀请出资的吃请、境内(外)旅游、变相旅游、营业性娱乐场所娱乐活动等；

（四）在医疗活动中收取医药生产经营企业及其代理人临床促销费、开单费（因介绍仪器检查、化验检查及其他医学检查而收取的费用）、处方费、统方费或其他提成性质的费用等；

（五）法律法规规定禁止的其他收受不正当利益行为。

第七条（部门及科室责任）

医疗卫生机构行风建设管理部门、相关职能部门及其临床科室负责人应当监督检查本单位、本部门的行风建设情况，防止本单位、本部门工作人员收受商业贿赂。

第八条（机构责任）

医疗卫生机构及其领导班子应当加强本单位作风建设，纠正损害群众利益的不正之风，建立医疗卫生机构内部商业贿赂不良记录管理制度，切实解决医药购销领域存在的突出问题。

第九条（廉洁合同）

医疗卫生机构在与医药生产经营企业及其代理人签署采购合同时，应当同时签署廉洁购销合同，列明企业指定医药代表姓名、不得实施商业贿赂行为、如企业被列入商业贿赂不良记录将解除购销合同与承担违约责任等条款。

第三章 不良记录报告、核实与公布

第十条（举报管理）

任何单位和个人发现医疗卫生机构工作人员收受或者索取医药生产经营企业及其代理人给予财物或者其他不正当利益的，有权向相关部门举报。

卫生计生行政部门、医疗卫生机构及其上级主管部门应当公布举报途径，方便社会各界举报医药购销领域商业贿赂不良行为。

卫生计生行政部门、医疗卫生机构及其上级主管部门接到举报后，及时调查核实。

第十一条（逐级报送）

本市建立医药购销领域商业贿赂不良记录逐级报送制度。

医疗卫生机构应当在掌握本规定第五条所列情形有关文书后 5 个工作日内，向所在区卫生计生行政部门或上级主管部门报送涉及到的医药生产经营企业及其代理人名单。

各区卫生计生行政部门、医疗卫生机构上级主管部门应当在查处和掌握所属医疗机构涉及的、有本规定第五条所列行为企业名单后 5 个工作日内，将经过核实的相关材料报送市卫生计生行政部门。

市卫生计生行政部门将在收到报送材料 15 个工作日内，按照相关规定予以核实。

第十二条（陈述申辩）

市卫生计生行政部门在将医药生产经营企业及其代理人列入商业贿赂不良记录前，应当书面告知当事人。当事人对被列入商业贿赂不良记录有异议的，可以自收到书面告知之日起 5 个工作日内提出陈述、申辩意见，必要时可以要求听证，但听证内容不包括有关部门作出的处理决定。

听证程序参照《卫生行政处罚程序》的规定执行。

第十三条（公布管理）

市卫生计生行政部门负责将应当列入商业贿赂不良记录的相关内容在本部门网站上公布，公布事项包括：医药生产经营企业及其代理人的名称、营业地址、法定代表人或者负责人、责任人员姓名和职务、违法事由、有关判决和处罚决定文书、公布起止日期等信息。

市卫生计生行政部门在商业贿赂不良记录公布 1 个月内报

送国家卫生计生委。

第四章 监督管理

第十四条（行政监管）

各级卫生计生行政部门应当建立信息沟通与协作机制，加强与司法、工商（市场监管）、财政、物价、商务、食品药品监管（市场监管）、人力资源社会保障等部门的沟通交流，互通医药购销领域商业贿赂案件信息，共享查处结果，收集汇总并及时上报。

第十五条（监督检查）

各级卫生计生行政部门、医疗卫生机构上级主管部门应当根据本规定，健全完善相应工作机制，对医疗卫生机构开展以下监督检查：

（一）与医药生产经营企业及其代理人签署《医疗卫生机构医药产品廉洁购销合同》有关情况；

（二）涉嫌商业贿赂准确及时上报情况；

（三）对商业贿赂不良记录处理执行情况，按要求停止采购相关医药产品；

（四）按规定对本单位相应责任人进行处理等。

第十六条（医药生产经营企业及代理人处理）

对列入商业贿赂不良记录的医药生产经营企业及其代理人按照以下规定处理：

（一）对 1 次列入本市商业贿赂不良记录和 5 年内 2 次及以上列入国家卫生计生委公布的其他省区市商业贿赂不良记录的医药生产经营企业及其代理人，本市医药产品集中采购管理部门 2 年内暂停涉事药品采购资格（短缺品种除外），不接受其产品参加集中采购的申请；医疗卫生机构在不良记录名单公布后 2

年内不得购入其医药产品。

（二）对1次列入国家卫生计生委公布的其他省区市商业贿赂不良记录的医药生产经营企业及其代理人，在不良记录名单公布后2年内，本市医药产品集中采购管理部门及医疗卫生机构在招标、采购评分时对该企业产品作减分处理。

公司被列入商业贿赂不良记录的，其具有法人资格的子公司不需与公司共同承担相应责任；具有法人资格的子公司被列入商业贿赂不良记录的，公司不共同承担相应责任。

第十七条（涉事个人处理）

对收受商业贿赂的医疗卫生机构工作人员，依法给予以下处理；涉嫌犯罪的，移送司法机关追究刑事责任。

（一）收受商业贿赂价值不满1000元的，由所在医疗卫生机构给予批评教育、通报批评、取消当年评优、职称评定资格等处理；涉及医师的由卫生计生行政部门给予警告的行政处罚。

（二）收受商业贿赂价值在1000元以上、不满5000元的，由所在医疗卫生机构给予批评教育、通报批评、取消当年评优、职称评定资格、低聘、缓聘、解职待聘等处理；涉及医师的由卫生计生行政部门给予暂停6个月以上1年以下执业活动的行政处罚。

（三）收受商业贿赂价值在5000元及以上或者2次以上收受商业贿赂的或者主动索取商业贿赂的，由所在医疗卫生机构给予解聘处理；涉及医师的由卫生计生行政部门给予吊销执业证书的行政处罚。

（四）医疗卫生机构退休返聘人员收受商业贿赂的，由医疗卫生机构给予解聘处理，涉及医师的由卫生计生行政部门按本款第（一）、（二）、（三）项规定，给予相应的行政处罚。

按照《事业单位工作人员处分暂行规定》，依情节给予警告、记过、降低岗位等级或者撤职、开除等处分。收受商业贿赂造成重大社会影响或严重后果的,从重处理。

第十八条（减轻处理）

医疗卫生机构工作人员主动交代相关部门尚未掌握的违法违纪行为,并主动采取措施有效避免或者挽回损失、影响的,可以减轻或者免予处理。

第十九条（管理人员处理）

医疗卫生机构工作人员收受商业贿赂的,对管理人员依法作出以下处理:

(一)医疗卫生机构工作人员收受商业贿赂,由医疗卫生机构对该工作人员所在部门（科室）负责人给予批评教育、诫勉谈话、责令作出书面检查等处理。

(二)1年内发生2起医疗卫生机构工作人员收受商业贿赂,由医疗卫生机构对工作人员所在部门（科室）负责人给予批评教育、诫勉谈话、责令作出书面检查等处理,对医疗卫生机构行风管理部门负责人给予批评教育、诫勉谈话、责令作出书面检查等处理,由上级主管部门对医疗卫生机构负责人给予批评教育、诫勉谈话等处理。

(三)1年内发生3起及以上医疗卫生机构工作人员收受商业贿赂,由医疗卫生机构对工作人员所在部门（科室）负责人给予批评教育、诫勉谈话、责令作出书面检查等处理,对医疗卫生机构行风管理部门负责人给予通报批评、调整职务等处理,由上级主管部门对医疗卫生机构负责人给予通报批评、院长绩效考核降低等次等处理,给予警告或记过处分。

(四)1年内同一部门（科室）发生2起及以上医疗卫生机构工作人员收受商业贿赂,由医疗卫生机构对部门（科室）负责人给予通报批评、调整职务等处理。

收受商业贿赂造成重大社会影响或严重后果的，从重处理。

第二十条（医疗卫生机构处理）

医疗卫生机构工作人员收受商业贿赂的，对医疗卫生机构依法给予以下处理：

（一）对于发生商业贿赂的医疗卫生机构，由上级主管部门给予通报批评、限期整改等处理，卫生计生行政部门给予不良执业行为记分2分处理，当年公立医院绩效评价作减分处理。

（二）对于1年内发生2起商业贿赂的医疗卫生机构，由上级主管部门给予通报批评、限期整改等处理，卫生计生行政部门给予不良执业行为记分2分、当年公立医院绩效评价作减分处理，撤销市卫生计生系统精神文明单位称号。

（三）对于1年内发生3起及以上商业贿赂的医疗卫生机构，由上级主管部门给予通报批评、限期整改等处理，卫生计生行政部门给予不良执业行为记分2分、当年公立医院绩效评价作减分处理、全市通报批评、降低级别或等次、暂停1年内受理医疗卫生机构大型医用设备新增、床位扩增申请等处理，撤销市卫生计生系统精神文明单位称号。

收受商业贿赂造成重大社会影响或严重后果的，从重处理。

第二十一条（上级主管部门处理）

医疗卫生机构工作人员收受商业贿赂，有以下情形的，由市卫生计生行政部门对该医疗卫生机构上级主管部门给予通报批评，由具有干部管理权限的相关部门对该医疗卫生机构上级主管部门负责人给予批评教育、诫勉谈话等处理。

（一）上级主管部门所属范围内同一家医疗卫生机构1年内发生3起及以上商业贿赂的。

（二）上级主管部门所属范围内1年内2家及以上医疗卫生机构发生商业贿赂的。

(三) 上级主管部门所属范围内医疗卫生机构收受商业贿赂造成重大社会影响或严重后果的。

第二十二条（单位行为处理）

医疗卫生机构或其部门（科室）收受商业贿赂，依法给予以下处理：

(一) 医疗卫生机构部门（科室）收受商业贿赂的，对部门（科室）负责人由医疗卫生机构给予通报批评、调整职务等处理；对医疗卫生机构行风管理部门负责人，由医疗卫生机构给予批评教育、诫勉谈话、责令作出书面检查等处理；对医疗卫生机构负责人，由上级主管部门给予通报批评、院长绩效考核降低等次等处理，给予警告处分；对医疗卫生机构，由上级主管部门给予通报批评、限期整改等处理，由卫生计生行政部门给予不良执业行为记分4分、全市通报批评、降低级别或等次。

(二) 医疗卫生机构收受商业贿赂的，对医疗卫生机构负责人，由上级主管部门给予通报批评、院长绩效考核降低等次等处理，给予记过处分；对医疗卫生机构，由上级主管部门给予通报批评、限期整改等处理，卫生计生行政部门给予不良执业行为记分4分、当年公立医院绩效评价作减分处理、全市通报批评、降低级别或等次、暂停1年内受理医疗卫生机构大型医用设备新增、床位扩增申请等处理，撤销市卫生计生系统精神文明单位称号。

(三) 对于涉事工作人员的处理，参照本规定第十七条执行。

收受商业贿赂造成重大社会影响或严重后果的，从重处理。

第二十三条（党纪政纪追责）

商业贿赂处理中相关人员需要追究党纪政纪责任的，由纪检监察机关按照党纪政纪案件的调查处理程序办理；需要给予组织处理的，由组织人事部门或者由负责调查的纪检监察机关会同组织人事部门，按照有关干部管理权限和程序办理。

第五章 附 则

第二十四条（有效期）
本规定自 2017 年 9 月 15 日起施行，有效期 5 年。

附录八：国家卫生计生委关于深化"放管服"改革激发医疗领域投资活力的通知

国卫法制发〔2017〕43号

各省、自治区、直辖市卫生计生委，新疆生产建设兵团卫生局、人口计生委，委机关各司局，委监督中心：

深化"放管服"改革是党中央、国务院作出的重大决策部署，是经济新常态下激活市场活力、创造就业、推动"双创"、培育经济发展新动能的重大战略举措，是推进卫生计生部门政府职能转变，实现卫生计生领域治理体系和治理能力现代化的迫切要求。为深入贯彻落实全国深化简政放权、放管结合优化服务、改革电视电话会议精神，落实《国务院办公厅关于印发全国深化简政放权放管结合优化服务电视电话会议重点任务分工方案的通知》（国办发〔2017〕57号），现就进一步深化卫生计生系统"放管服"改革的措施通知如下：

一、取消养老机构内设诊所的设置审批，实行备案制。各级卫生计生部门做好相关政策落实情况督导及加强事中事后监管，推动健康养老服务业的发展。

二、国家卫生计生委在已有医学影像诊断中心、病理诊断中心、血液透析中心、医学检验实验室、安宁疗护中心等五类独立设置机构基本标准及管理规范的基础上，再制定独立设置的康复医疗中心、护理中心、消毒供应中心、健康体检中心、中小型眼科医院等机构的基本标准及管理规范，拓展社会投资领域，推动健康服务业新业态发展。

三、各级卫生计生部门要加快推进医疗机构、医师和护士电子化注册管理改革进程。在 2017 年 7 月 1 日各省份启动电子化线上注册管理的基础上,全国 3715 个开设医疗机构、医师、护士注册的政务服务大厅全部联网注册,为医疗机构执业登记和医师、护士执业注册提供快速便捷的服务。

四、进一步简化医疗机构审批程序。对二级及以下医疗机构的设置审批与执业登记"两证合一",进一步简化三级医院的设置审批。各级卫生计生部门积极配合相关部门建立医疗机构审批工作协作机制,推动审批信息共享。

五、将妇产科医师执业证书与母婴保健技术考核合格证书"两证合一"。符合条件的人员,在医师执业证书加注母婴保健技术服务相关内容。

六、进一步提升医疗领域对外开放水平。外国医疗机构、公司、企业和其他经济组织以合资或者合作形式设立的诊所,放宽外方投资股权比例不超过 70% 的限制。香港特别行政区、澳门特别行政区在内地,以及台湾地区投资者在大陆投资举办医疗机构分别按照《内地与香港关于建立更紧密经贸关系的安排》《内地与澳门关于建立更紧密经贸关系的安排》(CEPA)和《海峡两岸经济合作框架协议》(ECFA)执行。

七、探索在国务院批准的自由贸易试验区内对社会办医疗机构配置乙类大型医用设备实行告知承诺制,省级卫生计生部门要制订相应的事中事后监管措施并加强监管。

八、各级卫生计生部门要全面清理相关文件或规范中存在的各种无谓证明。取消医疗机构申请医疗广告时提交的《医疗机构执业许可证》复印件加盖卫生计生行政部门公章,改为加盖申请人公章。开展社会办医疗机构需出具验资证明的相关材料清理取消工作,加强后续监管。

九、推进信息共享和办事承诺制，为群众办事生活增便利。取消农村部分计生家庭奖扶申请人提交的计生相关证明材料，取消西部地区"少生快富"工程申请人生育史、落实长效避孕节育措施证明等相关材料，相关信息由卫生计生行政部门通过卫生计生信息系统查验。做好流动人口异地婚育信息查询，推动信息共享，取消纸质婚育证明。

十、各级卫生计生部门要加强事中事后监管，全面推进全国卫生计生系统"双随机一公开"工作。在国家监督抽检工作中全面使用"双随机一公开"方式，做到"两个全覆盖"，即覆盖全国31个省份、覆盖卫生计生监督执法工作所有领域。根据2017年工作重点，对新修订的《疫苗流通和预防接种管理条例》、抗菌药物使用、血站核酸检测等三项内容使用"双随机一公开"方式开展督导检查。

各级卫生计生行政部门要高度重视，落细落实各项改革举措，明确责任分工和时间节点，确保改革举措落地见效，更好地方便市场主体，更大激发市场活力和社会创造力。要加大宣传力度，通过在门户网站、微信公众号、官方报刊公开发布相关政策、开展政策解读，在办事大厅张贴、摆放宣传页，加强行政审批办事人员和卫生计生热线工作人员的政策培训，及时为当事人提供政策咨询，使社会和广大群众广泛知晓。要注重法制保障，对推进改革中涉及的法律法规，及时提请有权机关修订，做到重大改革于法有据。要同步推进卫生计生部门规章、规范性文件等清理工作。

国家卫生计生委
2017年8月8日

附录九：国务院办公厅关于支持社会力量提供多层次多样化医疗服务的意见

国办发〔2017〕44号

各省、自治区、直辖市人民政府，国务院各部委、各直属机构：

鼓励社会力量提供医疗服务，是深化医改、改善民生、提升全民健康素质的必然要求，是繁荣壮大健康产业、释放内需潜力、推动经济转型升级的重要举措，对推进健康中国建设、全面建成小康社会具有重要意义。新一轮医改以来特别是党的十八大以来，深化医改取得重大进展和明显成效，基本医疗卫生服务公平性、可及性显著提升，健康服务业政策环境明显改善，社会办医加快发展。随着我国经济社会发展和人民生活水平提高，多样化、差异化、个性化健康需求持续增长，社会办医服务内容和模式有待拓展升级，同时仍存在放宽准入不彻底、扶持政策不完善、监管机制不健全等问题。在切实落实政府责任、保障人民群众基本医疗卫生需求的基础上，为进一步激发医疗领域社会投资活力，调动社会办医积极性，支持社会力量提供多层次多样化医疗服务，经国务院同意，现提出以下意见：

一、总体要求

（一）指导思想

全面贯彻党的十八大和十八届三中、四中、五中、六中全会精神，深入贯彻习近平总书记系列重要讲话精神和治国理政新理念新思想新战略，认真落实党中央、国务院决策部署，统筹推进"五位一体"总体布局和协调推进"四个全面"战略布局，牢固树立和贯彻落实创新、协调、绿色、开放、共享的发展理念，坚持以人民为中心的发展思想，紧紧围绕推进健康中国建设，坚定不移深化医改，以提高人民健康水平为核心，坚持基本医疗卫生事业的公益性，把基本医疗卫生制度作为公共产品向全民提供，确保实现人人享有基本医疗卫生服务，正确处理政府和市场关系，在基本医疗卫生服务领域坚持政府主导并适当引入竞争机制，在非基本医疗卫生服务领域市场要有活力，持续深化简政放权、放管结合、优化服务改革，落实政府责任，加强规范管理和服务监管，加快推进医疗服务领域供给侧结构性改革，培育经济发展新动能，满足群众多样化、差异化、个性化健康需求。

（二）基本原则

以人为本、统筹推进。把提升全民健康素质作为根本出发点和落脚点，利用全社会资源加快补齐医疗事业发展短板，坚持把社会效益放在首位，努力实现社会效益与经济效益相统一，切实维护人民群众健康权益。

需求引领、供给升级。瞄准供需矛盾突出领域，以先进技术、特色服务、品牌质量为重点，充分释放社会办医潜力和活力，促进人才、资金、技术等要素合理流动、充分发展，推动社会办医服务创新、业态升级，与政府办医共同发展、有序竞争。

放宽准入、优化服务。加大力度消除社会办医的体制机制障碍，降低准入门槛，简化审批流程，提高审批效率。对社会办医疗机构在准入、执业、监管等方面与公立医疗机构一视同仁，营造公平竞争环境，促进社会力量踊跃提供多层次多样化医疗服务。

严格监管、有序发展。加快转变政府职能,把工作重心从事前审批转到加强事中事后监管,强化政府在制度建设、标准制定、市场监管等方面职责,加强指导监督,严厉打击扰乱市场秩序的行为,促进社会办医守法诚信经营、规范健康发展。

(三)目标任务

到2020年,社会力量办医能力明显增强,医疗技术、服务品质、品牌美誉度显著提高,专业人才、健康保险、医药技术等支撑进一步夯实,行业发展环境全面优化。打造一大批有较强服务竞争力的社会办医疗机构,形成若干具有影响力的特色健康服务产业集聚区,服务供给基本满足国内需求,逐步形成多层次多样化医疗服务新格局。

二、拓展多层次多样化服务

(四)鼓励发展全科医疗服务

发展社会力量举办、运营的高水平全科诊所,建立包括全科医生、护士等护理人员以及诊所管理人员在内的专业协作团队,为居民提供医疗、公共卫生、健康管理等签约服务。符合条件的社会办医疗机构提供的签约服务,在转诊、收付费、考核激励等方面与政府办医疗机构提供的签约服务享有同等待遇。鼓励社会办全科诊所提供个性化签约服务,构建诊所、医院、商业保险机构深度合作关系,打造医疗联合体。

(五)加快发展专业化服务

积极支持社会力量深入专科医疗等细分服务领域,扩大服务有效供给,培育专业化优势。在眼科、骨科、口腔、妇产、儿科、肿瘤、精神、医疗美容等专科以及康复、护理、体检等领域,加快打造一批具有竞争力的品牌服务机构。鼓励投资者建立品牌化专科医疗集团、举办有专科优势的大型综合医院。支持社会力量举办独立设置的医学检验、病理诊断、医学影像、消毒供应、血液净化、安宁疗护等专业机构,面向区域提供相关服务。

(六)全面发展中医药服务

充分发挥中医药独特优势,鼓励社会力量以名医、名药、名科、名术为服务核心,提供流程优化、质量上乘的中医医疗、养生保健、康复、养老、健康旅游等服务。促进有实力的社会办中医诊所和门诊部(中医馆、国医堂)等机构做大做强,实现跨省市连锁经营、规模发展。有条件的地方可相对集中设置只提供传统中医药服务的中医门诊部和中医诊所,打造中医药文化氛围浓郁的中医药服务区域,并推动从注重疾病治疗转向同时注重健康维护,发展治未病、康复等多元化服务。推进国家中医药健康旅游示范区、示范基地和示范项目建设。

(七)有序发展前沿医疗服务

鼓励有实力的社会办医疗机构瞄准医学前沿,组建优势学科团队,提供以先进医疗技术为特色的医疗服务。适应生命科学纵深发展、生物新技术广泛应用和融合创新的新趋势,稳妥有序推动精准医疗、个性化医疗等服务发展。推动经依法依规批准的新型个体化生物治疗产品标准化规范化应用。推广应用高性能医疗器械。持续推动成熟可靠的前沿医疗技术进入临床应用的转化机制建设。

(八)积极发展个性化就医服务

鼓励社会办医疗机构建立方便快捷的就医流程,营造舒适温馨的就医环境,为有需要的患者提供远程会诊、专人导医陪护、家庭病房等多种个性化的增值、辅助服务,全面提高服务品质。积极探索诊疗、护理、康复、心理关怀等连续整合的服务,进一步提升就医体验,多方位满足患者身心健康需要。

(九) 推动发展多业态融合服务

促进医疗与养老融合,支持社会办医疗机构为老年人家庭提供签约医疗服务,建立健全与养老机构合作机制,兴办医养结合机构。促进医疗与旅游融合,发展健康旅游产业,以高端医疗、中医药服务、康复疗养、休闲养生为核心,丰富健康旅游产品,培育健康旅游消费市场。促进互联网与健康融合,发展智慧健康产业,促进云计算、大数据、移动互联网、物联网等信息技术与健康服务深度融合,大力发展远程医疗服务体系。促进体育与医疗融合,支持社会力量兴办以科学健身为核心的体医结合健康管理机构。

(十) 探索发展特色健康服务产业集聚区

医疗资源和区位等基础条件较好的地方,可以探索以社会力量为主,打造特色鲜明、具有竞争力和影响力的健康服务产业集聚区,更好满足国内外较高层次健康消费需求。坚持合理定位、科学规划,在土地规划、市政配套、机构准入、人才引进、执业环境等方面给予政策扶持和倾斜,积极探索体制机制创新,着力打造健康服务产业集群。有条件的地方可探索医疗与养老、旅游、健身休闲等业态融合发展,健康服务与医药研发制造、医学教育相协同的集聚模式。坚持以市场需求为导向,发挥企业在产业集聚中的主体作用,地方各级政府要统筹好本行政区域内的集聚区差异化发展,并提供必要的公共服务和配套支持。坚决避免脱离实际、一哄而上、盲目重复建设,杜绝简单园区建设或变相搞房地产开发。有关部门要加强跟踪指导,及时总结经验,发挥示范作用。

三、进一步扩大市场开放

(十一) 放宽市场准入

各地要统筹考虑多层次医疗需求,制定完善医疗卫生服务体系规划、医疗机构设置规划、大型医用设备配置规划，完善规划调控方式，优化配置医疗资源，促进社会办医加快发展，凡符合规划条件和准入资质的，不得以任何理由限制。对社会办医疗机构配置大型医用设备可合理放宽规划预留空间。个体诊所设置不受规划布局限制。在审批专科医院等医疗机构设置时，将审核重点放在人员资质与技术服务能力上，在保障医疗质量安全的前提下，动态调整相关标准规范。根据群众健康需求和社会办医发展需要，完善眼科医院等部分医疗机构基本标准。及时制定新型机构标准，引导和支持医疗服务新业态新模式健康发展。

（十二）简化优化审批服务

国家制定社会办医疗机构执业登记前跨部门全流程综合审批指引，各地要出台实施细则，优化规范各项审批的条件、程序和时限，精简整合审批环节，向社会公布后实施。积极推进一站受理、窗口服务、并联审批，推广网上审批，进一步优化政府服务。取消无法定依据的前置条件或证明材料，严禁违反法定程序增减审批条件，相关规划和政策要向社会及时公开。落实连锁经营的服务企业可由企业总部统一办理工商注册登记手续的政策，鼓励健康服务企业品牌化连锁化经营。加快规范统一营利性医疗机构名称。

（十三）促进投资与合作

支持社会办医疗机构引入战略投资者与合作方，加强资本与品牌、管理的协同，探索委托知名品牌医疗实体、医院管理公司、医生集团开展经营管理等模式。发展医疗服务领域专业投资机构、并购基金等，加强各类资源整合，支持社会办医疗机构强强联合、优势互补，培育上水平、规模化的医疗集团。允许公立医院根据规划和需求，与社会力量合作举办新的非营利性医疗机构。鼓励公立医院与社会办医疗机构在人才、管理、服务、技术、品牌等方面建立协议合作关系,支持社会力量办好多层次多样化医疗服务。严格落实公立医院举办特需医疗有关规定,除保留合理部分外,逐步交由市场提供。

(十四)提升对外开放水平

吸引境外投资者通过合资合作方式来华举办高水平医疗机构,积极引进专业医学人才、先进医疗技术、成熟管理经验和优秀经营模式。外资投资办医实行准入前国民待遇加负面清单管理,进一步简化优化审批核准事项。大力发展医疗和健康服务贸易,贯彻落实"一带一路"战略,加强健康产业国际合作与宣传推介,支持包括社会办医疗机构在内的各类经营主体开展面向国际市场和高收入人群的医疗和健康服务贸易,打造具有国际竞争力的医疗和健康服务贸易机构及健康旅游目的地。鼓励举办面向境外消费者的社会办中医医疗机构,提升中医药服务贸易规模和质量,培育国际知名的中医药品牌、服务机构和企业。积极发挥龙头中医医疗机构和行业组织作用,主动开展中医药服务贸易规则和标准制定,构筑面向全球的中医药服务贸易促进体系。

四、强化政策支持

(十五)加强人力资源保障

适应健康服务产业发展,调整优化医学教育专业结构,加强急需紧缺医学专业人才培养,加大健康服务人才培养培训力度,强化高层次人才队伍建设。支持医药专业技术人员出国(境)培训,提升国内医学人才培养水平。改革医师执业注册办法,全面实行医师执业区域注册,医师个人以合同(协议)为依据,可在多个机构执业,促进医师有序流动和多点执业。建立医师电子注册制度,简化审批流程,缩短办理时限,方便医师注册。推动建立适应医师多点执业的人员聘用退出、教育培训、评价激励、职务晋升、选拔任用机制。鼓励公立医院建立完善医务人员全职、兼职制度，加强岗位管理，探索更加灵活的用人机制。医师可以按规定申请设置医疗机构，鼓励医师到基层开办诊所。鼓励医师利用业余时间、退休医师到基层医疗卫生机构执业或开设工作室。在社会办医疗机构稳定执业的兼职医务人员，合同（协议）期内可代表该机构参加各类学术活动，本人可按规定参加职称评审。各地要制定具体办法，切实落实社会办医疗机构在科研、技术职称考评、人才培养等方面与公立医疗机构享受同等待遇相关政策。

（十六）落实完善保险支持政策

落实将符合条件的社会办医疗机构纳入基本医疗保险定点范围的有关规定，医保管理机构与社会办医疗机构签订服务协议，在程序、时限、标准等方面与公立医疗机构同等对待。协议管理的医疗机构条件及签约流程、规则、结果等要及时向社会公开。丰富健康保险产品，大力发展与基本医疗保险有序衔接的商业健康保险。加强多方位鼓励引导，积极发展消费型健康保险。建立经营商业健康保险的保险公司与社会办医疗机构信息对接机制，方便患者通过参加商业健康保险解决基本医疗保险覆盖范围之外的需求。鼓励商业保险机构和健康管理机构联合开发健康管理保险产品，加强健康风险评估和干预。支持商业保险机构和医疗机构共同开发针对特需医疗、创新疗法、先进检查检验服务、利用高值医疗器械等的保险产品。加快发展医疗责任保险、医疗意外保险等多种形式的医疗执业保险。推动商业保险机构遵循依法、稳健、安全原则，以战略合作、收购、新建医疗机构等方式整合医疗服务产业链，探索健康管理组织等新型健康服务提供形式。落实推广商业健康保险个人所得税税前扣除政策。

(十七) 推进医药新技术新产品应用

推动企业提高创新、研发能力，实现药品医疗器械质量达到或接近国际先进水平，更好支持多层次多样化医疗服务发展。支持自主知识产权药品、医疗器械和其他相关健康产品的研制应用。推进药品医疗器械审评审批制度改革，加快临床急需的创新药物、医疗器械产品审评。对经确定为创新医疗器械的，按照创新医疗器械审批程序优先审查。将社会办医疗机构纳入创新医疗器械产品应用示范工程和大型医疗设备配置试点范围，鼓励社会办医疗机构与医药企业合作建设创新药品、医疗器械示范应用基地和培训中心，形成示范应用—临床评价—技术创新—辐射推广的良性循环。促进医研企结合，支持社会办医疗机构与国内外科研机构、医学院校、医药企业开展医学科技创新合作，搭建医学科研成果转化平台，为医疗新技术新产品临床应用提供支持，打造一批医学研究和健康产业创新中心。

(十八) 加强财税和投融资支持

各地要严格按照有关规定全面落实社会办医疗机构各项税收优惠政策，对社会办医疗机构提供的医疗服务按规定免征增值税，进一步落实和完善对社会办非营利性医疗机构企业所得税支持政策。由政府负责保障的健康服务类公共产品可通过政府购买服务的方式提供，逐步增加政府采购的类别和数量。鼓励各类资本以股票、债券、信托投资、保险资管产品等形式支持社会办医疗机构融资。积极发挥企业债券对健康产业的支持作用。加快探索社会办医疗机构以其收益权、知识产权等无形资产作为质押开展融资活动的政策，条件成熟时推广。在充分保障患者权益、不影响医疗机构持续健康运行的前提下，探索扩大营利性医疗机构有偿取得的财产抵押范围。

(十九) 合理加强用地保障

鼓励各类投资主体按照统一的规则依法取得土地,提供医疗服务。根据多层次多样化医疗服务社会实际需求,有序适度扩大医疗卫生用地供给。包括私人诊所在内的各类医疗机构用地,均可按照医疗卫生用地办理供地手续。新供土地符合划拨用地目录的,依法可按划拨方式供应;不符合划拨用地目录且只有一个意向用地者的,依法可按协议方式供应。土地出让价款可在规定期限内按合同约定分期缴纳。支持实行长期租赁、先租后让、租让结合的土地供应方式。

五、严格行业监管和行业自律

(二十) 完善管理制度和标准

探索包容而有效的审慎监管方式,推动制修订相关法律法规、规章、规范和标准,规范提高服务质量。健全医疗机构评审评价体系,对社会办医疗机构和公立医疗机构的评审评价实行同等标准。鼓励行业协会等制定推广服务团体标准和企业标准,推行服务承诺和服务公约制度。鼓励社会办医疗机构取得医疗服务质量认证。拓宽公众参与监管的渠道,研究建立医疗服务社会监督员制度。加大知识产权保护力度,支持社会办医疗机构开展创业创新。

(二十一) 加强全行业监管

建立监管主体的统筹协调机制,转变监管理念,提升监管效能,强化医疗卫生全行业监管。加强监管体系和能力建设,强化卫生计生监督机构特别是基层机构的监管能力。推行随机抽取检查对象、随机选派执法检查人员的"双随机"抽查。逐步将所有医疗机构接入全民健康信息化平台,实现信息共享、统一监管。严厉打击非法行医、医疗欺诈,严肃查处租借执业证照开设医疗机构、出租承包科室等行为,加强医疗养生类节目监管，依法严惩虚假违法医疗广告宣传等行为（一手放开，一手严管。不要出现一抓就死，一放就乱的现象）。加强对社会办非营利性医疗机构产权归属、财务运营、资金结余使用等方面的监督管理，非营利性医疗机构不得将收支结余用于分红或变相分红。加强对营利性医疗机构盈利率的管控。对医疗机构损害患者权益、谋取不当利益的，依法依规惩处。加强健康医疗数据安全保障和患者隐私保护。

（二十二）提高诚信经营水平

落实主体责任，引导社会办医疗机构加强各环节自律，公开诊疗科目、服务内容、价格收费等医疗服务信息，开展诚信承诺活动。建立健全医疗机构及从业人员信用记录，纳入全国信用信息共享平台，其中涉及企业的相关记录纳入国家企业信用信息公示系统，并依法推进信息公开。对严重违规失信者依法采取惩戒措施，提高失信成本。鼓励行业协会等第三方开展医疗服务信用评价。各级卫生计生行政部门要定期公开医疗机构服务质量、违法违规行为查处情况，并通过国家企业信用信息公示系统向社会公示相关行政许可、行政处罚、"黑名单"、抽查检查结果等信息，形成监管信息常态化披露制度。对进入"黑名单"的机构和人员依法依规严肃处理，情节严重的坚决曝光。

六、强化组织实施

（二十三）加强组织领导

各地各有关部门要充分认识支持社会力量提供多层次多样化医疗服务对扩内需、稳增长、促就业、惠民生、保健康的重要意义，作为深化医改、发展健康服务业、推进健康中国建设的重要内容，精心实施，密切协作，形成合力。各省级人民政府要按照本意见以及国务院已出台的促进社会办医发展相关政策精神，结合实际制定具体实施方案，明确任务分工和时限要求。要加大"放管服"改革力度，及时清理修订相关政策规定，完善配套细则。

（二十四）加强督查调研

各地各有关部门要认真对照国家促进社会办医发展的部署要求，逐项检查审批事项是否放到位、事中事后监管措施是否及时跟上、扶持政策是否有力有效等，对发现的问题要逐项整改，切实打通政策落实"最后一公里"。各级发展改革、卫生计生等部门要对政策落实情况加强监督检查、跟踪分析和通报，对出现的新情况新问题要深入调查研究，广泛听取基层意见和群众诉求，及时提出解决办法。

（二十五）加强探索创新

各地要发扬基层首创精神，针对社会办医"痛点"、难点问题，主动作为、勇于攻坚，创造积累经验，不断丰富完善促进社会办医发展的政策措施。各有关部门要营造有利环境，支持地方因地制宜大胆探索。国家发展改革委要会同有关部门及时总结推广有益经验。要建立促进社会办医发展常态化考核评价机制，畅通举报投诉渠道，对促进社会办医发展工作扎实、成效显著的地方予以表扬激励，对工作开展不力、进度滞后的及时督促整改。

附录十：公立医院领导人员管理暂行办法

《公立医院领导人员管理暂行办法》由中组部分别会同中宣部、教育部、科技部、国家卫生计生委联合印发，对这些行业事业单位领导人员选育管用各个环节作出具体规定，为建设符合好干部标准的高素质事业单位领导人员队伍提供制度支撑。本办法共10章50条，自2017年1月13日起施行。

第一章 总 则

第一条 为加强和改进公立医院领导人员管理，完善选拔任用和管理监督机制，建设一支符合好干部标准的高素质领导人员队伍，根据《事业单位领导人员管理暂行规定》和有关法律法规，制定本办法。

第二条 本办法适用于县级以上政府、事业单位、社会团体和其他社会组织举办的公立医院领导班子成员。

法律法规对公立医院领导人员管理另有规定的，从其规定。

第三条 公立医院领导人员管理，必须坚持党管干部、党管人才，坚持德才兼备、以德为先，坚持依法依规办事，坚持从严管理监督与激励关怀相结合，注意体现公立医院公益性、服务性、专业性、技术性等特点，不简单套用党政领导干部管理模式，公道公平公正地对待、评价和使用领导人员，充分调动积极性、主动性、创造性，不断提高基本医疗卫生服务质量和水平。

第四条 主管机关（部门）党委（党组）及其组织（人事）部门按照干部管理权限履行公立医院领导人员管理职责，负责本办法的组织实施。

第二章 任职条件和资格

第五条 公立医院领导人员应当具备下列基本条件：

（一）具有较高的思想政治素质，重视政治理论学习，坚持马克思主义指导思想，坚定共产主义远大理想和中国特色社会主义共同理想，坚持为人民健康服务的方向，认真贯彻卫生与健康工作方针，自觉履行公立医院的政治责任和社会责任，牢固树立政治意识、大局意识、核心意识、看齐意识，在思想上政治上行动上同以习近平同志为核心的党中央保持高度一致。

（二）具有胜任岗位职责所必需的专业知识和职业素养，熟悉医疗卫生行业发展情况和相关政策法规，有先进的医院管理理念和实践经验，业界声誉好。

（三）具有较强的组织领导和沟通协调能力，自觉贯彻执行民主集中制，富有改革创新精神，坚持依法治院、以德治院，善于构建和谐的医患关系。

（四）具有强烈的事业心和责任感，热爱医疗卫生事业，坚持原则，敢于担当，忠于职守，勤勉尽责，能够全身心投入工作，实绩突出。

（五）具有良好的品行修养，带头践行社会主义核心价值观，自觉弘扬"敬佑生命、救死扶伤、甘于奉献、大爱无疆"的职业精神，以人为本，仁心仁怀，严于律己，廉洁从业。

第六条 公立医院领导人员应当具备下列基本资格：

（一）一般应当具有大学本科以上文化程度。

（二）具有五年以上医疗卫生工作经历或者其他领域管理工作经历。其中，担任三级医院领导人员的，一般应当具有十年以上工作经历。

（三）从副职提任正职的，一般应当具有副职岗位两年以上任职经历；从下级正职提任上级副职的，一般应当具有下级正职岗位三年以上任职经历。

（四）医院行政领导人员应当经过国家认可的医院院长职业化培训。确因特殊情况在提任前未达到培训要求的，应当在提任后一年内完成。

（五）具有正常履行职责的身体条件。

（六）符合有关法律法规和行业主管部门规定的其他任职资格要求。

第七条 医、药、护、技等专业技术人员直接提任领导人员的，应当具有相应的专业技术职务和一定的管理工作经历。其中：

（一）提任八级管理岗位领导人员的，应当已担任中级专业技术职务；

（二）提任七级管理岗位领导人员的，应当已担任副高级专业技术职务或者五年以上中级专业技术职务；

（三）提任五级、六级管理岗位领导人员的，应当已担任正高级专业技术职务或者两年以上副高级专业技术职务；

（四）提任四级以上管理岗位领导人员的，应当已担任正高级专业技术职务。

提任三级医院的院长和分管医疗、科研、教学等相关业务工作的副院长，应当已担任正高级专业技术职务。

第八条 对特别优秀或者工作特殊需要的，可以破格提拔，破格提拔必须从严掌握。

第三章 选拔任用

第九条 选拔任用公立医院领导人员，应当充分发挥主管机关（部门）党委（党组）的领导和把关作用，坚持正确选人用人导向，严格标准条件和程序，按照核定或者批准的领导职数和岗位设置方案，精准科学选人用人，注重优化领导班子结构，增强班子整体功能。注意拓宽视野，打破身份等限制，吸引优秀人才。

第十条 主管机关（部门）党委（党组）或者组织（人事）部门按照干部管理权限，根据工作需要和领导班子建设实际提出选拔任用工作启动意见，在综合研判、充分酝酿的基础上形成工作方案，并按照组织考察、会议决定等有关程序和要求认真组织实施。

第十一条 选拔公立医院领导人员，一般采取医院内部推选、外部选派、竞争（聘）上岗、公开选拔（聘）等方式进行，也可以探索其他有利于优秀人才脱颖而出的选拔方式。

院长和分管医疗、科研、教学等相关业务工作的副院长，一般应当从医疗卫生领域选拔。

第十二条 确定考察对象，应当综合考虑工作需要、人选德才条件、一贯表现、人岗相适和征求意见等情况，防止简单以票或者以分等取人偏向。

贯彻卫生与健康工作方针不力、偏离公立医院办医宗旨，因重大医疗事故、重大医患纠纷、突发公共卫生事件受到责任追究影响使用，违反医疗卫生行风建设纪律要求造成不良影响，以及具有其他有关政策规定明确限制情形的，不得作为考察对象。

第十三条 严格执行考察制度，依据任职资格条件和岗位职责要求，全面了解考察对象的德、能、勤、绩、廉表现，着重了解政治品格、作风品行、廉洁自律等情况，深入了解专业素养、管理能力、职业精神和工作实绩等情况，实事求是、客观准确地作出评价，防止"带病提拔"。

第十四条 任用公立医院领导人员，区别不同情况实行选任制、委任制、聘任制。

对行政领导人员，加大聘任制推行力度。在条件成熟的医院，可以对行政领导人员全部实行聘任制。通过公开选拔（聘）等方式产生的领导人员，一般应当实行聘任制。

第十五条 提任领导人员的，应当在一定范围内进行公示，公示期不少于五个工作日。

第十六条 提任非选举产生领导人员的，实行任职试用期制度，试用期一般为一年。

第四章 聘任管理

第十七条 实行聘任制的公立医院领导人员，以聘任通知、聘任书、聘任合同等形式确定聘任关系，所聘职务及相关待遇在聘期内有效。

实行聘任合同管理的，应当明确岗位职责、聘期及工作目标、薪酬待遇、解聘条件等内容。完善聘任合同，规范聘期管理。

主管机关（部门）可以授权院长与其行政副职签订聘任合同。

第十八条 领导人员聘任期满，因工作需要继续聘任的，经考核为合格以上等次、本人愿意且未达到最高任职年限，按照有关程序办理续聘手续。

第十九条 领导人员在聘期内因工作需要等原因，组织决定提前解除聘任职务的,应当按照有关程序办理解除聘任手续。

第二十条　领导人员在聘期内因个人原因辞去聘任职务的,应当书面提出申请,并报主管机关(部门)批准。审批期间或者未经批准的,不得擅自离职。

第五章　任期和任期目标责任

第二十一条　公立医院领导人员一般应当实行任期制。

行政领导人员每个任期一般为三至五年。党组织领导人员的任期,按照党内有关规定执行。

领导人员在同一岗位连续任职一般不超过十年。工作特殊需要的,按照干部管理权限经批准后可以延长任职年限。

第二十二条　公立医院领导班子和领导人员一般应当实行任期目标责任制。

领导班子的任期目标,应当贯彻党和国家对公立医院改革发展的要求,体现医疗服务质量和安全、医疗费用控制、政府指令性任务完成、依法依规管理、医德医风建设和党的建设等内容。三级医院领导班子的任期目标还应当体现医院综合管理水平、学科发展和队伍建设、健康医疗大数据建设与应用等内容;中医医院领导班子的任期目标还应当体现中医药特色优势发挥等内容。具体内容根据本地区医疗卫生规划和医院实际确定。

领导人员的任期目标,根据领导班子任期目标和岗位职责确定。

第二十三条　制定领导班子任期目标,应当充分听取职工代表大会或者职工代表等方面意见。

任期目标由医院领导班子集体研究确定,一般应当报经主管机关(部门)批准或者备案,并在院内公布。

第二十四条 院长和党组织书记任职后,一般由主管机关(部门)与其签订任期目标责任书。主管机关(部门)可以授权院长与其行政副职签订任期目标责任书。

第六章 考核评价

第二十五条 完善体现公立医院特点的领导人员考核评价制度,充分发挥考核的激励和鞭策作用,推动领导人员树立正确业绩观,敢于担当、积极作为、无私奉献。

第二十六条 对公立医院领导班子和领导人员实行年度考核和任期考核。

第二十七条 考核评价应当以任期目标为依据,以日常管理为基础,以公益性为导向,注重工作实绩和社会效益,注意与公立医院绩效评价工作相衔接,防止逐利倾向。

坚持党建工作与业务工作同步考核,实行抓党建述职评议考核制度,可以与年度考核等结合进行,重点了解医院党组织履行抓党建主体责任、党组织书记履行抓党建第一责任人职责、领导班子其他成员履行职责范围内党建责任等情况。

第二十八条 根据公立医院不同类别、等级实际,兼顾城乡差异、办医特色等情况,科学合理确定考核评价指标,积极推进分类考核。

注意改进方法,简化程序,提高考核工作质量和效率。

第二十九条 领导班子年度考核和任期考核的评价等次,分为优秀、良好、一般、较差。领导人员年度考核和任期考核的评价等次,分为优秀、合格、基本合格、不合格。

第三十条 考核评价结果应当以适当方式向领导班子和领导人员反馈,并作为领导班子建设和领导人员选拔任用、培养教育、管理监督、激励约束等的重要依据。

第七章 职业发展和激励保障

第三十一条 完善公立医院领导人员培养教育制度，充分利用党校、行政学院、干部学院等机构，采取任职培训、岗位培训、专题培训等方式实施职业化培训，采取内部轮岗、挂职锻炼、对口支援或者援外等方式加强实践锻炼，着力提高政治素质、管理能力和专业水平，推进领导人员职业化建设。

第三十二条 完善领导人员交流制度，畅通交流渠道，积极推进不同类别、不同等级医院之间交流，共享优秀人才资源。

根据健康中国建设需要，结合东西部扶贫协作关系、城乡医院对口支援工作关系等，统筹推动上级医院与下级医院，城市三级医院与县医院，相对发达地区医院与艰苦边远地区、贫困地区医院，东部地区与中西部地区医院之间领导人员交流。

第三十三条 领导人员应当确保主要精力和时间用于医院管理工作，鼓励支持其专职从事医院管理。对任期结束后未达到退休年龄界限的，根据本人实际和工作需要，作出适当安排。

第三十四条 完善领导人员收入分配办法，建立符合医疗卫生行业特点、体现以增加知识价值为导向的薪酬制度。结合考核情况合理确定绩效工资水平，使其收入与履职情况和医院发展相联系，与本院职工的平均收入保持合理水平。严禁将领导人员收入与医院经济收入直接挂钩。

有条件的地方，按照有关规定经批准可以对领导人员实行年薪制。

第三十五条 领导人员在履行医院管理职责，承担紧急医疗救援、对口支援或者援外等专项重要工作，应对重大安全事件、重大突发事件、重大自然灾害事件等方面表现突出、作出显著成绩和贡献的，按照有关规定给予表彰奖励。

主管机关（部门）可以根据实际情况，探索行之有效的表彰奖励措施，激励领导人员干事创业。

第三十六条　保障公立医院在内部人事管理、机构设置、收入分配、年度预算执行等方面自主权，支持领导人员依法依规履行职责，探索建立与公立医院去行政化、取消行政级别和创新编制管理改革等相适应的领导人员管理政策。加强人文关怀，关心身心健康，帮助解决实际困难。

第三十七条　建立容错纠错机制，宽容领导人员在工作中特别是改革创新中的失误，营造鼓励探索、支持创新的氛围，旗帜鲜明地为敢于担当者担当，为敢于负责者负责。正确对待犯错误的领导人员，不得混淆错误性质或者夸大错误程度作出不适当的处理，不得利用其所犯错误泄私愤、打击报复。

第八章　监督约束

第三十八条　贯彻全面从严治党要求，完善公立医院领导班子和领导人员特别是主要负责人监督约束机制，构建严密有效的监督体系，充分发挥党内监督、民主监督、法律监督、审计监督和舆论监督等作用，督促引导领导人员认真履职尽责，依法依规办事，保持清正廉洁。

第三十九条　加强对公立医院领导班子和领导人员履行政治责任、行使职责权力、加强作风建设等方面的监督，重点监督贯彻执行卫生与健康工作方针，加强党的建设，履行公立医院职责，依法依规办事，执行民主集中制，落实"三重一大"决策制度，医德医风建设，收入分配，廉洁自律等情况。

根据医院特点，聚焦突出问题，加大对医疗安全、医药产品招标采购、医疗费用控制、基建项目、财务管理、职务（职称）评聘等重点领域和关键环节的监督力度。

第四十条 主管机关(部门)党委(党组)及纪检监察机关、组织(人事)部门按照管理权限和职责分工,综合运用考察考核、述职述责述廉、民主生活会、谈心谈话等方式,对公立医院领导班子和领导人员进行监督。

充分发挥医院党组织和党员的监督作用,党员领导人员应当以普通党员身份参加所在党支部或者党小组的组织生活,坚持民主生活会、组织生活会和民主评议党员制度,开展严肃认真的党内政治生活,营造党内民主监督环境。

第四十一条 完善公立医院内部治理结构和内控机制,实行权力清单制度,明确权力运行程序、规则和权责关系,公开权力运行过程和结果,健全不当用权问责机制。

推进院务公开,注意发挥职工代表大会等组织在医院民主管理方面的作用,畅通职工群众参与讨论医院事务的途径,拓宽表达意见的渠道。

第四十二条 领导人员应当正确对待监督,主动接受监督,习惯在监督下开展工作,自觉检查和及时纠正存在的问题。

第九章 退 出

第四十三条 完善公立医院领导人员退出机制,促进领导人员能上能下、能进能出,增强队伍生机活力。

第四十四条 领导人员达到退休年龄界限的,应当按照有关规定程序办理免职(退休)手续。因工作需要而延迟免职(退休)的,应当按照干部管理权限报批。

第四十五条 领导人员因健康原因,无法正常履行工作职责一年以上的,应当对其工作岗位进行调整。

第四十六条 领导人员因德、能、勤、绩、廉与所任职务要求不符,具有下列情形之一,被认定为不适宜担任现职的,应当按照有关规定予以组织调整或者组织处理：

（一）贯彻执行卫生与健康工作方针、上级党组织指示和决定不及时不得力的；

（二）医德医风存在问题受到查处，或者有其他违背社会公德、职业道德、家庭伦理道德行为，造成不良影响的；

（三）年度考核、任期考核被确定为不合格，或者连续两年年度考核被确定为基本合格的；

（四）存在其他问题需要调整或者处理的。

第四十七条　领导人员违纪违法的，按照有关法律法规和规定办理。

第四十八条　实行领导人员辞职制度，辞职程序参照有关规定执行。

第十章　附　则

第四十九条　本办法由中央组织部、国家卫生计生委负责解释。

第五十条　本办法自2017年1月13日起施行。